陈苏镇，1955年生。北京大学历史学系教授，博士生导师。主要从事秦汉魏晋南北朝史、中国古代政治制度史、中国古代政治文化史的教学和研究。著有《〈春秋〉与"汉道"：两汉政治与政治文化研究》《两汉魏晋南北朝史探幽》《恢宏与古朴：秦汉魏晋南北朝的物质文明》等。

从未央宫到洛阳宫

两汉魏晋宫禁制度考论

陈苏镇 著

生活·讀書·新知 三联书店

Copyright © 2022 by SDX Joint Publishing Company.
All Rights Reserved.
本作品版权由生活·读书·新知三联书店所有。
未经许可,不得翻印。

图书在版编目(CIP)数据

从未央宫到洛阳宫:两汉魏晋宫禁制度考论/陈苏镇著. —北京:
生活·读书·新知三联书店,2022.7
(当代学术)
ISBN 978 – 7 – 108 – 07360 – 0

Ⅰ.①从… Ⅱ.①陈… Ⅲ.①政治制度 – 研究 – 中国 – 汉代
②政治制度 – 研究 – 中国 – 魏晋南北朝时代 Ⅳ.① D691.21

中国版本图书馆 CIP 数据核字(2022)第 010278 号

特邀编辑	孙晓林
责任编辑	冯金红
装帧设计	宁成春
责任印制	张雅丽
出版发行	生活·讀書·新知三联书店
	(北京市东城区美术馆东街22号 100010)
网 址	www.sdxjpc.com
经 销	新华书店
印 刷	北京隆昌伟业印刷有限公司
版 次	2022年7月北京第1版
	2022年7月北京第1次印刷
开 本	635毫米×965毫米 1/16 印张 20.75
字 数	269千字 图28幅
印 数	0,001 – 5,000册
定 价	89.00元

(印装查询:01064002715;邮购查询:01084010542)

当代学术

总　序

　　生活·读书·新知三联书店从1986年恢复独立建制以来，就与当代中国知识界同感共生，全力参与当代学术思想传统的重建和发展。三十年来，我们一方面整理出版了陈寅恪、钱锺书等重要学者的代表性学术论著，强调学术传统的积累与传承；另一方面也积极出版当代中青年学人的原创、新锐之作，力求推动中国学术思想的创造发展。在知识界的大力支持下，通过多年的努力，我们已出版众多引领学术前沿、对知识界影响广泛的论著，形成了三联书店特有的当代学术出版风貌。

　　为了较为系统地呈现中国当代学术的发展和成果，我们以上世纪八十年代以来刊行的学术成果为主，遴选其中若干著作重予刊行，其中以人文学科为主，兼及社会科学；以国内学人的作品为主，兼及海外学人的论著。

　　我们相信，随着当代中国社会的繁荣发展，中国学术传统正逐渐走向成熟，从而为百余年来中国学人共同的目标——文化自主与学术独立，奠定坚实的基础。三联书店愿为此竭尽绵薄。谨序。

生活·读书·新知三联书店
2017年3月

目　次

前言 ……………………………………………………………… 1

说"殿" …………………………………………………………… 9

上篇　西汉的未央宫 ………………………………………… 29

  "公车司马"考 _____30

  未央宫四殿考 _____41

  未央宫"殿中"考 _____64

  上篇小结 _____104

中篇　东汉的南北宫 ………………………………………… 107

  东汉的南宫和北宫 _____108

  东汉的"东宫"和"西宫" _____142

  东汉的"殿中"和"禁中" _____167

  中篇小结 _____196

下篇　魏晋的洛阳宫 ················· 199

　　魏晋洛阳宫的形制与格局 _____200

　　魏晋洛阳宫禁军制度的变迁 _____239

　　魏晋洛阳宫主要行政机构的分布 _____267

　　下篇小结 _____296

附录 ························· 299

　　东晋南朝建康宫"第三重宫墙"考 _____300

　　北魏、北齐的门下省 _____314

索引 ························· 319

插图目次

图一　殿式建筑示意图
　　　（自绘）————10

图二　汉未央宫二号遗址平面图
　　　（《中国古代都城考古发现与研究》[上]，第 275 页）————12

图三　谒见图
　　　（任日新《山东诸城汉墓画像石》，《文物》1981 年第 10 期，
　　　第 20 页）————14

图四　汉未央宫二号遗址正殿西侧残存坡道
　　　（《汉长安城未央宫——1980—1989 年考古发掘报告》，
　　　图版 238）————16

图五　扆示意图
　　　（《新定三礼图》，第 236 页）————19

图六　汉长安城桂宫二号建筑遗址正殿平面图
　　　（《中国古代都城考古发现与研究》[上]，第 287 页）————26

图七　汉长安城平面图
　　　（《中国古代都城考古发现与研究》[上]，第 262 页）————37

图八　汉未央宫一号遗址平面图
　　　（《中国古代都城考古发现与研究》[上]，第 272 页）————44

图九　汉长安明堂围墙东门复原图
　　　（《杨鸿勋建筑考古学论文集（增订版）》，第 272 页）————50

图一〇　汉长乐未央宫图

（毕沅《关中胜迹图志》，第 117 页）_____70

图一一　西汉未央宫示意图

（自绘）_____79

图一二　汉魏洛阳故城早期城址沿革示意图

（《汉魏洛阳故城城垣试掘》，《考古学报》1998 年第 3 期，第 383 页）_____109

图一三　南北宫示意图

（王仲殊《中国古代都城概说》，《考古》1982 年第 5 期，第 508 页）_____111

图一四　南北宫示意图

（张鸣华《东汉南宫考》，《中国史研究》2004 年第 2 期，第 27 页）_____112

图一五　东汉洛阳城示意图

（《中国古代都城考古发现与研究》[上]，第 322 页）_____125

图一六　东汉北宫示意图

（自绘）_____138

图一七　东汉南宫示意图

（自绘）_____139

图一八　北魏洛阳宫城宫门位置图

（钱国祥《汉魏洛阳城城门与宫院门的考察研究》，《华夏考古》2018 年第 6 期，第 11 页）_____140

图一九　魏晋洛阳宫示意图

（自绘）_____201

图二〇　南朝台城示意图

（郭湖生《台城辩》，《文物》1999 年第 5 期，第 69 页）_____289

图二一　a. 齐都建康图；二〇　b. 梁都建康图

（朱偰《金陵古迹图考》，第 96、97 页）_____303

前　言

　　1985年，杨鸿年先生出版《汉魏制度丛考》一书，开篇第一题曰《宫省制度》。杨先生认为两汉魏晋的皇宫分宫、省两个区域，"省在宫中"，"省中"又称"禁中"，进而提出皇宫中的官吏有"宫官""省官"之分。[1]1990年，祝总斌先生出版《两汉魏晋南北朝宰相制度研究》一书。其中第八章有关"门下"的部分，对"禁中"的涵义、范围及其演变做了更细致的探讨。祝先生认为汉武帝以后，特别是东汉以后，"禁中"指皇宫中的"后（妃）宫地区"，魏晋南北朝的"禁中""一般包括后（妃）宫、王宫和内省地区"。[2]他们的说法被学界普遍接受。青年学者，包括博士研究生，在讨论与皇宫有关的制度时，往往以此为基础。我读了两位先生的著作也深受启发，意识到对宫禁制度的了解确实有助于对相关制度史和政治史的研究。不久，我发现当时的皇宫中除"宫中""禁（省）中"外，还有被称作"殿中"的区域。如《史记·孝文本纪》："以张武为郎中令，行殿中。"[3]《汉书·杨恽传》："为诸吏光禄勋……居殿中。"[4]又在《汉书·王莽传》中看到这样的记载：王莽居摄践阼，礼遇比照皇帝，"庐为摄省，府为摄殿，第为摄宫"。[5]这意味着西汉皇宫

---

[1] 杨鸿年：《汉魏制度丛考》，武汉大学出版社，2005年，第1—20页。
[2] 祝总斌：《两汉魏晋南北朝宰相制度研究》，北京大学出版社，2017年，第214—225页。
[3] 《史记》，北京，中华书局，1959年，第417页。
[4] 《汉书》，北京，中华书局，1962年，第2890页。
[5] 同上书，第4086页。

中有"宫""殿""省"三个区域。于是，我开始关注这一问题。读书时遇到相关史料便记录下来，并思索一番。日积月累，逐渐形成一些想法，并产生了对此进行研究的愿望。

2011年，我完成了之前的科研任务，便开始研究这个问题。原以为题目不大，三四年可以完成。做起来才知道，实际工作量比我想象的大很多。我为此通读了《史记》《汉书》《后汉书》《三国志》《晋书》《汉纪》《后汉纪》《东观汉记》《七家后汉书》《洛阳伽蓝记》《建康实录》《汉官六种》《三辅黄图》等基本史籍，查阅了《初学记》《艺文类聚》《太平御览》《说郛》等类书，通过电脑检索工具将散见于其他文献中的有关史料查找出来，又仔细研读了已有的研究成果，包括各种专著、考古报告和研究论文。我还到西安未央宫遗址、洛阳汉魏故城遗址进行了实地考察，并得到中国社会科学院考古研究所徐龙国、钱国祥、刘涛等先生的热情帮助和耐心介绍。经过几年的资料准备后，我从2014年开始撰写论文，陆续写了十二篇，并在几家刊物上发表了。为了便于读者系统了解这一问题，也为了免去检索查找之烦，现将这些论文辑为一书出版。文章内容大体依旧，只有少数地方做了文字上的改动。文章发表时，多数刊物限于篇幅不能插图。本书则将有关的照片、平面图、画像石线描图、研究者所绘示意图等二十余幅编排插入正文，为读者理解相关内容提供方便。

第一篇论文是《说"殿"》，介绍殿式建筑的布局。中国古代皇宫中的建筑有殿、台、阁、观等不同样式。其中，殿式建筑最常见也最重要，承担着皇帝生活起居及办公理政等基本功能。此类建筑通常被称为"某某殿"，是一个个独立的院落，由殿、室、房、箱、阶、庭等部分组成。殿是其中最大也最重要的空间。室在殿北正中。室两侧有房。殿两侧有箱。整个建筑坐落在台基之上，离地面有一定高度。这种建筑的最大特点，是大殿南边没有墙，只有轩栏一类安全设施，还有东、西两阶供人上下，颇似今天的露天舞台。

殿前有内外两个庭院。内院称庭或中庭，其门称闱或阁或闼。外院有大门。了解殿式建筑的布局，对理解史籍中出现的相关记载和皇宫内部格局会有所帮助。

第二至第十篇论文是本书的主体部分，依内容分为上、中、下三篇。上篇探讨西汉的未央宫，包括《"公车司马"考》《未央宫四殿考》《未央宫"殿中"考》。中篇探讨东汉的南北宫，包括《东汉的南宫和北宫》《东汉的"东宫"和"西宫"》《东汉的"殿中"和"禁中"》。下篇探讨魏晋的洛阳宫，包括《魏晋洛阳宫的形制与格局》《魏晋洛阳宫禁军制度的变迁》《魏晋洛阳宫主要行政机构的分布》。

上篇之《"公车司马"考》考证未央宫的宫门制度。西汉皇宫之门皆由卫尉属下的司马守卫，故称"司马门"。未央宫北司马门设有公车机构，故又称"公车门"。但唐人所编《三辅黄图》说：西汉皇宫"四面皆有公车司马门"，王莽时改称为"王路四门"。此说被学者普遍认可，故常被引用。其实，这一说法出自《三辅黄图》作者对《汉书·王莽传》中"改……公车司马曰王路四门"等记载的误解。"公车司马"和"王路四门"皆为官名，是公车司马令、丞和王路四门令、丞的省称。

《未央宫四殿考》探讨未央宫的前殿、宣室殿、温室殿和承明殿的位置和功能。未央宫中有许多建筑，但这四座建筑落成最早，承担着皇宫的基本功能，是皇帝日常生活起居、办公理政和举行重大礼仪活动的场所，故较多见诸史传。本文认为，前殿位于未央宫第1号遗址中部，主要承担礼仪性功能。宣室殿位于第1号遗址北部，是前殿的附属建筑。温室殿位于未央宫第2号遗址，是皇帝寝殿。承明殿则位于宣室殿和温室殿之间，是皇帝日常办公理政之处。

《未央宫"殿中"考》尝试证明未央宫中"殿中"区域的存在和大致范围。"殿中"区域以前殿、宣室殿、承明殿等建筑为中心，有殿墙环绕，由"殿门"出入。温室殿则是皇帝寝殿，位于承明殿后，在"禁门"内，称"省中"。殿门可考者有端门、白虎门、"殿东门"、小苑东门和小苑西门。"殿中"区域又分内外两部分，由金马、长秋等门出入。其外是殿中官员的生活服务区，其内是皇帝办公区。皇帝通常在承明殿办公，尚书、侍御史、谒者、朝堂、兰台等机构在其"廷中"或附近。所谓"中朝臣"则是殿中官员可参与朝堂议政者。

中篇之《东汉的南宫和北宫》探讨南北二宫的形成、形制和功能。洛阳城内的南北二宫至少秦代已存在。东汉初，光武帝居南宫，并对南宫进行了改扩建。明帝又对北宫进行改扩建，并移居北宫。其后的东汉诸帝或居南宫，或居北宫。两宫整体皆呈"日"形。南、东、北三面，外有宫墙，内有殿墙。宫门由卫尉所属司马守卫。殿门由光禄勋所属三署郎守卫。西面宫墙和殿墙是一道墙，无宫门，直接由殿门出入。史称南北两宫"凡七门"，指的是南、东、北三面由司马守卫的宫门。此外，北宫南面还有公车司马令所主南阙门。两宫西面则有光禄勋所主神虎门和白虎门，可能还有宦官掌管的"禁门"。

《东汉的"东宫"和"西宫"》主要揭示东汉南、北宫中各有东、西宫这一事实。南宫之"东宫"以云台殿为前殿，其后有玉堂殿等建筑。北宫之"东宫"以德阳殿为前殿，其后有章德殿等建筑。南宫之"西宫"以嘉德殿为前殿，北宫之"西宫"以崇德殿为前殿，其后也各有其他建筑。由此构成四个相对独立的建筑群。东汉一朝，皇帝例居"东宫"，皇太后皆居"西宫"。皇帝亲政和太后临朝两种状态的转换，表现为最高权力在"东宫"和"西宫"之间的切换。这一格局为少帝即位时太后临朝提供了方便，也为外戚退出、少帝亲政制造了障碍，对东汉一朝外戚干政局面的反复出现和宦官势力的发展有一定影响。

《东汉的"殿中"和"禁中"》考证南北二宫中"殿中"和"禁

中"两个区域的范围和功能。南、北宫的"殿中"区域在殿墙之内，由端门、神虎门、云龙门等殿门出入。殿中建筑以德阳殿、崇德殿、云台殿、嘉德殿为中心，又有朝堂、尚书台、侍中寺、兰台、符节台、谒者台等机构及光禄勋所属诸郎署。"禁中"在"殿中"之后，有墙相隔，由"禁门"出入，士人一般不得居止其中。"殿中""禁中"名为"某某殿"的院落都称"省"，省中事务由宦官负责，"给事省闼"的中常侍、小黄门尤为重要。皇帝生活起居和日常办公都在"禁中"，与殿中官员及公卿大臣沟通不便，为宦官干政创造了重要条件。

下篇之《魏晋洛阳宫的形制与格局》考察魏晋洛阳宫的重建过程、外部形制和内部格局。魏晋的洛阳宫建于东汉北宫旧址上，整体似呈"日"形，并分为南宫和北宫两部分。重建工程始于北宫，魏明帝时兴建南宫。新皇宫延续汉代的基本制度，仍分宫中、殿中、禁中等区域。阊阖门、司马门、西掖门、东掖门等是宫门，端门、云龙门、神虎门等是殿门，千秋门、万春门、东上阁、西上阁等是禁门。太极殿前庭院还有东中华门、西中华门和中华门。自曹芳以后，皇帝皆居南宫，北宫则为后妃宫。

《魏晋洛阳宫禁军制度的变迁》考证曹魏、西晋两朝宫内宿卫制度的变化。东汉的宫中宿卫由少府、卫尉和光禄勋分掌。进入魏晋后，少府的许多职掌转归光禄勋，原由光禄勋负责的殿中宿卫和由卫尉负责的宫中宿卫，逐步改由新的"中军"系统承担。"中军"又分"殿中兵"和"宫中兵"。曹魏的殿中兵以武卫、领军、中坚、中垒、骁骑、游击等将军所领各营为主。西晋的殿中兵以左、右卫将军所领三部司马等营为主。曹魏的宫中兵有五校尉营和左军将军营，西晋增设右军、前军、后军将军营及翊军校尉营。

《魏晋洛阳宫主要行政机构的分布》讨论的是中书、秘书、门下、散骑、尚书等省在洛阳宫中的位置。魏初文、明二帝时，上述机构皆在北宫。曹芳以后，随皇帝迁至南宫。秘书省在禁中皇帝寝宫西侧。散骑省可能也在皇帝寝宫附近。中书、门下二省都在殿中。尚书省在宫中东南部,并有东西两个院落。尚书朝堂及诸曹在西院,官员及家属宿舍在东院,两院之间有阁道相连。

东晋南朝的建康宫、北魏的洛阳宫、北齐的邺城宫,大致沿用魏晋制度。因此,笔者没有对它们展开全面研究,只写了《东晋南朝建康宫"第三重宫墙"考》《北魏、北齐的门下省》两篇短文,对这两个比较特别的问题做了点儿考证。现收入本书"附录"中。

《东晋南朝建康宫"第三重宫墙"考》对建康宫存在"第三重宫墙"的说法进行了辩证。秦汉以来,皇宫主要有两道墙。外面一道是宫墙,里面一道是殿墙。宋人周应合所撰《景定建康志》引《宫苑记》说,东晋南朝建康宫还有"第三重宫墙"。《宫苑记》是唐人据相关史料编撰而成,内容不可尽信。唐人许嵩所撰《建康实录》及注也有关于"第三重宫墙"的记载,但相关文字讹脱严重,后世学者由此产生一些误解。本文认为,所谓"第三重宫墙"就是太极殿前庭院的围墙。这道墙,曹魏、西晋就有,不能算是一重"宫墙"。

《北魏、北齐的门下省》尝试从宫禁制度视角,对北魏、北齐门下省权力较大的现象提出一种解释。北魏、北齐"尤重门下官","为宰相秉持朝政者"多为侍中。其原因主要是北魏、北齐的门下官员和皇帝更亲近,而这又是由门下省在宫中的位置决定的。魏晋南朝的门下省在"殿中",负责审核尚书奏事。北魏、北齐的门下省则在"禁中",除"献纳谏正"、参与最高决策外,还兼掌"进御之职",即皇帝身边的"御膳""御药""御衣服玩弄""铺设洒扫"等事务。侍中对朝政影响较大,在皇帝年幼时甚至可以专权,显然与此有关。

以上是本书的大致内容。读者欲知详情,可查阅正文。

制度史研究不能不以考证为主。本书也是这样,力求通过细节考证,揭示两汉魏晋宫禁制度的具体情形。整体上,认识有所推进，可供读者参考。但因史料不足，许多环节仍难以说清，推测之辞亦在所难免。好在相关考古工作仍在继续，西汉未央宫遗址的勘探已获得许多新的数据，汉魏洛阳宫遗址的发掘也不断出现新的成果。笔者完成此书后，将转入其他课题的研究，但对相关考古信息的发布会继续保持关注。希望日后能有机会根据这些信息和读者的批评指正对本书进行修订和补充。

说"殿"

中国古代皇宫中的建筑有殿、台、阁、观等不同样式,其中,殿式建筑最常见也最重要,承担着皇帝生活起居及办公理政等基本功能。此类建筑通常称为"某某殿",是一个个独立的院落,由殿、室、房、夹、箱、阶、庭、闼、门等部分组成。【图一】笔者搜集秦汉史籍中与此类建筑有关的零散资料,结合经学文献和考古材料进行考证和解读,大致勾画出秦汉以来殿式建筑的空间结构。现详述如下,供大家参考。

秦汉人所谓"殿",本义指高大的堂。《说文》殳部:"殿,击声也。"[1]似指击打物体发出的声响。大徐本、小徐本、《五音韵谱》本皆同。段玉裁注:"此字本意未见,假借为宫殿字。"[2]但《太平御览》居处部引《说文》曰:"殿,堂之高大者也。"[3]宋叶大庆《考古质疑》、王应麟《玉海》等书引《说文》亦有此文。据此,宋人所见《说文》或有此条。案《说文》土部:"堂,殿也。"[4]《初学记》卷二四引《苍颉篇》:"殿,大堂也。"[5]是"殿"确可与"堂"互训。汉碑又有"壂"字,如《孟郁修尧庙碑》有"敬修宗壂"句,《城阳灵台碑》有"前设大壂,俟神之堂"句,《益州太守高

---

[1]《说文解字》,北京,中华书局,1963年,第66页。
[2] 段玉裁:《说文解字注》,上海古籍出版社,1988年,第119页。
[3]《太平御览》,北京,中华书局影印本,1960年,第853页。
[4]《说文解字》,第287页。
[5]《初学记》,北京,中华书局,1962年,第570页。

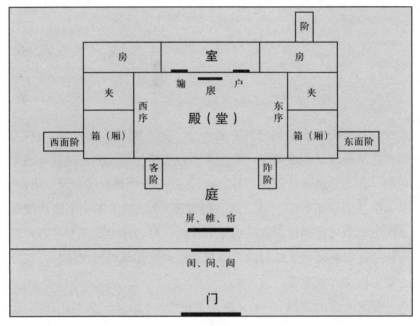

图一　殿式建筑示意图　自绘

朕修周公礼殿记》有"筑周公礼壂"句。[1]《玉篇》土部："壂,堂也。"[2]《广雅·释宫》："堂隍,壂也。"王念孙《疏证》："壂,通作殿。"[3]《广韵》："壂,堂基。"[4]殿、堂建于夯土台基之上。"壂"字从土,可能是其本字。

秦汉建筑流行前堂后室布局,堂前地面称庭。《汉书》卷六四《朱买臣传》载:买臣待诏公车,生活困窘,常在会稽郡邸"寄居饭食"。后拜为会稽太守,"衣故衣,怀其印绶,步归郡邸"。当时正值上计时,来自会稽郡的上计吏"方相与群饮,不视买臣。买臣入室中,守邸与共食。食且饱",守邸见其印绶,方知买臣已拜太守,"出语上计掾吏"。众人"惊骇,白守丞,相推排陈列中庭拜谒。买臣徐出户"。[5]在这段记载中,会稽郡吏"群饮"显然是在堂上,守邸则在堂后的"室"中用饭。朱买臣怀揣印绶回到郡邸后,先登堂,从"群饮"者身边走过,后入"室",与守邸"共食"。众人得知实情后退至堂下"中庭"拜谒,买臣这才慢慢走出室"户"。这是上述建筑布局的一个实例。

堂有台基,高于地面。堂、庭之间有东、西两阶供人上下。宋李如圭《仪礼释宫》曰:"升堂两阶,其东阶曰阼阶。"[6]今西安市西北郊未央宫第2号遗址正殿台基南边,有东西并列的两个"夯土台址","平面呈长方形,南北长5米,东西宽3.6米","其北距正殿南壁1.4米"。[7]【图二】《发掘报告》认为是"阙址",杨鸿勋认

---

[1]《隶释》,北京,中华书局,1986年,第11页上栏、15页上栏、17页上栏。参桂馥:《说文解字义证》卷四四"壂"字条,济南,齐鲁书社,1987年,第1207页上栏。
[2] 胡吉宣:《玉篇校释》,上海古籍出版社,1989年,第234页。
[3] 王念孙:《广雅疏证》,北京,中华书局,2004年,第208页上栏。
[4]《宋本广韵》,北京,中国书店,1982年,第387页。
[5]《汉书》,北京,中华书局,1962年,第2792、2793页。
[6] 王云五主编:《丛书集成初编》,上海,商务印书馆,1937年,第1499册,第8页。
[7] 中国社会科学院考古研究所编著:《汉长安城未央宫——1980—1989年考古发掘报告》,北京,中国大百科全书出版社,1996年,第192页、图版237。

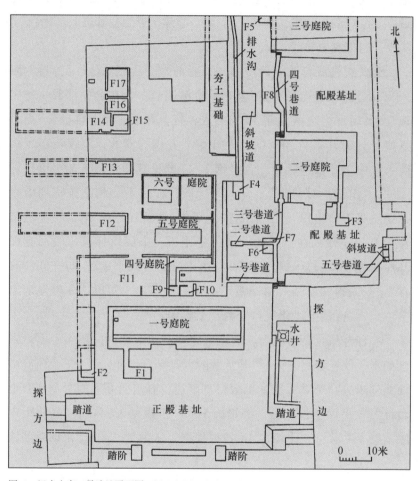

图二　汉未央宫二号遗址平面图　《中国古代都城考古发现与研究》[上]，第275页

为是"登台木构飞陛的支座",[1]刘庆柱近日更正《发掘报告》的说法,认为应是"进出正殿的'阶'"。[2]笔者赞同刘说,这应是殿前东西两阶的遗迹。"阶"又中分左右,一城一平。《文选》卷一班固《西都赋》"左城右平"句吕延济注曰:"城,阶级也。右乘车上,故使平。左人上,故为级。"李善注引刘歆《七略》曰:"王者宫中,必左城而右平。"又引挚虞《决疑要注》曰:"平者,以文砖相亚次也。城者,为陛级也。"同书卷二张衡《西京赋》"右平左城"句吕向注曰:"言阶右平坦,左致城城。"薛综注曰:"城,限也,谓阶齿也……其侧阶各中分左右,左有齿,右则滂沲平之,令辇车得上。"[3]山东诸城前凉台汉墓画像石"谒见图"中绘有堂前两阶。【图三】从摹本看,东阶有一条纵向中线,将该阶分为左右两部分,但未画出阶级,可能是原图模糊不清所致。西阶画得较为细致,中线右侧为阶级,左侧似为砖铺的斜坡。[4]这是右"城"左"平",与刘歆、班固、张衡所描述的"左城右平"之制相反。[5]由此推测,"左城右平"是天子之制,其他贵族官员堂前的阶只能右城左平。

堂、阶之高度因主人身份而不同。《礼记·礼器》:"有以高为贵者,天子之堂九尺,诸侯七尺,大夫五尺,士三尺。"[6]《西京赋》薛综注:"天子殿高九尺,阶九齿,各为九级。"[7]贾谊《新书·阶级》:"阶陛九级者,堂高大几六尺矣。若堂无陛级者,堂高治

---

[1] 杨鸿勋:《杨鸿勋建筑考古学论文集(增订版)》,北京,清华大学出版社,2008年,第244页。

[2] 刘庆柱主编:《中国古代都城考古发现与研究》(上),北京,社会科学文献出版社,2016年,第274页。

[3] 《宋刊明州本六臣注文选》,北京,人民文学出版社,2008年,第25页下栏,第40页上、下栏。

[4] 任日新:《山东诸城汉墓画像石》,《文物》1981年第10期,第20页。

[5] 此事承中国社会科学院考古研究所徐龙国先生提示。

[6] 《十三经注疏》,台北,艺文印书馆,2001年,第5册,第455页。

[7] 《宋刊明州本六臣注文选》,第40页下栏。

图三　谒见图　任日新《山东诸城汉墓画像石》,《文物》1981 年第 10 期，第 20 页

（殆）不过尺矣。"钟夏案："疑六系九之误。"[1]其说是。据此，天子之堂高九尺，约合今2.079米。[2]未央宫第2号遗址正殿台基西侧有一东西向坡道，长9.8米，"西端的斜坡道尚存，有两排铺地砖，由东向西坡13度"。[3]【图四】用三角形公式计算，台基原高应为2.26米，排除可能的误差，设计高度应为"九尺"。[4]"堂无陛级者，堂高殆不过尺"，系指平民而言。刘邦自称"以布衣提三尺剑取天下"。[5]班固则曰："汉亡尺土之阶，由一剑之任，五载而成帝业。"[6]"亡尺土之阶"正是"布衣"身份的标志之一。

堂和庭在功能上是相互关联、相互配合的，尤其在礼仪场合。故堂是没有前檐墙的敞厅，前檐下之台沿上有轩栏起保护作用。张衡《西京赋》："三阶重轩，镂槛文㮰。"薛综注："槛，兰（蘭）也，皆刻画，又以大板广四五尺，加漆泽焉，重置中间兰（蘭）上，名曰轩。"[7]兰（蘭）通栏（欄）。《后汉书》卷八五《东夷夫余传》："复徙于马兰（蘭）。"李贤注："兰（蘭）即栏（欄）也。"[8]张衡所谓"重轩""镂槛"，说的是未央前殿的轩栏。《汉书》卷四九《袁盎传》："千金之子不垂堂，百金之子不骑衡。"师古曰："言富人之子则自爱也。垂堂，谓坐堂外边，恐坠堕也。"如淳曰："衡，楼殿边栏楯也。"师古曰："骑，谓跨之耳。"[9]富贵人家的堂也有一定高度，"诸侯七尺"约合今1.617米，"大夫五尺"约合

---

[1] 阎振益、钟夏：《新书校注》，北京，中华书局，2000年，第79、80页。
[2] 汉一尺约合今23.1厘米。参孙机：《汉代物质文化资料图说（增订本）》，上海古籍出版社，2008年，第35页。
[3] 中国社会科学院考古研究所编著：《汉长安城未央宫——1980—1989年考古发掘报告》，第193页、图版238。
[4] 参本书《未央宫四殿考》。
[5] 《史记》卷八《高祖本纪》，北京，中华书局，1959年，第391页。
[6] 《汉书》卷一三《异姓诸侯王表》序，第364页。
[7] 《宋刊明州本六臣注文选》，第40页上栏。
[8] 《后汉书》，北京，中华书局，1965年，第2811页。
[9] 《汉书》，第2270、2271页。参阅《史记》卷一〇一《袁盎列传》"集解""索隐"所引诸家说，第2740页。

图四　汉未央宫二号遗址正殿西侧残存坡道　《汉长安城未央宫——1980—1989年考古发掘报告》，图版238

今1.155米。儿童若垂脚坐于边沿，或骑于轩栏之上，会有一定危险。"秦法，群臣侍殿上者不得持尺寸之兵，诸郎中持兵皆陈殿下。"[1]秦阿房宫前殿，"东西五百步，南北五十丈，上可以坐万人，下可以建五丈旗"[2]。可坐人处便是"殿上"，可建旗处则是"殿下"之庭。《汉书》卷八二《史丹传》："元帝被疾，不亲政事，留好音乐。或置鼙鼓殿下，天子自临轩栏上，隤铜丸以擿鼓。"[3]同书卷六七《朱云传》：云"上书求见"，于殿上当众弹劾丞相张禹，成帝大怒，"御史将云下"，云大呼抗争，"攀殿栏，栏折"。[4]从这些例子中，可大致想象殿、栏、阶、庭之布局。

---

[1]《史记》卷八六《刺客列传》，第2535页。
[2]同上书，卷六《秦始皇本纪》，第256页。
[3]《汉书》，第3376页。
[4]同上书，第2915页。

殿上高大宽阔，并设有帷幄。《释名·释床帐》曰："帷，围也，所以自障围也。"又曰："幄，屋也，以帛衣板施之，形如屋也。"[1]《周礼·天官·幕人》："掌帷幕幄帟绶之事。"郑玄注："在旁曰帷，在上曰幕……帷幕皆以布为之。四合象宫室曰幄，王所居之帐也……帟，王在幕若幄中，坐上承尘。幄、帟皆以缯为之。凡四物者，以绶连系焉。"[2]《诗·大雅·抑》："相在尔室，尚不愧于屋漏。"毛传："西北隅谓之屋漏。"郑玄笺："屋，小帐也。"此处"屋"即幄。孔颖达疏："幄在帷幕之内，帷幕是大帐，则幄为小帐也……帷幕皆于野张之，以代宫室。其宫内不张幕也，幄则室内亦有之。"据此，殿上设帷不设幕，帷内又设幄。[3]据史籍所载，汉代殿上确有帷幄。《汉书》卷二七《五行志下之上》：有男子进入未央前殿，"入非常室中，解帷组结佩之"。颜师古注："组，绶类，所以系帷"。[4]《后汉书》卷二二《刘隆传》："时诸郡各遣使奏事，帝见陈留吏牍上有书……诘吏由趣，吏不肯服……东海公，年十二，在幄后言曰：'吏受郡敕，当欲以垦田相方耳。'"[5]此事显然发生在殿上，由东海公"在幄后"可知光武帝在幄中。《史记》卷一二〇《汲黯列传》：武帝"坐武帐中，黯前奏事，上不冠，望见黯，避帐中，使人可其奏"[6]。《汉书》卷六八《霍光传》："皇太后乃车驾幸未央承明殿……盛服坐武帐中。"[7]武帐，注家或释为有兵器的帷帐，或释为织有武士像的帷帐，无论如何，系殿上小帐即幄无疑。皇帝总是坐在帷幄中，故亲信近臣在皇帝身边称"侍帷幄"。

---

[1] 王先谦：《释名疏证补》，上海古籍出版社影印清光绪二十二年本，1984 年，第 290、293 页。
[2] 《十三经注疏》，第 3 册，第 92 页。
[3] 同上书，第 2 册，第 647 页。
[4] 《汉书》，第 1475、1476 页。
[5] 《后汉书》，第 780、781 页。
[6] 《史记》，第 3107 页。
[7] 《汉书》，第 2938、2939 页。

室在殿北正中,有"户""牖"与殿相通。《老子》说:"凿户牖以为室,当其无,有室之用。"又说:"不出户,知天下;不窥牖,见天道。"[1]这是以时人皆知的室与户牖之关系阐释"道"之哲理。北大汉简《妄稽》讲述男子周春与妒妻、爱妾间的故事,其中提到周春与爱妾在室中,其妻"尚(上)堂扶非(扉),卑身户枢",在外偷听,继而"怒颈触牖",大哭大闹。[2]可见,堂上有室,室有户牖,是当时流行的建筑样式。

《汉书》卷九七《外戚传下》载成帝、赵昭仪杀死许美人所生小皇子事,提到发生在未央宫"饰室"中的一段情节:

> 美人以苇箧一合盛所生儿,缄封,及绿囊报书于严,严持箧、书置饰室帘南,去。帝与昭仪坐,使客子解箧缄。未已,帝使客子、偏、兼皆出,自闭户,独与昭仪在。须臾开户,呼客子、偏、兼,使缄封箧及绿绨方底,推置屏风东。恭受诏,持箧、方底予武……武穿狱楼垣下为坎,埋其中。[3]

结合上下文,补足相关信息,上文描述的过程是这样:宦官靳严奉诏,令许美人交出小皇子。许美人将盛有小皇子的箧"缄封"后交给靳严。靳严将其带入饰室,置于"饰室帘南"便离去;成帝和赵昭仪坐于"室"中,命御者于客子、王偏、臧兼将箧搬入"室"中并打开;尚未完全打开时,成帝又命客子等出去,并亲自关闭室"户",和赵昭仪一起将小皇子弄死后,又"开户",命客子等将箧重新缄封,并推出"室"外,置于"屏风东";最后命宦者吴恭取走,交掖庭狱丞籍武掩埋。

---

[1] 楼宇烈:《老子道德经注校释》,北京,中华书局,2008年,第26、126页。
[2] 北京大学出土文献研究所编:《北京大学藏西汉竹书》四《妄稽》,上海古籍出版社,2016年,第73页。
[3]《汉书》,第3993、3994页。

说"殿"

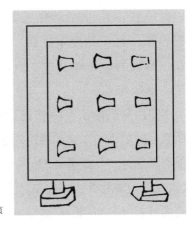

图五　扆示意图　《新定三礼图》，第236页

"饰室"也是前"殿"后"室"格局，"室"在殿内，有可开闭的"户"。"屏风"即扆，也作依。《仪礼·觐礼》："天子设斧依于户牖之间。"郑玄注："依，如今绨素屏风也。有绣斧文，所以示威也。"[1]《魏书》卷九〇《逸士李谧传》："郑氏《礼图》说扆制曰：纵广八尺，画斧文于其上，今之屏风也。"[2]【参图五】《尚书·顾命》："设黼扆。"伪孔传："扆，屏风，画为斧文，置户牖间。"[3] 户偏东，牖偏西，扆在其间。《尔雅·释宫》："牖户之间谓之扆。"郭璞注："窗东户西也。"邢昺疏："牖者，户西窗也。此牖东户西，为牖户之间，其处名扆。"[4] 汉代确实流行此制。《汉书》卷九九《王莽传上》："安汉公居摄践祚，服天子韨冕，背斧依于户牖之间，南面朝群臣，听政事。"[5] 这是天子之制。同书卷七二《两龚传》：王莽遣使拜龚胜为太子师友祭酒，"胜称病笃，为床室中户西南牖下……使者入户西行南面立，致

---

[1]《十三经注疏》，第4册，第321页。
[2]《魏书》，北京，中华书局，1974年，第1936页。
[3]《十三经注疏》，第1册，第277页。
[4] 同上书，第8册，第72页。
[5]《汉书》，第4080页。

诏付玺书"。[1]龚胜曾任光禄大夫，此时致仕在家，而其"室"亦有户牖，且正是户东牖西。"饰室"显然也是户东牖西，屏风则在户牖之间，亦即"户"西，故御者将箧推出"室"后，就近置于"屏风东"。

室两侧还有房。[2]《史记》卷九九《叔孙通列传》载汉七年正月长乐宫前殿朝会曰：文武群臣列于殿下，"于是皇帝辇出房"，在殿上接受群臣奉贺。[3]张家山336号汉墓出土《朝律》作"皇帝出房"。[4]案《仪礼·士昏礼》："妇洗在北堂。"郑玄注："北堂，房中半以北。"贾公彦疏："房与室相连为之。房无北壁，故得北堂之名……知房无北户者，见上文云'尊于房户之东'，房有南户矣。《燕礼》《大射》皆云：'羞膳者升自北阶，立于房中'，不言入房，是无北壁而无户。"[5]清人江永曰："左房无北墉，有北堂、北阶，异于右房。"[6]据此，左房或东房是向北敞开的，无"北壁"和"北户"，故又称"北堂"，其北有阶供人上下，南壁有户与堂相通。参照这一制度，刘邦"辇出房"，可能是从寝殿乘辇至前殿，登北阶至东房，又经东房之南户而至殿上。北大汉简《妄稽》还有如下情节：周春至爱妾"堂"下，爱妾"桃（逃）入北房，周春追之，及之东相（厢）"。[7]二人追逐的路线应是：从堂进入北房，下北阶，绕至建筑东侧，进入东厢。可见"房"

---

[1] 同上书，第3085页。
[2] 郑玄认为，天子、诸侯一室两房，大夫、士则一室一房。后世学者或同或否。此事与本文主旨无干，故不赘述。
[3]《史记》，第2723页。
[4] 此律尚未公布，目前只见其中一枚简的照片和四枚简的释文。见胡平生：《中国湖北江陵张家山汉墓出土竹简概述》，载大庭脩编：《漢簡研究の現狀と展望》，关西大学出版部，1993年，第273页。刘海宇：《介绍一枚张家山三三六号汉墓〈朝律〉简的清晰图版》，复旦大学出土文献与古文字研究中心网站，2013年8月。参曹旅宁：《张家山336号汉墓〈朝律〉的几个问题》，《华东政法大学学报》2008年第4期。
[5]《十三经注疏》，第4册，第62页。
[6] 江永：《群经补义》卷三《仪礼》，《清经解》，南京，凤凰出版社，2005年，第1994页。
[7] 北京大学出土文献研究所编：《北京大学藏西汉竹书》四《妄稽》，第66页。

确是从北面进出"堂"的通道。

堂两侧则有夹和箱。宋李如圭《仪礼释宫》曰:"堂之东西墙谓之序,序之外为夹室,夹室之前曰厢,亦曰东堂西堂……此东西堂,堂各有阶。"[1]"厢"即"箱",古通用。"夹",[2]秦汉史籍中未见实例。"箱"则屡见不鲜。《汉书》卷九九《王莽传下》:莽太子王临久病,"朝见挈茵舆行,见王路堂者,张于西厢",后"列风毁王路西厢。"[3]这是西箱的例子。东箱更多见。《史记》卷九六《张丞相列传》载:刘邦欲废太子,大臣周昌力谏,"吕后侧耳于东箱听"。《索隐》引韦昭曰:"殿东堂也。"又引小颜曰:"正寝之东西室,皆号曰箱。"[4]《汉书》卷四九《晁错传》:袁盎见景帝,晁错在旁,"盎曰:'臣所言,人臣不得知。'乃屏错,错趋避东箱。"[5]同书卷六八《金日䃅传》载侍中莽何罗刺杀武帝事曰:"明旦,上未起,何罗亡何从外入。日䃅奏厕心动,立入坐内户下。须臾,何罗袖白刃从东箱上,见日䃅,色变,走趋卧内欲入,行触宝瑟,僵。日䃅得抱何罗……捽胡投莽何罗殿下,得禽缚之。"[6]同书卷六六《杨敞传》:霍光欲废昌邑王,"使大司农田延年报敞。敞惊惧,不知所言,汗出洽背,徒唯唯而已。延年起至更衣,敞夫人遽从东箱谓敞曰:'此国大事……犹与无决,先事诛矣。'"[7]案《仪礼·觐礼记》:"几俟于东箱。"郑玄注:"东箱,东夹之前,相翔待事之处。"[8]同书《特牲馈食礼》:"几、席、两敦在西堂……其余在东

---

[1] 王云五主编:《丛书集成初编》,第1499册,第8、9页。
[2] 清人江永认为:"夹室二字本不连……先儒读者误连之",故"夹室,当作东夹、西夹"。见氏著:《仪礼释宫增注》,王云五主编:《丛书集成初编》,第1499册,第9页。
[3] 《汉书》,第4159页。
[4] 《史记》,第2677页。
[5] 《汉书》,第2301页。
[6] 同上书,第2961页。
[7] 同上书,第2889页。
[8] 《十三经注疏》,第4册,第332页。

堂。"郑玄注:"西堂,西夹室之前,近南耳……东堂,东夹之前,近南。"[1]东西箱即东西堂,在东西夹之前。又《礼记·杂记》:"夫人至,入自闱门,升自侧阶。"郑玄注:"侧阶,亦旁阶也。"同书《奔丧》:"妇人奔丧,升自东阶。"郑玄注:"东阶,东面阶也。"[2]《仪礼·燕礼》贾公彦疏:"东面阶、西面阶,妇人之阶,非男子之所升。"[3]由此可知,东、西箱分别由东面阶、西面阶升降。未央宫第2号遗址正殿台基"东西各有一条登殿踏道","东踏道东西长10.5米,南北宽4米","西踏道东西长9.8米,南北宽7.1—8.3米",应是东面阶和西面阶的遗迹。[4]【参图二】箱与堂之间亦相通。故吕后、杨敞夫人可在东箱听到殿堂上的谈话,晁错可从殿上趋避东箱。莽何罗行刺时,应是登东面阶入东箱,又至殿上,然后走趋卧内。

关于庭,《仪礼释宫》曰:"堂下至门谓之庭。"[5]《仪礼》中屡见"中庭"一词,特指庭之中部,在不同礼仪场合又有不同含义,"有以东西之中言之者","有以南北之中言之者"。[6]但史籍所见"中庭"似无此特定含义。《汉书》卷八四《翟方进传》:翟宣"教授诸生满堂,有狗从外入,啮其中庭群鴈数十,比惊救之,已断其头,狗走出门,求不知处"[7]。此处"鴈"应指家禽鹅。[8]《说文》:"鴈,鹅也。"[9]《庄子·山木》:"竖子杀雁而烹之。"王先谦案:"雁

---

[1]《十三经注疏》,第4册,第522、548页。
[2] 同上书,第5册,第750、942页。
[3] 同上书,第4册,第161页。
[4]《汉长安城未央宫——1980—1989年考古发掘报告》,第193页。
[5] 王云五主编:《丛书集成初编》,第1499册,第10页。
[6] 乾隆钦定《仪礼义疏》卷首下,《文渊阁四库全书》,台湾商务印书馆,1986年,第106册,第52页。
[7]《汉书》,第3438页。
[8] 参王光汉:《辞书编纂与食古泥古》,《安徽大学学报》1990年第1期。
[9]《说文解字》,第81页。

即鹅。"[1]这数十只被狗咬死的鹅显然不在笼中，而是散养的，故此"中庭"应泛指堂前之庭院。《汉书》卷九七《外戚传下》描述掖庭昭阳舍之豪华，有"中庭彤朱，而殿上髹漆"之语；班婕妤描述增成舍之凄凉，有"华殿尘兮玉阶苔，中庭萋兮绿草生"一句。[2]这些"中庭"显然也泛指殿下之庭院。秦蕙田《五礼通考》曰："中庭，门之内、堂之下也。"[3]汉代实际生活中的"中庭"正是这样。

《仪礼释宫》又曰："寝庙皆有堂有门，其外有大门。"[4]《尔雅·释宫》："宫中之门谓之闱，其小者谓之闺，小闺谓之阁。"[5]就史籍所见，贵族官员府第通常有内外两个庭院。《春秋公羊传》宣公六年春：晋灵公遣勇士刺杀赵盾，而赵盾府中无人守卫，"勇士入其大门则无人门焉者，入其闺则无人闺焉者，上其堂则无人焉，俯而窥其户，方食鱼飧。"[6]文中"大门"即外院之门，"闺"则为内院之门。刺客先入"大门"，再入"闺"，然后登"堂"入"户"。汉代官府外院之门亦称"门"，内院之门则多称"阁"。《汉书》卷九三《佞幸传》：大司马董贤拜访丞相孔光，"光警戒衣冠出门待，望见贤车乃却入。贤至中门，光入阁，即下车，乃出拜谒"。文中"门"是丞相府大门，"阁"是内院之门。同书卷八三《朱博传》载：博任太守期间，曾"斥罢诸病吏"，令其"白巾走出府门"；又载：属县有事"书言府"，掾史提出处理建议交给朱博，不见答复，"于是府丞诣阁，博乃见丞掾"；又载："功曹受贿"，博召功曹，"闭阁数责"。[7]由此可见，内院外院有不同功能，长官在内院办公，僚属在外院理事。汉人称内院为"中庭"，或许是相对于

---

[1] 王先谦：《庄子集解》，北京，中华书局，1987年，第167页。
[2] 《汉书》，第3987、3989页。
[3] 秦蕙田：《五礼通考》卷六〇，《文渊阁四库全书》，第136册，第385页。
[4] 王云五主编：《丛书集成初编》，第1499册，第1页。
[5] 《十三经注疏》，第8册，第74页。
[6] 同上书，第7册，第192页。
[7] 《汉书》，第3400、3401、3402页。

外院而言。

上引《汉书·外戚传》说昭阳舍和增成舍皆有"中庭"。由此推测，当亦有外院。班婕妤描写增成舍，还提到"应门"和"禁闼"。师古注："正门谓之应门。"[1]其说引自《尔雅·释宫》。[2]《周礼·冬官·匠人》："应门二彻参个。"郑玄注："正门谓之应门，谓朝门也。"贾公彦疏："以其应门内、路门外有正朝，臣入应门至朝处，君臣正治之所，故谓此门为应门，是以郑云谓朝门也。"[3]可见，"应门"在"路门"之外，是露寝前的第二道门。班婕妤可能是用"应门"比喻增成舍外院大门。《汉书》卷六八《霍光传》："出入禁闼二十余年。"师古注："宫中小门谓之闼。"[4]同卷《金日䃅传附金安上传》："霍氏反，安上传禁门闼，无内霍氏亲属。"师古注："门、闼，宫中大、小之门也。"[5]据此，"禁闼"当指禁中小门。"闼"当包括供妃妾、宦官、奴婢等出入的侧门，但内院正门也称"闼"。《汉书》卷四一《樊哙传》："高帝尝病，恶见人，卧禁中，诏户者无得入群臣。群臣绛、灌等莫敢入。十余日，哙乃排闼直入，群臣随之。"[6]樊哙带头闯入的"闼"，肯定是群臣日常出入的内院正门。《霍光传》班固赞语曰："霍光以结发内侍，起于阶闼之间。"[7]班固用"阶闼之间"形容皇帝身边的内侍官员常由"阶""闼"出入。此处的"闼"无疑指殿前内院正门。班婕妤所谓"禁闼"，与"应门"并提，当亦指增成舍大门内的"中庭"正门。

"中庭"门内还有屏、帷、帘等用于遮挡视线的设施。《仪礼·觐礼》贾公彦疏引《礼纬》云："天子外屏，诸侯内屏，大夫

---

[1]《汉书》，第3987页。
[2]《十三经注疏》，第8册，第74页。
[3] 同上书，第3册，第644页。
[4]《汉书》，第2931、2932页。
[5] 同上书，第2963页。
[6] 同上书，第2072页。
[7] 同上书，第2967页。

以帘，士以帷。"[1]《尔雅·释宫》："屏谓之树。"郭璞注："小墙当门中。"[2]《荀子·大略》："天子外屏，诸侯内屏，礼也。外屏，不欲见外也。内屏，不欲见内也。"王先谦《集解》："郝懿行曰：'《释宫》但云屏谓之树，不言内外。'郭璞注谓'小墙当门中'，此说是也。盖屏之制如今之照壁……但令门必有屏，天子、诸侯似不必琐琐分别外内也。荀书每援礼文，此云'外屏''内屏'，而云'礼也'，必是礼家旧说……近浙人全鹗氏著论……以为'天子外屏'，此言出于礼纬，郑注《礼记》引其说，未可信也。"[3]根据这些清代学者的说法，天子之屏也树于门内。还有迹象显示，汉代天子门内未必只树屏，可能也有设帘的。《汉书》卷四八《贾谊传》："古者大臣有……坐污秽淫乱男女亡别者，不曰污秽，曰帷薄不修。"[4]《后汉书》卷一〇《皇后纪上》："高祖帷薄不修。"李贤注："谓周昌入奏事，高帝拥戚姬，是不修也。"[5]案《礼记·曲礼》："帷薄之外不趋，堂上不趋。"郑玄注："堂下则趋。"陆德明《释文》："薄……帘也。"[6]所谓"帷薄"就是堂前门内的遮挡设施，其内便是"堂下"，按礼当趋，其外则不趋。[7]前引《汉书》载成帝杀小皇子事提到"饰室帘"，师古注曰："户帘也。"帘（簾）也写作櫊。《释名·释床帐》："户櫊，施之于户外也。"王先谦曰："此则今之门帘。"[8]师古之意，"饰室帘"是饰室殿上室户之外悬挂的帘。但《汉书》不曰"户帘"，而曰"饰室帘"，不曰"帘外"，而

---

[1]《十三经注疏》，第4册，第326页。
[2] 同上书，第8册，第73页。
[3] 王先谦：《荀子集解》，北京，中华书局，1988年，第485页。
[4]《汉书》，第2257页。
[5]《后汉书》，第399页。
[6]《十三经注疏》，第5册，第33页。
[7] 趋即快走。贾谊《新书·容经》形容"趋容"曰："趋以微磬之容，飘然翼然，肩状若流，足如射箭。"（阎振益、钟夏：《新书校注》，第228页）
[8] 王先谦：《释名疏证补》，第292页。

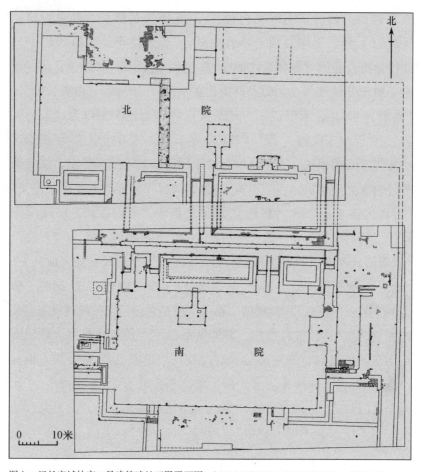

图六　汉长安城桂宫二号建筑遗址正殿平面图　《中国古代都城考古发现与研究》[上]，第287页

曰"帘南",又载成帝命靳严曰:"美人当有以予女,受来,置饰室中帘南。"[1]从语气上看,当指饰室殿前门内的帘。此事高度保密,参与者各有分工,互不接触,还特意强调"勿令人知",而靳严将箧置于"帘南"便离去。成帝如此安排,应是不想让饰室中其他人员知道是谁送来的。若靳严将箧一直送到殿上室户之外,殿上殿下之人都会看见,似不合情理。汉长安城桂宫二号建筑遗址正殿南面东西两阶之间,"有一片'凹'字形地面",其"南沿中部凹入部分,东西7.5米,南北1.2米"。[2]【图六】杨鸿勋认为:"由两陛向南延伸的甬路,推测至宫门附近即行内折,相互连接而形成一条东西向的甬路,再于中轴线上'丁'字相交、向南铺装至宫门。"[3]若杨说不错,凹入的部分正对"中庭"之门,应是树立屏、帷、帘的位置。

秦汉殿式建筑中,殿或堂是最重要的空间。皇家建筑多称"某某殿",应该就是这一缘故。室、房、夹、箱及殿前之内外庭院,也各有其功能。了解此类建筑的大致格局,有助于认识与之相关的各种制度,也有助于理解那些发生在皇宫深处的历史情节。

<blockquote>
原题《秦汉殿式建筑的布局》,
载《中国史研究》2016年第3期
</blockquote>

---

[1]《汉书》卷九七《外戚传下》,第3993、3994页。
[2] 中国社会科学院考古研究所、日本奈良国立文化财研究所中日联合考古队:《汉长安城桂宫二号建筑遗址发掘简报》,《考古》1999年第1期,第2页。
[3] 杨鸿勋:《杨鸿勋建筑考古学论文集(增订版)》,第249页。

上 篇

西汉的未央宫

"公车司马"考

贾谊《新书·等齐篇》曰:"天子宫门曰司马,阑入者为城旦。"[1]《汉书》卷九《元帝纪》:"令从官给事宫司马中者,得为大父母、父母、兄弟通籍。"应劭曰:"籍者,为二尺竹牒,记其年纪、名字、物色,县之宫门,案省相应乃得入也。"颜师古注曰:"司马门者,宫之外门也。"[2]是西汉皇宫之门称"司马门",本无疑义。但今本《三辅黄图》卷二《汉宫》有如下一段文字:

> 汉未央、长乐、甘泉宫四面皆有公车司马门。凡言司马者,宫垣之内兵卫所在,司马主武事,故谓宫之外门为司马门。按汉《宫卫令》:"诸出入殿门公车司马门者皆下,不如令,罚金四两。"王莽改公车司马门曰王路四门,分命谏大夫四人,受章疏以通下情。

"四面皆有公车司马门"一句,"公车"下有注,曰"公车,主受章疏之处"。不同版本的《三辅黄图》对此句有两种处理方式。如涵芬楼影印元刊本、[3]明万历吴管校本、[4]今人何清谷著《三辅黄图校

---

[1] 阎振益、钟夏:《新书校注》,北京,中华书局,2000年,第47页。
[2] 《汉书》,北京,中华书局,1962年,第286页。
[3] 《四部丛刊》三编《三辅黄图》卷二,第6页A面。
[4] 《古今逸史·三辅黄图》卷二,第7页A面。

释》，[1]"司马门"提行，只能点作"四面皆有公车。司马门，凡……"而毕沅《经训堂丛书》本，[2]"司马门"紧接上文，不提行，可以点作"四面皆有公车司马门。凡……"其他著作引用这段文字，或从前者，或从后者。如顾炎武《历代宅京记》卷四"公车"条："汉未央、长乐、甘泉宫四面皆有公车。"其后紧接"司马门"条："师古曰：凡言司马门者……"[3]明确将"公车司马门"一分为二。清《历代职官表》卷二一《通政使司》引此文，"司马门"虽不提行，但有"○"号与上文分开，显然也在"公车"下断句。[4]而《陕西通志》卷七二、[5]王应麟《玉海》卷一六九、[6]毕沅《关中胜迹图志》卷四引《三辅黄图》，[7]"司马门"皆不提行。笔者以为，在《史记》《汉书》等较可靠的西汉史籍中，只见未央宫北门有公车机构，未见其他宫门设公车的例子，故以"四面皆有公车"为句，缺乏证据支持。从其下文"王莽改公车司马门曰王路四门"一句可知，在今本《三辅黄图》作者的意识中是有"公车司马门"这一概念的。因此，以"四面皆有公车司马门"为句，语气更为顺畅，也不违背作者本意。

所谓"四面皆有公车司马门"，意指西汉宫城四面的司马门都称"公车司马门"。今天的学者多接受这一说法。[8]然而《史记》

---

[1] 何清谷：《三辅黄图校释》，北京，中华书局，2005年，第146页。
[2] 《经训堂丛书·三辅黄图》，乾隆四十九年（1784）刊，卷二，第6页B面。
[3] 《历代宅京记》，于杰点校，北京，中华书局，1984年，第63页。
[4] 王云五主编：《丛书集成初编》，上海，商务印书馆，第851册，第563页。
[5] 《文渊阁四库全书》，台北，台湾商务印书馆，1986年，第555册，第331页下栏。
[6] 同上书，第947册，第382页上栏。
[7] 毕沅：《关中胜迹图志》，张沛校点，西安，三秦出版社，2004年，第124页。
[8] 中国社会科学院考古研究所编：《汉长安城未央宫——1980—1989年考古发掘报告》，北京，中国大百科全书出版社，1996年，第7页引《三辅黄图》此文便作"汉未央、长乐、甘泉四面皆有公车司马门"；第264页注释引此文将"公车"和"司马门"断开，但第263页正文说"未央宫四面各辟一宫门……亦称司马门或公车司马门"。第264页正文说："至于'公车司马门'也不只限于北宫门，其他各宫门也都设置。"又见廖伯源：《历史与制度——汉代政治制度试释》，香港教育图书公司，1997年，第5页；杨鸿勋：《杨鸿勋建筑考古学论文集（增订版）》，北京，清华大学出版社，2008年，第238页。

《汉书》等文献中没有可靠例证能支持此说。前述于"公车"下断句者，可能意识到这一问题，故刻意回避"公车司马门"这一概念。宋薛季宣著《未央宫记》称："四面设公车司马，典受四方章奏。"[1]此说显然也来自《黄图》，但无"门"字。《历代宅京记》清抄本、[2]嘉庆十三年刊来贤堂本、[3]宣统元年刊碧琳琅馆丛书本"司马门"条，[4]"出入殿门公车司马门者皆下"和"改公车司马门曰王路四门"两句，皆与《三辅黄图》之文同。而《四库全书》本，前一句无后"门"字，后一句无前"门"字，作"出入殿门公车司马者皆下"，"改公车司马曰王路四门"。文渊阁本、文津阁本皆如此。[5]纪昀等《提要》称："此书写本不一……盖旧无刊板，辗转传抄，讹缺异同，所不能免。此为湖北采进本，首尾悉备，较为完足。"[6]则《四库》本应是较早较好的本子。或许薛季宣和顾炎武都意识到西汉并无"公车司马门"，故删去"门"字。但"出入殿门公车司马门"一句，显然不可删去门字。薛氏、顾氏的处理不妥。

据学人考证，《三辅黄图》原书大约成于汉末魏初，其书早佚。今本《三辅黄图》成于唐代中期前后，系唐人据《三辅黄图》原书佚文和《史记》《汉书》、班固《西都赋》、张衡《西京赋》及六朝人的有关著述编撰而成。[7]古人编撰此类书籍很少凭空臆造，通常是以当时所能搜集到的各种资料为依据。故其内容大多是有参

---

[1] 薛季宣：《浪语集》卷三一，《文渊阁四库全书》，第1159册，第497页上栏。参阅辛德勇校《未央宫记》，见氏著《薛季宣〈未央宫记〉与汉长安城未央宫》，《社会科学战线》2011年第11期。
[2] 北京大学图书馆藏清抄本，卷四，第8页A面。
[3] 来贤堂本，卷四，第9页A面。
[4] 碧琳琅馆丛书本，卷四，第9页A面。
[5] 《文渊阁四库全书》，第572册，第622页下栏；《文津阁四库全书》，北京，商务印书馆，2005年，第572册，第767页下栏。
[6] 《文渊阁四库全书》，第572册，第571页下栏。
[7] 参阅何清谷：《三辅黄图校释·前言》，页1—4；辛德勇：《〈三辅黄图校释〉后述》，见氏著：《读书与藏书之间》二集，北京，中华书局，2008年。

考价值的，但又不可尽信。宋人程大昌指出："今世所传《三辅黄图》……盖唐人增续成之，初非亲生汉时，目击汉事者也。故随事必当立辨，不可谓其名古而不敢置议也。"[1]上引《黄图》之文正是这样，须查找出处，核对原文，而不可轻信。

其中，"王莽改公车司马门曰王路四门"一事，出自《汉书》卷九九《王莽传中》，但原文是"改……公车司马曰王路四门"。[2]今本《黄图》的作者将这条材料中的"公车司马"和"王路四门"理解为未央宫四面的宫门。但《王莽传》"公车司马"之下并无"门"字，而结合上下文看，"公车司马"和"王路四门"不是门名，而是官名。兹节引其文如下：

> 更名大司农曰羲和……更名光禄勋曰司中……改郡太守曰大尹……御史曰执法，公车司马曰王路四门，长乐宫曰常乐室，未央宫曰寿成室，前殿曰王路堂，长安曰常安。更名秩百石曰庶士，三百石曰下士……车服黻冕，各有差品。[3]

这段文字，自"御史曰执法"以上，改的都是官名。"更名秩百石曰庶士"以下，改的是官吏秩级的名称。只有"长乐宫曰常乐室"以下四句，表面看，改的是宫名、殿名和地名，其实也和官名有关。《汉书》卷一九《百官公卿表上》卫尉条："长乐、建章、甘泉卫尉皆掌其宫"；詹事条："平帝元始四年更名长乐少府"；太仆条："属官有大厩、未央、家马三令，各五丞一尉"；内史条："京兆尹，属官有长安市、厨两令丞"；"左冯翊……左都水、铁官、云垒、长安四市四长丞皆属焉"。同书卷二七《五行志下之上》：

---

[1] 程大昌：《雍录》，黄永年点校，北京，中华书局，2002年，第6页。
[2] 《汉书》，第4103页。
[3] 同上。

"男子王褒……上前殿……前殿署长业等……收缚考问。"[1]是西汉原有长乐卫尉、长乐少府、未央令、未央尉、长安市令、长安市长、长安市丞、前殿署长等职。王莽改名后，这些官职应改称"常乐卫尉""常乐少府""寿成令""寿成尉""常安市令""常安市长""常安市丞""王路堂署长"等。这样看来，《王莽传》这一大段文字所说的都是改官名。在这样的上下文中，"公车司马曰王路四门"一句，应当也是指官名而言。

"公车司马"一词不见于《史记》正文，《汉书》中也只出现过三次。除上引《王莽传》外，还有《百官公卿表上》正文和注释。正文曰：卫尉"属官有公车司马、卫士、旅贲三令丞"。师古注引《汉官仪》云："公车司马掌殿、司马门，夜徼宫中。天下上事及阙下、凡所征召，皆总领之。"[2]正文中的"公车司马"显然是官名，指公车司马令和公车司马丞，注文所引《汉官仪》中的"公车司马"则是公车司马令的简称。上引《黄图》之文所引《宫卫令》也有"公车司马门"字样。该《令》出自南朝宋人裴骃《史记集解》所引如淳注，原文是："诸出入殿门公车司马门乘轺传者皆下，不如令，罚金四两。"[3]何清谷将"殿门公车司马门"点作"殿门、公车司马门"，[4]于杰则点作"殿门、公车、司马门"。[5]笔者以为后者是。

西汉史籍中未见"公车司马门"，只有"司马门"和"公车门"。司马门的例子很多，不赘举。公车门的例子仅见于《汉书》卷六〇《杜周传》："丞相……召中二千石、博士会公车门。"[6]西

---

[1]《汉书》，第728、729、734、736、1475页。
[2]同上书，第728、729页。
[3]《史记》，第2753页。
[4]何清谷：《三辅黄图校释》，第147页。
[5]《历代宅京记》，第64页。
[6]《汉书》，第2662页。

汉的"公车",是负责接收章奏上书的机构。《后汉书》卷四《和帝纪》注引《前书音义》曰:"公车,署名也。公车所在,故以名焉。"[1]《汉书》卷七一《隽不疑传》:"始元五年,有一男子……诣北阙,自谓卫太子,公车以闻。"师古曰:"公车,主受章奏者。"[2] 未央宫北司马门外有双阙,故该门又称"北阙",公车机构便设于此。《汉书》卷三六《楚元王传附刘向传》注引如淳曰:"北阙,公车所在。"[3]据此,西汉"公车门"只是未央宫北司马门或北阙的又一称呼,是因公车机构设于该门而得名。故吏民上书,称上书公车,也称上书北阙。《汉书》卷七六《张敞传》:"随使者诣公车上书。"[4]《史记》卷二〇《建元以来侯者年表》博成侯条:"张章,父故颍川人,为长安亭长,失官,之北阙上书。"[5]《汉书》卷五一《枚乘传附枚皋传》:"亡至长安……上书北阙。"[6]《隽不疑传》所言一男子"诣北阙",就是"诣公车",所以"公车以闻"。如此看来,上引《汉官仪》将公车司马令的职掌,分为"掌殿、司马门,夜徼宫中"和"天下上事及阙下、凡所征召,皆总领之"两项,是更为准确的历史记录。

公车还负责接待"待诏"者,不提供食宿,只给微薄的俸禄。《史记·建元以来侯者年表》博成侯条:"张章……之北阙上书,寄宿霍氏第舍,卧马枥间。"[7]《汉书》卷六四《朱买臣传》:"买臣免,待诏,常从会籍守邸者寄居饭食。"[8]同书卷六五《东方朔传》:朔至长安上书,"待诏公车,俸禄薄,未得省见",又自称待诏期

---

[1]《后汉书》,北京,中华书局,1965年,第179页。
[2]《汉书》,第3037页。
[3]同上书,第1941页。
[4]同上书,第3224页。
[5]《史记》,第1066页。
[6]《汉书》,第2366页。
[7]《史记》,第1066页。
[8]《汉书》,第2792页。

间,"奉一囊粟,钱二百四十"。[1]故久待诏者常常衣食无着。《史记》卷一二六《滑稽列传》:"东郭先生久待诏公车,贫困饥寒,衣敝,履不完。"[2]《汉书·朱买臣传》:"买臣随上计吏为卒,将重车至长安,诣阙上书,书久不报,待诏公车,粮用乏,上计吏卒更乞丐之。"[3]但公车机构有供上书和待诏者等候诏报的处所,而该处所似在北军垒门内。《汉书》卷三六《楚元王传附刘向传》载刘向上书成帝曰:"今陛下开三代之业,招文学之士,优游宽容,使得并进,今贤不肖浑殽,白黑不分,邪正杂糅,忠谗并进,章交公车,人满北军。"[4]北军营在北司马门外。该门外有东西向的直城门大街,北军营正门南向,[5]应在直城门大街北侧。【参图七】《刘向传》注引如淳曰:"《汉仪注》:中垒校尉主北军垒门内,尉一人主上书者狱。上章于公车,有不如法者,以付北军尉,北军尉以法治之。"[6]言下之意,"人满北军"是因为上书不如法者多,以致北军狱中人满为患。西汉常于"北阙""公车"囚人、行刑。如大臣杨恽曾因事下狱,自称"身幽北阙,妻子满狱"。[7]戾太子死后,燕王旦派人上书,觊觎太子之位,"武帝怒,立斩其使者于北阙。"[8]宦官石显诬谮张猛,"令自杀于公车"。[9]所谓"身幽北阙""斩于北阙""自杀于公车",大概都指北军狱中。然而据《东方朔传》,武帝时,"四方士多上书言得失,自衒鬻者以千数,其不足采者辄

---

[1]《汉书》,第2842、2843页。
[2]《史记》,第3208页。
[3]《汉书》,第2791页。
[4]同上书,第1941页。
[5]《史记》卷一〇四《田叔列传》褚先生曰:巫蛊之祸爆发时,"任安为北军使者护军,太子立车北军南门外,召任安,与节令发兵。安拜受节,入,闭门不出。"据此,"北军南门"应是北军营正门,与未央宫北阙相去不远。
[6]《汉书》,第1942页。
[7]同上书,卷六六《杨敞传附杨恽》,第2895页。
[8]《史记》卷四九《外戚世家》,第1985页。
[9]《汉书》卷三六《楚元王传附刘向传》,第1948页。

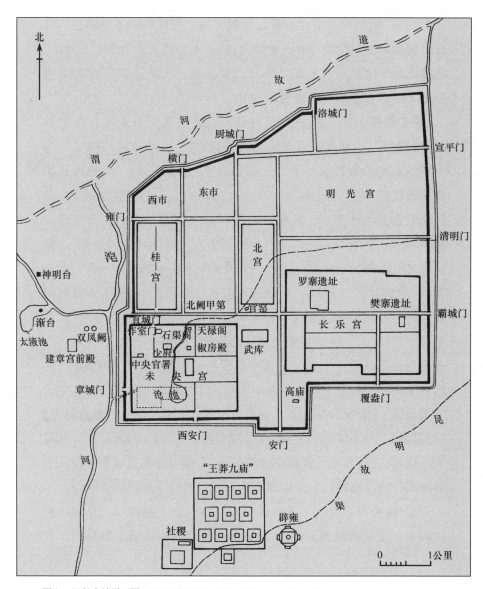

图七　汉长安城平面图　《中国古代都城考古发现与研究》[上]，第262页

报闻罢",朝廷对上书言事者是很宽容的。况且刘向书中明言,成帝对文学之士"优游宽容,使得并进",不会将大量上书"不如法"者投入北军之狱。从上下文看,"章交公车,人满北军",以理解为众多上书者皆于北军待诏为顺。

《王莽传》提到的"公车司马"既是官名,由其改名而来的"王路四门"当然也是官名,是"王路四门令""王路四门丞"等官职的省称。始建国三年(公元11年),王莽下令:"举吏民有德性、通政事、能言语、明文学者,诣王路四门。"[1]王莽改制前,朝廷征召各种人才至京,都称"诣公车"。如《汉书》卷一〇《成帝纪》:建始三年十二月,"举贤良方正能直言极谏之士诣公车"。卷一二《平帝纪》:元始二年秋,"举勇武有节明兵法,郡一人,诣公车。"[2]此处之"公车",应理解为兼掌"天下上事及阙下、凡所征召"的公车司马令。西汉"公车司马令"可简称"公车令",也可简称"公车"。[3]上面提到的张释之所任"公车令",显然就是"公车司马令"。《史记》卷一二六《滑稽列传》载:东方朔上书,"凡用三千奏牍,公车令两人共持举其书,仅然能胜之。"[4]文中"令"字是动词,"公车"是官名,应指公车令。上引《汉书·东方朔传》"待诏公车"句师古注曰:"公车令属卫尉,上书者所诣也。"[5]其说是。据此,"诣公车"就是"诣公车令",即向公车司马令报到。王莽所谓"诣王路四门"则应理解为向王路四门令报到。

《三辅黄图》所言"王莽改公车司马门曰王路四门,分命谏大夫四人,受章疏以通下情",意指未央宫原有四座公车司马门,王

---

[1]《汉书》卷九中《王莽传中》,第4125页。
[2] 同上书,第307、354页。
[3] 汉人称"某某令",常省略"令"字。如《张家山汉墓竹简·秩律》所载二百余县道令长,皆无"令""长"字样。
[4]《史记》,第3205页。
[5]《汉书》,第2842页。

莽将其改称为王路门，并命四位谏大夫分驻四门受章疏。案《汉书》卷九九《王莽传中》：王莽改"前殿曰王路堂"，又"令王路设进善之旌，非谤之木，敢谏之鼓，谏大夫四人常坐王路门受言事者"。[1]《黄图》之说显然由此而来。但其作者因将"王路四门"理解为未央宫门而进一步产生误解。案《周礼·夏官·太仆》："建路鼓于大寝之门外而掌其政，以待达穷者。"郑玄注："大寝，路寝也。"郑司农云："穷谓穷冤失职，则来击此鼓以达于王。"[2] 王莽所设"敢谏之鼓"当与《周礼》"路鼓"之制同，位于路寝门外。结合这一背景，细读《王莽传》原文，可以做出如下分析和解读：王莽既将前殿改称"王路堂"，必定也将殿前的门改称"王路门"，故全文大意应是，在王路门前设进善之旌、非谤之木、敢谏之鼓，又命谏大夫四人值守王路门，专门接待"进善""非谤""敢谏"等"言事者"。然则此事应与司马门无关。

　　王莽改制时是否改了宫门名称，不见确切记载。《史记》卷八《高祖本纪》："萧丞相营作未央宫，立东阙、北阙。"《集解》引《关中记》曰："东有苍龙阙，北有玄武阙。玄武所谓北阙。"《索隐》曰："东阙名苍龙，北阙名玄武。"[3]《关中记》系晋人所作，其说不知有何依据。刘庆柱指出："未央宫北阙和东阙西汉时代恐不称苍龙阙（或青龙阙）与玄武阙，此或后人附会之说。"[4] 苍龙、玄武、朱雀、白虎代表四方。王莽改制，好用此类名目，但未见"苍龙阙""玄武阙"等名称。而《王莽传中》载：天凤元年七月，"大风拔树，飞北阙、直城门屋瓦。"[5]《王莽传下》载：地皇四年十月，

---

[1]《汉书》，第4103、4104页。
[2]《十三经注疏》，台北，台湾艺文印书馆，2001年，第3册，第476页上栏。
[3]《史记》，第385、386页。
[4] 刘庆柱：《关中记辑注》，西安，三秦出版社，2006年，第30页。
[5]《汉书》，第4136页。

汉兵攻入长安城，王莽大将王邑等"分将兵距击北阙下"。[1]《王莽传中》又载：天凤元年（公元14年）三月，"公卿入宫，吏有常数。太傅平晏从吏过例，掖门仆射苛问不逊，戍曹士收系仆射。"[2]根据这些材料，新莽年间，北宫门仍称"北阙"，宫掖门也仍称"掖门"，似乎并未改名。当然，《汉书》提及新莽制度，有时用新名，有时用旧名，故此事尚难确定。

原载《中华文史论丛》2015年第4期

---

[1]《汉书》，第4190页。
[2]同上书，第4135页。

未央宫四殿考

《史记》卷八《高祖本纪》:"萧丞相营作未央宫,立东阙、北阙、前殿、武库、太仓。高祖还,见宫阙壮甚,怒,谓萧何曰:'天下匈匈,苦战数岁,成败未可知,是何治宫室过度也?'萧何曰:'天下方未定,故可因遂就宫室。且夫天子以四海为家,非壮丽无以重威,且无令后世有以加也。'高祖乃悦。"[1]《汉书》卷一《高帝纪下》系此事于七年(前200年)二月。[2]文中提到的武库、太仓不在未央宫中,东阙、北阙在宫门之外,宫中建筑只有前殿。这当然是约略言之。既曰"营作未央宫",又曰"无令后世有以加",宫中必定具备了可供皇帝生活和办公的主要设施。《史记·高祖本纪》又载:"未央宫成。高祖大朝诸侯群臣,置酒未央前殿。"[3]《汉书·高帝纪》系此事于九年十月。[4]此时,萧何主持的未央宫工程当已全部完成。自惠帝以后,未央宫便成为西汉皇帝居住和办公的主要场所。

最初的未央宫除前殿外还有哪些建筑?《汉书》卷二《惠帝纪》:四年(前191年)"七月乙亥,未央宫凌室灾;丙子,织室灾"。[5]是惠帝时已有凌室、织室。《史记》卷九《吕太后本纪》:

---

[1]《史记》,北京,中华书局,1959年,第385—386页。
[2]《汉书》,北京,中华书局,1962年,第64页。
[3]《史记》,第386页。
[4]《汉书》,第66页。
[5]同上书,第90页。

四年，吕后恐少帝为乱，"乃幽之永巷中"。[1]是吕后时已有永巷。除上述零散资料外，《汉书》卷七五《翼奉传》载，奉上疏元帝，提供了重要信息：

> 孝文皇帝躬行节俭，外省徭役。其时未有甘泉、建章及上林中诸离宫馆也。未央宫又无高门、武台、麒麟、凤皇、白虎、玉堂、金华之殿，独有前殿、曲台、渐台、宣室、温室、承明耳。孝文欲作一台，度用百金，重民之财，废而不为，其积土基，至今犹存。[2]

翼奉所举"又无"诸殿中，只有凤皇殿在后宫，[3]其余应都在皇帝生活区和办公区。由此可知，文帝时未央宫中供皇帝生活和办公用的建筑，只有曲、渐两台和前殿、宣室、温室、承明四殿。文帝欲作一台，中途而废，可见这些建筑都是文帝之前就有的。惠帝、吕后时，除修筑长安城外，不见大规模兴建宫殿的记载。故两台四殿应当都是萧何"营作未央宫"的产物。

渐台位于未央宫西南部的沧池一带，其事甚明。曲台，《汉书》数见，宋程大昌推测曰："其地必当行路冲要，不在宫中深邃之地矣。"[4]其说可参。两台多用于宴飨之类，不是重要设施，本文不论。前殿、宣室、温室、承明四殿则是未央宫中的核心建筑。它们最早落成，必然承担着最基本的功能。史籍记载显示，西汉中、后期，四殿仍是皇帝日常生活起居、办公议政和举行重大礼仪活动的场所。这意味着文帝之后未央宫中虽陆续增修了许多建筑，但四殿

---

[1]《史记》，第403页。
[2]《汉书》卷七五《翼奉传》，第3175页。
[3] 张衡《西京赋》："后宫则昭阳、飞翔、增成、合欢、兰林、披香、凤皇、鸳鸾。"（《文选》卷二，北京，中华书局，1977年影印本，第39页下栏）
[4] 程大昌：《雍录》卷二《曲台》，黄永年点校，北京，中华书局，2002年，第32页。

功能依旧，基本格局并未发生大的变化。笔者基于这一事实，搜集相关史籍中零散的记载，结合经学文献和考古材料，在前人研究的基础上，对四殿的位置和用途做了进一步考证和分析，形成了一些新的认识。现详述于下，供大家参考。

一 "前殿""宣室"考

"前殿"是未央宫的标志性建筑，相传建于龙首山上。《水经注》："高祖在关东，令萧何成未央宫。何斩龙首山而营之。"[1]《西京杂记》："萧相国营未央宫，因龙首山制前殿。"[2] 这一说法已被考古勘探所证实。今西安市西北郊未央宫遗址中有一座宽大的高台建筑基址，前殿遗址就在其上。《汉长安城未央宫——1980—1989年考古发掘报告》（以下简称《报告》）将这座高台基址定名为"未央宫第1号遗址"。台基"平面呈长方形，南北长400米，东西宽200米"，其上有三座大型宫殿建筑基址。【图八】就面积而言，中部基址最大，南部基址较小，北部基址最小。《报告·结语》称："前殿之上有南北排列的三大殿……中间的宫殿建筑很可能是文献记载的'宣室'或'宣室殿'，宣室（或宣室殿）是未央宫前殿的'正室'，亦谓'正处'，即未央宫的正殿。"[3] 意指"前殿"不是一座建筑，而是由三座建筑组成的，其中"宣室殿"是主体建筑。刘庆柱、李毓芳在《汉长安城》一书中更明确地指出："未央宫前殿应包括南、中、北三座宫殿"，南部宫殿"当为举行大朝、婚丧、即位等大典之用，或为'外朝'之地"，中部宫殿推测"为'宣室'

---

[1] 郦道元注，杨守敬、熊会贞疏：《水经注疏》卷一九《渭水下》，南京，江苏古籍出版社，1989年，第1595页。
[2] 葛洪：《西京杂记》，周天游校注，西安，三秦出版社，2006年，第1页。
[3] 中国社会科学院考古研究所编著：《汉长安城未央宫——1980—1989年考古发掘报告》，北京，中国大百科全书出版社，1996年，第15、266页。

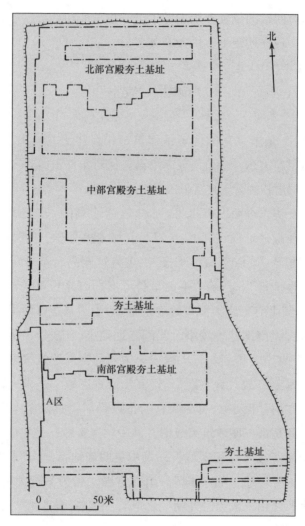

图八 汉未央宫一号遗址平面图 《中国古代都城考古发现与研究》[上]，第272页

之故址",北部宫殿"可能为皇帝之'后寝'"。[1]杨鸿勋则认为,南部宫殿是"前殿",中部宫殿是"宣室殿(路寝)",北部宫殿是"后殿"。[2]

笔者认为,勘探数据只能证明"第1号遗址"上有三座大型建筑,不能证明"前殿"包括三大殿。前引《汉书·翼奉传》称未央宫有"前殿、曲台、渐台、宣室、温室、承明",其中"前殿"和"宣室"明明是分开的。如果"前殿"包括了"宣室",翼奉不应如此表述。同书卷九九《王莽传下》载:叛军"烧作室门……火及掖庭、承明……莽避火宣室、前殿,火辄随之"。[3]文中"宣室"二字出现在"前殿"之前,也很难解释为"前殿"包含"宣室"。《史记索隐》引《三辅故事》云:"宣室在未央殿北。"[4]此"未央殿"无疑指"未央前殿"。根据上引《王莽传》之文,大火从未央宫北部向南蔓延,经掖庭、承明、宣室而至前殿,证明宣室殿确实位于前殿北。

汉人视前殿为"路寝"。《汉书》卷二七《五行志下之上》载:有男子王褒"上前殿,入非常室中,解帷组结佩之",下文称其"径上前殿路寝,入室取组而佩之"。[5]《报告》称:"秦汉之前殿即周之路寝。"[6]其说是。《礼记·玉藻》:"朝服以日视朝于内朝……退适路寝听政。"郑玄注:"此内朝,路寝门外之正朝也。"[7]按礼学家的说法,路寝是人君"听政"之所,路寝门外的"正朝"是群臣

---

[1] 刘庆柱、李毓芳:《汉长安城》,北京,文物出版社,2003年,第66页。
[2] 杨鸿勋:《杨鸿勋建筑考古学论文集(增订版)》,北京,清华大学出版社,2008年,第240、241页。
[3] 《汉书》,第4190页。
[4] 《史记》卷八四《贾生列传》,第2503页。
[5] 《汉书》,第1475页。
[6] 中国社会科学院考古研究所编著:《汉长安城未央宫——1980—1989年考古发掘报告》,第15页。
[7] 《十三经注疏》,台北,艺文印书馆,2001年影印本,第5册,第545页下栏。

理事之处。未央前殿既称路寝,理应承担同样功能。但实际上前殿主要用于皇帝即位、立皇后、朝贺、大丧、拜大臣等重大礼仪活动。如刘邦"大朝诸侯群臣,置酒未央前殿";文帝即位,"坐前殿",下诏"赦天下,赐民爵";武帝崩,"入殡于未央宫前殿";朱博拜丞相,赵玄拜御史大夫,"并拜于前殿,延登受策";王莽女立为平帝皇后,"入未央宫前殿,群臣就位行礼"。[1]有时皇帝也会在前殿与大臣议事。如成帝建始三年(前30年)秋,"京师民无故相惊,言大水至,百姓奔走相蹂躏,老弱号呼,长安中大乱",成帝乃"亲御前殿,召公卿议"。[2]这是一次突发的严重事件,成帝异常重视,故亲至前殿,召公卿大臣商议。"亲御"二字凸显了成帝的重视程度,也透露出成帝不常御前殿。据史实判断,未央前殿并非西汉皇帝日常听政之处。

《周礼·天官·宫人》"王之六寝"句郑玄注:"六寝者,路寝一,小寝五……路寝以治事,小寝以时燕息焉。"[3]小寝即寝殿,位于路寝之后。根据这一观念,宣室殿在前殿后,应是皇帝寝殿。但史籍记载中也未见西汉皇帝居于宣室殿的证据。《史记》卷八四《贾生列传》:"贾生征见。孝文帝方受釐,坐宣室。上因感鬼神事,而问鬼神之本。贾生因具道所以然之状。至夜半,文帝前席。"[4]细味此文语气,文帝在宣室殿召见贾谊并谈话至夜半,不是因为文帝住在宣室殿,而是因为他"方受釐",刚好在宣室殿。《汉书》卷四八《贾谊传》亦载此事,师古注引应劭曰:"釐,祭余肉也。《汉仪注》:祭天地五畤,皇帝不自行,祠还至福。"[5]则文帝当

---

[1]《史记》卷八《高祖本纪》,第386页;《汉书》卷四《文帝纪》、卷六《武帝纪》、卷八三《朱博传》、卷九七《外戚传下》,第108、212、3409、4010页。
[2]《汉书》卷八二《王商传》,第3370页。
[3]《十三经注疏》,第3册,第91页下栏。
[4]《史记》,第2502—2503页。
[5]《汉书》,第2230页。

日"坐宣室",是因参加祭祀活动。《汉书》卷二三《刑法志》载:宣帝重刑狱,"于是选于定国为廷尉,求明察宽恕黄霸等以为廷平,季秋后请谳。时上常幸宣室,斋居而决事,刑狱号为平矣"。[1]宣帝"常幸宣室",是为了"斋居而决事",且限于"季秋后请谳时"。此外,西汉皇帝也于宣室殿召见士伍及察举之士。《汉书》卷七〇《陈汤传》:汤因罪"夺爵为士伍",后西域都护为乌孙兵所困,群臣"议数日不决",成帝乃"召汤见宣室"。[2]同书卷八六《何武传》:"益州刺史王襄使辩士王褒颂汉德,作《中和》《乐职》《宣布》诗三篇,武年十四五,与成都杨覆众等共习歌之。是时,宣帝循武帝故事,求通达茂异士,召见武等于宣室。"[3]同卷《王嘉传》:"察廉为长陵尉。鸿嘉中,举敦朴能直言,召见宣室,对政事得失,超迁太中大夫。"[4]由上述史实可见,宣室殿不是皇帝寝殿,也不是皇帝日常听政之处,因而未见附近有照料皇帝生活或协助皇帝处理政务的机构和人员。从功能上看,它只是前殿的附属建筑,主要用于皇帝亲自处理较重大的事务和规模较小的召见,也具有一定礼仪和象征意义。因此,宣室殿被时人视作"正处"或"正室"。《汉书》卷六五《东方朔传》:武帝欲为其姑馆陶公主"置酒宣室",并引纳公主所幸董偃参加。东方朔曰:"不可。夫宣室者,先帝之正处也,非法度之政不得入焉。"武帝乃"更置酒北宫"。[5]东方朔所谓"正处"应理解为正式庄重的场所,后世史家所谓"宣室,布政教之室也",[6]"宣室,未央前正室也",[7]"宣室殿,未央前

---

[1] 《汉书》,第1102页。
[2] 同上书,第3022页。
[3] 同上书,第3481页。
[4] 同上书,第3488页。
[5] 同上书,第2855、2856页。
[6] 同上书,卷二三《刑法志》注引如淳曰,第1102页。
[7] 同上书,卷四八《贾谊传》注引苏林曰,第2230页。

殿正室也"[1]等说法,当皆由此而来。

至于前殿在第1号遗址上的具体位置,我以为从三座夯土基址的面积和形状看,中部基址显然是主体建筑,应是前殿故址。理由很简单,秦汉所谓"前殿"都是宫中最宽大、最壮丽的建筑。《史记》卷六《秦始皇本纪》:"始皇以为咸阳人多,先王之宫廷小……乃营作朝宫渭南上林苑中。先作前殿阿房,东西五百步,南北五十丈,上可以坐万人,下可以建五丈旗。"[2]司马迁特意标明该殿的尺寸,意在强调这是阿房宫中最大的建筑。同书卷二八《封禅书》:武帝"作建章宫,度为千门万户,前殿度高未央"。[3]所谓"前殿度高未央",是要求建章宫前殿的高度不亚于未央宫前殿。言下之意,二者都是各自宫中的标志性建筑。《汉书》卷八七《扬雄传》载雄《甘泉赋》有"前殿崔巍"之辞,师古注曰:"崔巍,高貌。"[4]可见甘泉宫的前殿也很高大。今本《三辅黄图》载有未央宫前殿的尺寸:"东西五十丈,深十五丈,高三十五丈。"[5]高度似嫌夸张,宽度和深度大致合理。以今尺折算,[6]前殿东西宽115.5米,南北深34.65米。而1号遗址上的北部基址东西宽118米,南北深47米,宽度略大于前殿,但其南侧边沿凹凸不平,南北最窄处仅20余米,容不下前殿。中部基址东西121米,南北72米。其西边以西有约20米空间,虽无夯土,但为生土,仍可作建筑基址。[7]加上这一数字,该基址东西宽便有141米。南部基址南北深44米,东西宽79米。其西北部连接一东西向、刀把形夯土基址,其东西长56米,南北宽15米。若其南侧也是生土,可作建筑基址,

---

[1] 何清谷:《三辅黄图校释》,北京,中华书局,2005年,第153页。
[2] 《史记》,第256页。
[3] 同上书,第1402页。
[4] 《汉书》,第3528、3529页。
[5] 何清谷:《三辅黄图校释》,第114页。
[6] 西汉一尺合今23.1厘米。参见本书15页注[2]。
[7] 此事承中国社会科学院考古研究所研究员徐龙国告知,特此致谢。

则南部基址东西宽便有135米。中部和南部基址都可容下前殿，但中部基址更为宽大，应是前殿遗址。

中部基址若是前殿遗址，北部基址就应是宣室殿遗址了。那么南部基址是何建筑？我认为很可能是一座门。根据《报告》的描述，该基址北部"辟有一门，门道向北有一条南北向路土，宽约6米"，而且位于中轴线上，"约处于前殿台基东西居中位置"。[1]这条门道应是穿过南部建筑通向前殿的主要道路。这座门，除宽阔的门道外，应当还有"塾"。汉代宫殿、官府及闾里之门通常都有"塾"，即门道两侧的堂。《尔雅》："门侧之堂谓之塾。"郭璞注："夹门堂也。"[2]《后汉书·齐武王缜传》：刘伯升起兵后，王莽"大震惧……使长安中官署及天下乡亭皆画伯升像于塾，旦起射之"。注引《字林》："塾，门侧堂也。"[3]堂是敞开式建筑，故可将伯升像画于塾中，从塾外射之。东汉卫宏所撰《汉旧仪》曰："丞相门无塾。"又曰："御史大夫寺……门无塾。"[4]特别说明"门无塾"，正因为一般官府之门是有"塾"的。《续汉书·礼仪志中》载冬至之礼曰："太史令与八能之士即坐于端门左塾。"[5]是宫中之门也有塾。

今西安西郊新莽所建明堂遗址，提供了"塾"的实例。【图九】据唐金裕撰《西安西郊汉代建筑遗址发掘报告》，该遗址四周有一米厚的围墙，每面有一门，门洞宽4.5米。门洞两侧的围墙内外各有一残高22厘米的夯土台，形成四个空间，每个空间的另外三边都有墙。最外侧的"两边是夯土墙，宽0.9米。余两边为土坯墙，宽0.2米。土坯与土台之间有一道小槽，宽8厘米，内有木灰，为

---

[1] 中国社会科学院考古研究所编著：《汉长安城未央宫——1980—1989年考古发掘报告》，第16页。
[2] 《十三经注疏》，第8册，第74页上栏。
[3] 《后汉书》卷一四《齐武王缜传》，北京，中华书局，1965年，第550、551页。
[4] 孙星衍等辑：《汉官六种》，北京，中华书局，1990年，第36、41页。
[5] 《后汉书》志第五《礼仪中》，第3125页。

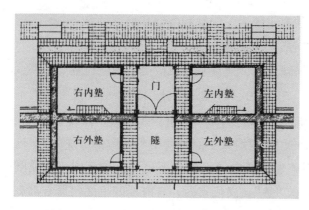

图九 汉长安明堂围墙东门复原图 《杨鸿勋建筑考古学论文集（增订版）》，第272页

原有木板设置"。[1]杨鸿勋认为，门洞两边的建筑是"左、右塾"，塾内有墙分隔，又形成"内、外塾"。[2]其说是。但唐金裕和杨鸿勋都认为这四个空间是四面有墙的，杨鸿勋所绘复原图还为每个空间画了门窗，似不妥。笔者以为，这四个空间除了中间宽一米的围墙外，只有两边宽0.9米的夯土墙是墙，其余两边宽0.2米的土坯墙和8厘米厚的木板应是轩栏一类设施，因而是敞开式建筑。这正符合"塾，门侧堂"的定义。该门遗址将门道、塾、墙、轩栏和四周的散水加在一起，宽27.76米，深15.71米。未央宫1号遗址南部基址的宽度和深度比明堂门大得多。但未央前殿之门地位特殊，门道比明堂门宽，两侧的塾肯定也比明堂门大，可能还有其他房间供管理、守卫前殿的机构、人员办公和值宿，[3]故其面积较大也是合乎情理的。据《汉书》卷九九《王莽传下》载：王莽改"前殿曰王路堂"，又"令王路设进善之旌，非谤之木，敢谏之鼓，谏大夫四人常坐王路门受言事者"。[4]王路门就是前殿大门。谏大夫四人

---

[1] 唐金裕：《西安西郊汉代建筑遗址发掘报告》，《考古学报》1959年第2期。
[2] 杨鸿勋：《杨鸿勋建筑考古学论文集（增订版）》，第273页。
[3] 《汉书》卷二七《五行志下之上》："（男子王褒）上前殿……召前殿署长业等曰：'天帝令我居此。'业等收缚考问。"（第1475页）可证有前殿署负责管理前殿事务。
[4] 《汉书》，第4103、4104页。

所坐之处当是大门两侧的办公场所。

《报告》称："南部与中部宫殿遗址之间有一东西向夯土基址遗迹，其距南部和中部宫殿遗址分别为33米与47米。此夯土基址东西长134米，南北宽12—15米，似为廊之类建筑夯土基址。"[1]笔者以为，该建筑可能是廊道也可能是阁道，但中央一定有门，起墙垣的作用，将南部和中部遗址之间的空间分成内外两个庭院。宋李如圭《仪礼释宫》曰："宫必南向，庙在寝东，寝庙皆有堂有门，其外有大门。"[2]《春秋公羊传》宣公六年春：晋灵公遣勇士刺杀赵盾，而赵盾府中无人守卫，"勇士入其大门则无人门焉者，入其闺则无人闺焉者，上其堂则无人焉"。[3]文中的"闺"显然是堂前之门，在"大门"之内。是当时贵族官员府第，堂前通常有两道门。[4]未央前殿亦如此，南部基址为大门，该遗址则为堂前之门。

《报告》又称："在前殿台基遗址南边，基本东西居中位置有一门址，东西宽46米，现存南北进深约26米，其北距南部宫殿建筑遗址50米，门址东西两边各有一南北向夯土墙，其长16—26米，宽3—4米。东西夯土墙北端分别与前殿南墙东段和西段夯土墙相连。"[5]刘庆柱、李毓芳推测："此门或即文献记载之端门。"[6]如前述，端门两侧是有塾的。《后汉书》卷六九《何进传》载袁绍诛灭宦官事曰："绍因进兵排宫，或上端门屋。"[7]是其上还有"屋"。但

---

[1] 中国社会科学院考古研究所编著：《汉长安城未央宫——1980—1989年考古发掘报告》，第17页。
[2] 王云五主编：《丛书集成初编》，第1499册，第1页。
[3] 何休注，徐彦疏：《春秋公羊传注疏》，《十三经注疏》，第7册，第192页下栏。
[4] 参见本书《说"殿"》。
[5] 中国社会科学院考古研究所编著：《汉长安城未央宫——1980—1989年考古发掘报告》，第17页。
[6] 刘庆柱、李毓芳：《汉长安城》，第60页。
[7] 《后汉书》，第2252页。

从《报告》的描述看，上述"门址"仅东西两侧有南北向夯土墙，因未进行全面发掘，两墙之间是否有门、塾、屋等建筑遗迹不得而知。故此处尚不能断定是门址，也有可能是一处宽阔的踏道或慢道。《汉书》卷九九《王莽传下》载："群臣扶掖莽，自前殿南下椒除，西出白虎门。"从前殿南下，必经此处。若此处为端门，白虎门应在其内西侧。但考古勘探在该处并未发现门址。至于"椒除"，师古注曰："除，殿陛之道也。椒，取芬香之名也。"[1]班固《西都赋》描述前殿陛阶，有"左墄右平，重轩三阶"之辞，张衡《西京赋》则有"三阶重轩，镂槛文㮰，右平左墄"之辞，[2]都未提到"椒除"。故"椒除"可能不是前殿之阶，而是前殿大门之外的这处踏道或慢道。

二 "温室"考

西汉皇帝在未央宫中居于何处，史无明文。就现有材料看，"温室"应是皇帝的寝殿。《汉书》卷六八《霍光传》载：昌邑王刘贺即帝位后，"引内昌邑从官驺宰官奴二百余人，常与居禁闼内敖戏……独夜设九宾温室，延见姊夫昌邑关内侯"。又载霍光废刘贺之事："皇太后乃车驾幸未央承明殿，诏诸禁门毋内昌邑群臣。王入朝太后还，乘辇欲归温室，中黄门宦者各持门扇，王入，门闭，昌邑群臣不得入……光使尽驱出昌邑群臣，置金马门外。车骑将军安世将羽林骑收缚二百余人，皆送廷尉诏狱。令故昭帝侍中、中臣侍守王。"[3]根据这些记载，刘贺做皇帝期间居于温室殿，其位置在中黄门宦者守卫的"禁门"之内。刘贺在温室殿的生活起居，原由

---

[1]《汉书》，第4191页。
[2]《文选》卷一，第25页上栏、38页下栏。
[3]《汉书》，第2940—2944、2938—2939页。

"昌邑从官驭宰官奴二百余人"照料。霍光将他们"驱出"后,令"故昭帝侍中、中臣侍守王"。霍光如此安排,当是由于昭帝原来也居于温室殿,其侍中、中臣有侍奉皇帝的经验,也熟悉温室殿的环境和设施。

《汉书》卷八一《孔光传》:"或问光:'温室省中树皆何木也?'光嘿不应。"[1]由此可知,温室殿所在的院落称"省"。同书卷九九《王莽传下》:卫将军王涉、大司马董忠、国师刘歆等欲发动政变,劫持王莽。王莽得知后,"遣使者分召忠等",三人"会省户下",王莽派人"责问,皆服",于是"中黄门皆拔刃将忠等送庐"。[2]王莽称帝后应居温室殿,在"省户"内,故董忠等奉召见王莽,在"省户"下会合,既而被守卫省户的"中黄门"逮捕羁押。这个"省户"就是上文提到的"禁门",其内是"省中"或"禁中"。[3]同书卷九九《王莽传上》载:王莽居摄践阼后,礼遇比照皇帝,"庐为摄省,府为摄殿,第为摄宫"。[4]这条材料透露出,西汉皇宫中除了"宫"和"殿"之外,还有称作"省"的区域。西汉官员在殿中的值宿之所称"庐"。《汉书》卷六八《金日䃅传》:"日䃅小疾卧庐。"师古曰:"殿中所止曰庐。"[5]同书卷七二《鲍宣传》"苍头庐儿"句注引孟康曰:"诸给殿中者所居为庐。"[6]同书卷六四《严助传》"承明之庐"句注引张晏曰:"直宿所止曰庐。"[7]王莽的"庐"是他作为辅政大臣在殿中的居止之所。所谓"庐为摄省",就是将王莽所居之"庐"改称为"摄省"。而这一举动的制度背景是:皇帝居住的区域称为"省"。温室殿是寝殿,在"省中",

---

[1]《汉书》,第3354页。
[2] 同上书,第4185页。
[3] 参见本书《未央宫"殿中"考》。
[4]《汉书》,第4086页。
[5] 同上书,第2961页。
[6] 同上书,第3090页。
[7] 同上书,第2790页。

故又可称"温室省"。

《三辅黄图》:"宣室、温室、清凉,皆在未央宫殿北。"[1]文中的"殿"显然指前殿。未央宫第1号遗址北330米处,还有一座汉代宫殿遗址,编号为"未央宫第2号建筑遗址"。《报告》说:"从目前勘探了解的情况来看,该遗址与前殿遗址之间,没有大于前者的建筑遗址";进而推测说:"椒房殿是皇后的宫殿,为后宫之首殿,应距前殿最近,规模最大。此建筑遗址从地望、规模等方面来看,应系椒房遗址。"[2]文中"前殿遗址"指"第1号建筑遗址"。此说的前提是皇帝居于第1号遗址上的"北部宫殿",即《报告》所谓"后寝"。但如前所述,"北部宫殿"应是宣室殿,而西汉皇帝居于温室殿。由此推测,温室殿才应是距第1号遗址最近、规模最大的建筑。因此,"第2号建筑遗址"应是温室殿,椒房殿和掖庭尚在其后。

据《报告》描述,该遗址包括正殿、配殿和附属房屋三个部分。【见图二】正殿夯土台基"平面呈长方形,东西54.7米,南北29—32米",北部有一庭院。台基"东西各有一条登殿踏道","东踏道东西长10.5米,南北宽4米","西踏道东西长9.8米,南北宽7.1—8.3米"。台基南边还有两个东西并列的"夯土台址","大小、形制相同,平面呈长方形,南北长5米,东西宽3.6米","其北距正殿南壁1.4米"。《报告》认为"正殿南边的二台址应为古代建筑中的'阙'址"。[3]杨鸿勋则认为,它们不是"阙",而是"登台木构飞陛的支座"。[4]刘庆柱又更正了《报告》的说法,认为应

---

[1] 何清谷:《三辅黄图校释》,第152页。
[2] 中国社会科学院考古研究所编著:《汉长安城未央宫——1980—1989年考古发掘报告》,第219页。
[3] 同上书,第186、192页。
[4] 杨鸿勋:《杨鸿勋建筑考古学论文集(增订版)》,第244页。

是"进出正殿的'阶'"。[1]笔者认为,这两座夯土台址和台基东西两侧的"踏道"都是登殿的"阶"。李如圭《仪礼释宫》曰:"升堂两阶,其东阶曰阼阶。"又曰:"堂之东西墙谓之序,序之外为夹室,夹室之前曰厢,亦曰东堂西堂……此东西堂,堂各有阶。"[2]厢即箱,古通用。东、西箱或东、西堂也是敞厅,其阶又称"东面阶""西面阶"。《礼记·奔丧》:"妇人奔丧,升自东阶。"郑玄注:"东阶,东面阶也。"[3]《仪礼·燕礼》贾公彦疏:"东面阶、西面阶,妇人之阶,非男子之所升。"[4]以此为背景,上述两座夯土台址应为殿前的阶,两条"踏道"则是东、西箱的阶。

"阶"有踏道、慢道之分。宋李诫《营造法式》卷一五《踏道》:"每阶基高一尺,底长二尺五寸。"是踏道长高比为2.5∶1。同书《慢道》:"厅堂等慢道,每阶基高一尺,拽脚斜长四尺。"梁思成释曰:"斜角的最长边(弦)就是拽角斜长。"[5]阶高1尺,斜边长4尺,底边长便约为3.87尺。则慢道长高比约为3.87∶1。《礼记·礼器》曰:"有以高为贵者,天子之堂九尺,诸侯七尺,大夫五尺,士三尺。"[6]《文选·西京赋》薛综注亦曰:"天子殿高九尺。"[7]汉九尺约合今2.079米。《报告》称:西踏道基址长9.8米,"西端的斜坡道尚存,有两排铺地砖,由东向西坡13度"。[8]用三角形公式计算,台基的高度应为2.26米,排除可能的误差,其设

---

[1] 刘庆柱主编:《中国古代都城考古发现与研究》(上),北京,社会科学文献出版社,2016年,第274页。
[2] 王云五主编:《丛书集成初编》,第1499册,第8、9、10页。
[3] 《十三经注疏》,第5册,第942页上栏。
[4] 《十三经注疏》,第4册,第161页上栏。
[5] 梁思成:《〈营造法式〉注释》,北京,生活·读书·新知三联书店,2013年,第317、318页。
[6] 《礼记注疏》,《十三经注疏》,第5册,第455页上栏。
[7] 《文选》卷二,第38页下栏、39页上栏。
[8] 中国社会科学院考古研究所编著:《汉长安城未央宫——1980—1989年考古发掘报告》,第193页。

计高度应为"九尺"。殿前两阶的夯土台址长 5 米，北边与正殿南壁的距离 1.4 米。其南边包砖，残高 0.5 米，则阶的南边还应向南延伸。以延伸 1.4 米计，则总长为 7.8 米。若殿高 2.079 米，长高比约为 3.7∶1，坡度大于慢道，若中间有过渡平台，则坡度更陡，应为踏道。《报告》所谓"西踏道"和"东踏道"以殿高 2.079 米计，长高比分别约为 4.7∶1 和 5∶1，显然是慢道。这些数据表明，此殿符合"高九尺"之说，应是"天子殿"。

前引《周礼》郑玄注说，王有"小寝五"。未央宫中的皇帝寝殿当也不止一处。班固《西都赋》描写前殿附近的"离宫别寝"，首列"清凉、宣、温"。李善注引《三辅黄图》曰："未央宫有清凉殿、宣室殿、中温室殿。"[1]前引今本《三辅黄图》说三殿都在前殿北，又说"温室殿……冬处之温暖也"，"清凉殿，夏居之则清凉也"。[2]清凉殿很可能是温室殿附近的皇帝别寝。又《汉书》卷九七《外戚传下》载："许美人前在上林涿沐馆，数召入饰室中若舍，一岁再三召，留数月或半岁御幸。元延二年怀子，其十一月乳。"[3]《资治通鉴》亦载此事，胡三省注曰："饰室，室之以金玉为饰者，昭阳舍是也。"[4]昭阳舍乃赵昭仪所居，成帝不可能在赵昭仪的住处御幸许美人，胡说误。"饰室"应该也是皇帝别寝。西汉皇帝有时在中宫、掖庭过夜，但多数情况下是召后妃诸姬至寝殿留宿。《汉旧仪》曰："皇后五日一上食，食赐上左右酒肉，留宿，明日平旦归中宫。"又曰："掖庭令昼漏未尽八刻，庐监以茵次上婕妤以下至后庭，访白录所录。所推当御见，刻尽，去簪珥，蒙被入禁中。"[5]是制度如此。实例则有《史记》卷五九《五宗世家》："景帝

---

[1]《文选》卷一，第 25 页下栏。
[2] 何清谷：《三辅黄图校释》，第 154、156 页。
[3]《汉书》，第 3993 页。
[4]《资治通鉴》卷三三，北京，中华书局，1956 年，第 1073 页。
[5] 孙星衍等辑：《汉官六种》，第 45 页。

召程姬，程姬有所辟，不愿进，而饰侍者唐儿使夜进。上醉不知，以为程姬而幸之，遂有身。"[1]成帝许美人则是从上林涿沐馆奉召至饰室，相距较远，往返不便，故有时留居数月至半年。

三 "承明"考

如前述，前殿、宣室殿、温室殿自南向北排列。王莽末，叛军"烧作室门……火及掖庭、承明……莽避火宣室、前殿，火辄随之"[2]一事证明，承明殿位于掖庭和宣室殿之间。这段记载没提到温室殿，但温室殿也在掖庭和宣室殿之间，距承明殿不远，王莽"避火宣室"则说明其所居之温室殿也被大火烧及。因此，当时的情形应是：大火从未央宫北面的作室门向南蔓延，先烧了掖庭、温室殿和承明殿，又烧了宣室殿和前殿。据此推测，承明殿应位于宣室殿以北、温室殿以南。据《报告》，未央宫第2号建筑遗址南距第1号建筑遗址330米，[3]有容纳承明殿的空间。但二者之间未发现大型建筑遗址，故其具体位置尚不能确定。

《史记》卷八七《李斯列传》：赵高"说二世曰：'……陛下富于春秋，未必尽通诸事，今坐朝廷，谴举有不当者，则见短于大臣，非所以示神明于天下也。且陛下深拱禁中，与臣及侍中习法者待事，事来有以揆之。如此则大臣不敢奏疑事，天下称圣主矣。'二世用其计，乃不坐朝廷见大臣，居禁中。赵高常侍中用事，事皆决于赵高。"[4]这条材料表明，秦朝皇帝居于"禁中"，和大臣们一起处理政务则在"朝廷"。汉承秦制，大致也是如此。《汉书》卷四二《申屠嘉传》：嘉为丞相，"上朝"，文帝宠臣邓通"居上旁，

---

[1]《史记》，第2100页。
[2]《汉书》卷九九《王莽传下》，第4190页。
[3] 中国社会科学院考古研究所编著：《汉长安城未央宫——1980—1989年考古发掘报告》，第48页。
[4]《史记》，第2558页。

有怠慢之礼,嘉奏事毕,因言曰:'陛下幸爱群臣则富贵之,至于朝廷之礼,不可以不肃!'"罢朝后又召邓通至丞相府,责曰:"夫朝廷者,高皇帝之朝廷也,通小臣,戏殿上,大不敬,当斩。"[1]申屠嘉所谓"朝廷"亦指皇帝"见大臣"之处,而惠帝以下西汉皇帝的日常办公和议政之处很可能是承明殿。

前引《汉书·霍光传》说,霍光率群臣奏请皇太后废刘贺,"皇太后乃车驾幸未央承明殿",主持了废旧帝立新帝的仪式。此事表明,承明殿是一处重要的政治设施,是处理政治事务的重要场所。《汉书》卷一〇《成帝纪》:鸿嘉二年三月,"博士行饮酒礼,有雉蜚集于庭,历阶升堂而雊,后集诸府,又集承明殿"。[2]同书卷二七《五行志中之下》亦载此事,而后半段更详:"雉又集太常、宗正、丞相、御史大夫、大司马车骑将军之府,又集未央宫承明殿屋上。"大司马车骑将军王音等人上言,认为这是上天对成帝的"谴告"。其中提道:

> 今雉以博士行礼之日大众聚会,飞集于庭,历阶登堂,万众睢睢,惊怪连日。径历三公之府,太常、宗正典宗庙骨肉之官,然后入宫。其宿留告晓人,具备深切……公卿以下,保位自守,莫有正言。如令陛下觉寤,惧大祸且至身,深责臣下,绳以圣法……今即位十五年,继嗣不立,日日驾车而出,泆行流闻,海内传之,甚于京师。[3]

在王音等人看来,上天让这群雉先后出现于上述场所,是有特定原因的。首先集于博士行礼之处,是要制造轰动效应,引起普遍重

---

[1]《汉书》,第2101页。
[2] 同上书,第316页。
[3] 同上书,第1417、1418页。

视。然后集于"太常、宗正典宗庙骨肉之官",是因为成帝"即位十五年,继嗣不立"。集于"丞相、御史大夫、大司马车骑将军之府",是因为成帝不能"深责臣下,绳以圣法",致使"公卿以下,保位自守,莫肯正言"。最后集于承明殿,则是因为成帝"日日驾车而出",不留心政事。此事涉及的宫中建筑是承明殿,而不是其他建筑,当是由于该殿乃皇帝日常办公场所。[1]

《汉书》卷六四《严助传》说,严助曾为中大夫,与吾丘寿王等"并在左右",后经主动要求,出为会稽太守。其间,武帝赐严助书,有"君厌承明之庐,劳侍从之事"一句。注引张晏曰:"承明庐在石渠阁外。"[2]后人由此产生一种误解,谓承明殿又称承明庐,位于石渠阁附近。如前述,官员在殿中的值宿之所称"庐"。所谓"承明之庐"应指严助任中大夫时的值宿之所。这意味着武帝通常在承明殿处理政务,严助等左右近臣也在承明殿侍从,其夜间住宿之处则称"承明庐"。同书卷六五《东方朔传》:武帝妹隆虑公主之子"醉杀主簿",廷尉论其死罪并"上请"。武帝与侍臣议,"左右人人为言",主张免其死罪。武帝最终批准了死刑,但"哀不能自止,左右尽悲"。唯东方朔"前上寿",盛赞武帝大义灭亲。武帝不快,"乃起,入省中,夕时召让朔"。[3]武帝"入省中",应是返回寝殿,而其与左右议事之处很可能是承明殿。因为东方朔当时"待诏宦者署",而"待诏宦者署"又可称"待诏承明之庭"。《史记》卷一二六《滑稽列传》褚先生曰:"金马门者,宦者署门也。"[4]故"待诏宦者署"与"待诏金马门"实为一事。《汉

---

[1] 前引《汉书·王莽传下》"火及掖庭、承明"下有"黄皇室主所居也"一句,意指王莽之女、原平帝皇后当时住在承明殿中。这可能是叛军攻破长安城时王莽所做的临时安排。
[2]《汉书》,第2775、2789、2790页。
[3] 同上书,第2851、2852页。
[4]《史记》,第3205页。

书》卷五四《苏武传》：宣帝时，"武待诏宦者署，数进见。"师古注曰："以其署亲近，故令于此待诏也。"[1]宦者署与承明殿相距不远，确可谓"亲近"。最晚自元帝以后，金马门内又有了玉堂殿。《汉书》卷二七《五行志中之下》载元帝时童谣曰："井水溢，灭灶烟，灌玉堂，流金门。"[2]待诏金马门或宦者署的人员皆在该殿听候召见。故哀帝时李寻自称"随众贤待诏，食太官，衣御府，久污玉堂之署"。[3]成帝时扬雄自称"与群贤同行，历金门、上玉堂"，显然也曾待诏宦者署，而《汉书》本传称其"待诏承明之庭"。[4]这又透露出，在宦者署待诏的主要任务是备皇帝承明殿议事时随时召见。

《汉书》卷六八《霍光传》载：霍光废黜刘贺后，"坐庭中，会丞相以下议定所立"。群臣推举武帝曾孙病已，"皇太后诏曰：可"。[5]"庭中"即"廷中"，常见诸史传。如《汉书》卷八二《王商传》："单于来朝，引见白虎殿。丞相商坐未央廷中，单于前，拜谒商。"[6]同书卷七五《夏侯胜传》：宣帝令群臣议武帝庙乐，"于是群臣大议廷中"。[7]同书卷七八《萧望之传》载丞相司直弹劾御史大夫萧望之曰："故事，丞相病，明日御史大夫辄问病；朝奏事，会庭中，差居丞相后，丞相谢，大夫少进，揖。今丞相数病，望之不问病；会庭中，与丞相均礼。"[8]王先谦《补注》引宋祁曰："南本庭作廷。"[9]《霍光传》和《夏侯胜传》的例子表明，"庭中"或

---

[1]《汉书》，第2468页。
[2] 同上书，第1395页。
[3] 同上书，卷七五《李寻传》，第3183页。
[4] 同上书，卷八七《扬雄传》，第3566、3522页。
[5] 同上书，第2947页。
[6] 同上书，第3370页。
[7] 同上书，第3156页。
[8] 同上书，第3280、3281页。
[9] 王先谦：《汉书补注》，北京，中华书局影印清光绪二十六年虚受堂刊本，1983年，第1413页下栏。

"廷中"是大臣议政之处。霍光废刘贺时，太后、群臣皆在承明殿，光与群臣"议定所立"之"庭中"应亦在承明殿。

《史记》卷九九《叔孙通列传》："汉七年，长乐宫成，诸侯群臣皆朝十月。仪：先平明，谒者治礼，引以次入殿门，廷中陈车骑步卒卫宫，设兵张旗志。传言'趋'，殿下郎中夹陛，陛数百人。功臣列侯诸将军军吏以次陈西方，东乡（向）；文官丞相以下陈东方，西乡（向）。"[1]这次朝会是在长乐宫前殿举行的。文中提到的"殿门"是前殿外院之门，门内便是"廷中"。文中未出现内院之门，但从"传言趋"这一情节可推知该门的存在。"趋"即快走。[2]《礼记·曲礼上》："帷薄之外不趋，堂上不趋。"郑玄注："堂下则趋。"陆德明《释文》："薄……帘也。"[3]《仪礼·觐礼》贾公彦疏引《礼纬》云："天子外屏，诸侯内屏，大夫以帘，士以帷。"[4]屏、帷、帘是设于堂前门内用于遮挡视线的设施。[5]其外和堂上都"不趋"，只有其内之"堂下"当趋。汉代制度则规定群臣入朝当"趋"，只有个别德高望重的老臣经皇帝特许方可"入朝不趋"。如《史记》卷五三《萧相国世家》："赐带剑履上殿，入朝不趋。"[6]所谓"入朝不趋"，《汉书》卷九九《王莽传上》作"入殿不趋"，[7]《后汉书》卷二〇《祭尊传》作"入门不趋"，卷七九《儒林包咸传》作"入屏不趋"，[8]《史记》卷九八《蒯成列传》作"入殿门不趋"，[9]皆指殿前内院之门而言。群臣进入此门，走出屏、帷、帘的

---

[1]《史记》，第2723页。
[2] 贾谊《新书·容经》形容"趋容"曰："趋以微磬之容，飘然翼然，肩状若流，足如射箭。"（阎振益、钟夏：《新书校注》，北京，中华书局，2000年，第228页）
[3]《十三经注疏》，第5册，第33页下栏。
[4]《十三经注疏》，第4册，第326页下栏。
[5] 参见本书《说"殿"》。
[6]《史记》，第2016页。
[7]《汉书》，第4061页。
[8]《后汉书》，第741、2570页。
[9]《史记》，第2712页。

遮挡之外，便须"趋"以示敬，而入朝前他们要在此门之外的"廷中"集中等候。明乎此，对上引朝会仪便可这样解读：天亮前，谒者先"治礼"，引群臣入前殿外院之门至"廷中"列队等候，并在"廷中"陈列车骑步卒及兵器旗帜；朝会开始时，谒者传言"趋"，群臣依次快步进入内院，郎中数百人"夹陛"而立，文武百官则分立"殿下"东西两侧。参考汉画像石"谒见图"，[1]【见图三】郎中应持戟列队分立于东阶之东和西阶之西，文武群臣则分立于郎中之后，皆面向中央。刘邦居长乐宫，故"廷中"在长乐前殿外院。惠帝以后诸帝居未央宫，且于承明殿办公，则"廷中"当在承明殿外院。《史记》卷一〇二《张释之列传》："王生者，善为黄老言，处士也。尝召，居廷中，三公九卿尽会立，王生老人，曰：'吾袜解。'顾谓张廷尉：'为我结袜！'释之跪而结之。"[2]这个王生廷辱张释之的故事，应是发生在群臣于承明殿"廷中"等候入朝的场合。前引《汉书·萧望之传》所云"朝奏事，会庭中"，御史大夫萧望之不肯礼让丞相，应当也发生在这一场合。

　　班固《西都赋》描述未央宫，有"左右廷中，朝堂百僚之位，萧曹魏邴，谋谟乎其上"之文。[3]是"廷中"有"朝堂"。群臣"议廷中"，应是坐在"朝堂"中议事。《汉书》卷一〇《成帝纪》：建始元年（前32年）六月，"有青蝇无万数，集未央宫殿中朝者座"。注引服虔曰："公卿以下朝会座也。"又引晋灼曰："内朝臣之朝座也。"师古曰："朝臣座之在宫殿中者也。"[4]笔者认为，此"朝者座"应是承明殿廷中朝堂内群臣的座位。"廷中"分左右，是较大的院落，除朝堂外，应当还有许多房舍。《汉书》卷九九《王莽传上》："征天下通一艺教授十一人以上，及有《逸礼》《古书》

---

[1] 任日新：《山东诸城汉墓画像石》，《文物》1981年第10期。
[2] 《史记》，第2756页。
[3] 《文选》卷一，第26页上栏。
[4] 《汉书》，第304页。

《毛诗》《周官》《尔雅》、天文、图谶、钟律、月令、兵法、《史篇》文字,通知其意者,皆诣公车……至者前后千数,皆令记说廷中。"[1]这是汉代历史上规模最大的一次学术会议。同书卷一二《平帝纪》元始五年(公元5年)载此事,称"至者数千人"。[2]这么多人不大可能同时"记说廷中"。案同书卷二一《律历志上》:"元始中王莽秉政,欲耀名誉,征天下通知钟律者百余人。"[3]同书卷三〇《艺文志》:"元始中,征天下通小学者以百数,各令记字于庭中。"[4]《后汉书》卷一《光武帝纪上》所言"初,王莽征天下能为兵法者六十三家数百人",[5]当亦元始年间事。看来这次会议是按不同专业分别举行的。从《王莽传》所言"前后千数"一句看,各分会又可能是先后举行的。即使如此,"百余人"或"数百人"临时集中于"廷中",也需要不少房舍才能满足需要。

综上所述,前殿、宣室、承明、温室四殿自南向北依次排列,坐落于未央宫中心位置。其中,前殿和宣室殿矗立于高大台基之上,地位最为显赫,但主要承担礼仪功能。隐身其后的温室殿和承明殿,才是皇帝日常生活起居和办公理政的场所。尤其是承明殿,乃"朝廷"所在,是西汉国家机器的中枢。

原载《历史研究》2016年第5期

---

[1]《汉书》,第4069页。
[2] 同上书,第359页。
[3] 同上书,第955页。
[4] 同上书,第1721页。
[5]《后汉书》,第5页。

未央宫"殿中"考

《汉书》卷九九《王莽传上》载:王莽居摄践阼后,礼遇比照皇帝,"庐为摄省,府为摄殿,第为摄宫"。[1]此事透露出西汉皇宫中有被称作"宫""殿""省"的三个区域。"宫"和"省"含义明确,前者指整个皇宫,后者指宫中皇帝的生活区。"殿"则比较模糊,有时指称作"某某殿"的单体建筑,有时指皇宫中的一个区域。西汉史籍常见"殿中"一词,所指多为后者。如《史记》卷一〇《孝文本纪》:"以张武为郎中令,行殿中。"[2]《汉书》卷六六《杨恽传》:"为诸吏光禄勋……居殿中,廉洁无私,郎官称公平。"[3]

汉代皇宫中称作"某某殿"的建筑,通常都有内外两个庭院,[4]其门可称殿门。如《史记》卷九九《叔孙通列传》载汉七年十月朝会仪:"谒者治礼,引以次入殿门,廷中陈车骑步卒卫宫,设兵张旗志。"[5]此处"殿门"即指长乐宫前殿外院之门。[6]但更常见的是,"殿门"指出入"殿中"区域的门。《太平御览》卷三五四引《汉名臣奏》丞相薛宣奏曰:"汉兴以来……司马、殿、省门闼

---

[1]《汉书》,北京,中华书局,1962年,第4086页。
[2]《史记》,北京,中华书局,1959年,第417页。
[3]《汉书》,第2890页。
[4] 参本书《说"殿"》。
[5]《史记》,第2723页。
[6] 参本书《未央宫四殿考》。

至五六重，周卫击刁斗。"[1]此证"殿门"在司马门和省门之间，是五六重门闼中的一重。《汉书》卷二七《五行志下之上》：成帝时，"小女陈持弓年九岁，走入横城门，入未央宫尚方掖门、殿门，门卫户者莫见，至句盾禁中而觉得。"[2]横城门是长安城门，尚方掖门是未央宫门，"禁中"即"省中"。是该女依次进入宫门、"殿门"、省门，到达"禁中"。可见殿门在宫门之内、省门之外。贾谊《新书·等齐》："天子宫门曰司马，阑入者为城旦；诸侯宫门曰司马，阑入者为城旦。殿门俱为殿门，阑入之罪亦俱弃市。宫墙门卫同名，其严一等。"[3]所谓"宫墙门卫同名"，也意味着宫门和殿门都是"宫墙"之门，并都有"门卫"把守。阑入殿门之罪重于阑入宫门，是因为殿门在宫门之内，警卫等级更高。《史记》卷一〇二《张释之传》：文帝时，"释之为公车令。顷之，太子与梁王共车入朝，不下司马门，于是释之追止太子、梁王无得入殿门。"[4]太子与梁王入朝，正是先入宫门，后入殿门。

宫门、殿门都须案籍出入。《汉官解诂》："凡居宫中者，皆施籍于门，案其姓名。"《汉官旧仪》："宫司马内，百官案籍出入。"[5]《汉书》卷九《元帝纪》："令从官给事宫司马中者，得为大父母、父母、兄弟通籍。"应劭曰："籍者，为二尺竹牒，记其年纪、名字、物色，县之宫门，案省相应乃得入也。"[6]同书卷七五《京房传》：房上书求"得通籍殿中，为奏事"。[7]通籍殿中就是"著引籍出入天子殿门"。同书卷四七《文三王传·梁孝王武》："梁之侍

---

[1]《太平御览》，北京，中华书局影印本，1960年，第1629页上栏。
[2]《汉书》，第1474页。
[3] 阎振益、钟夏：《新书校注》，北京，中华书局，2000年，第47页。
[4]《史记》，第2753页。
[5] 孙星衍等辑：《汉官六种》，北京，中华书局，1990年，第14、30页。
[6]《汉书》，第286页。
[7] 同上书，第3163页。

中、郎、谒者，著引籍出入天子殿门，与汉宦官亡异。"[1]若无籍而入殿门，便是"阑入"，罪至死。昭帝时，"充国为太医监，阑入殿中，下狱当死"，[2]便是一例。

综上可知，未央宫宫墙之内还有一道殿墙，其内便是"殿中"。那么，"殿中"的范围和大致布局如何？其中有哪些机构和设施？由于相关史料不足，我们对这些问题无法做出明确回答。但仔细爬梳、推敲，还是可以勾画出大致的轮廓。下面让我们依据有限的资料，尝试做些考证和分析。

一 "殿中"的范围和布局

《汉书》卷七五《翼奉传》："孝文皇帝躬行节俭，外省徭役。其时未有甘泉、建章及上林中诸离宫馆也。未央宫又无高门、武台、麒麟、凤皇、白虎、玉堂、金华之殿，独有前殿、曲台、渐台、宣室、温室、承明耳。"[3]这条材料十分重要。它告诉我们，西汉初年，未央宫中除了多用于宴飨等活动的曲台、渐台外，核心建筑只有前殿、宣室、承明、温室四殿。它们最早落成，必然承担着皇宫的基本功能。其中前殿是标志性建筑，宣室殿在前殿北，二者都建于依托龙首山改造而成的高大台基之上，主要用于朝廷礼仪活动。承明殿和温室殿在上述台基以北，分别是皇帝日常办公理政和生活起居之处。温室殿以北还有中宫和掖庭。[4]这些建筑自南向北排列，构成未央宫的核心区域。其四周则有围墙环绕，由"殿门"出入，形成所谓"殿中"。武帝以后，未央宫中陆续增修了许多建筑，但基本格局未变。

---

[1]《汉书》，第2209页。
[2] 同上书，卷九七上《外戚传上》，第3959页。
[3] 同上书，第3175页。
[4] 说见本书《未央宫四殿考》。

未央宫中的"殿门",文献记载较清晰的只有前殿南、西两面的门。《史记》卷九《吕太后本纪》:代王于长安代邸即位为帝,"即夕入未央宫,有谒者十人持戟卫端门,曰:'天子在也,足下何为者而入?'代王乃谓太尉,太尉往谕,谒者十人皆掊兵而去。代王遂入而听政。"[1]《汉书》卷四〇《周勃传》亦载此事,师古注曰:"端门,殿之正门也。"[2]可见未央宫中的端门是前殿正南之门。又《汉书》卷九九《王莽传下》:"群臣扶掖莽,自前殿南下椒除,西出白虎门,和新公王揖奉车待门外。莽就车,之渐台。"[3]此证前殿南侧西面的门是白虎门。此事发生于新莽时,但其上文所称"掖庭""承明""宣室""前殿"等皆为西汉旧称,故此门名"白虎"当是西汉之制。

《汉书》卷二七《五行志下之上》:成帝时,有男子王褒"衣绛衣小冠,带剑入北司马门、殿东门,上前殿"。[4]此人先入北司马门,又入殿东门,然后登上前殿,可知"殿东门"是前殿东面的门,应与白虎门相对。东汉灵帝时发生过类似事件。《续汉书·五行志五》载:"光和元年五月壬午,何人白衣欲入德阳门,辞'我梁伯夏,教我上殿为天子'。中黄门桓贤等呼门吏仆射,欲收缚何人,吏未到,须臾还走,求索不得,不知姓名。"德阳殿是东汉洛阳北宫正殿,性质与西汉未央宫前殿相似。故蔡邕将此事与王褒之事加以比较,指出二者"相似而有异",有异的是"被服不同,又未入云龙门而觉"。[5]东汉德阳殿前有三座"殿门",南面为端门,东面为云龙门,西面为神虎门。[6]何人欲入之"德阳门",据蔡邕

---

[1]《史记》,第411、412页。
[2] 同上书,第2055页。
[3] 同上书,第4191页。
[4] 同上书,第1475页。
[5]《后汉书》,北京,中华书局,1965年,第3346—3347页。
[6] 参本书《东汉的"殿中"和"禁中"》。

说，是东面的云龙门，与王褒所入"殿东门"相似。蔡邕说何人"未入云龙门而觉"，言下之意，王褒是已入云龙门而觉。对蔡邕此言，可做两种解释：一是西汉"殿东门"相当于东汉"云龙门"，二是西汉"殿东门"就是"云龙门"。由于现存西汉史籍中未见"云龙门"字样，"殿东门"也只此一见，第一种解释比较稳妥，但第二种解释也不能完全排除。东汉称"神虎门"，"云龙"则与"神虎"对应。西汉称"白虎门"，与之对应的名称应是"青龙门"或"苍龙门"。

王莽称帝后将未央前殿改名为王路堂。《汉书》卷九九《王莽传中》：天凤三年（公元16年）十月，"王路朱鸟门鸣，昼夜不绝。崔发等曰：'虞帝辟四门，通四聪。门鸣者，明当修先圣之礼，招四方之士也。'于是令群臣皆贺，所举四行从朱鸟门入而对策焉。"[1]朱鸟即朱雀，四神之一，代表南方。所谓"王路朱鸟门"，从名称看，应是王路堂南面的端门。刘庆柱、李毓芳指出："可能在王莽时，前殿之端门改称朱鸟门"。[2]其说是。由此推测，前殿东、西两侧之门，可能也改称为"王路苍龙门"和"王路白虎门"。既以四神为名，北面应当还有"王路玄武门"。王莽还"改……公车司马曰王路四门"，即将公车司马令、丞改称为王路四门令、丞。[3]"王路四门"一职应是由王路堂四面之门而得名。文帝入宫前，先令太仆夏侯婴和东牟侯刘兴居"清宫"，将少帝迁出。《史记》卷九《吕太后本记》载：少帝身边侍卫"有数人不肯去兵，宦者令张泽谕告，亦去兵"。[4]不肯去兵者，既听从宦者令的谕告，应是宦官。温室殿是皇帝寝殿，由宦官负责宿卫，则少帝当时应在温室。而文帝入端门时，守门谒者不知少帝已被迁出，故曰"天子

---

[1]《汉书》，第4145页。
[2] 刘庆柱、李毓芳：《汉长安城》，北京，文物出版社，2003年，第60页。
[3] 说见本书《"公车司马"考》。
[4]《史记》，第411页。

在也，足下何为者而入"。《汉书》卷四《文帝纪》载："皇帝即日夕入未央宫，夜拜宋昌为卫将军，领南北军，张武为郎中令，行殿中。还坐前殿，下诏曰……"[1]"还坐"二字透露出，文帝进入端门后，可能先至承明殿和温室殿接管权力，然后回到前殿，下诏大赦。可见，端门不仅是前殿的正门，也是整个殿中区域的正门。

前殿、宣室殿以北，承明殿、温室殿和中宫附近，还有两座见于记载的门，一是金马门，一是长秋门。

金马门出现频率甚高。《史记》卷一二六《滑稽列传》褚先生曰："金马门者，宦者署门也，门傍有铜马，故谓之曰'金马门'。"[2]《后汉书》卷二四《马援传》载马援上表曰："孝武皇帝时，善相马者东门京，铸作铜马法献之，有诏立马于鲁班门外，则更名鲁班门曰金马门。"[3]《三辅黄图》："金马门，宦者署。武帝得大宛马，以铜铸像，立于署门，因以为名。"[4]这些说法，不完全相同，又都不见于《史记》本文和《汉书》。褚先生所谓"金马门，宦者署门也"，似不能理解为金马门就是宦者署的门，而应理解为宦者署在金马门内，进了金马门就是宦者署。此门的位置不见明确记载。毕沅所撰《关中胜迹图志》中的《汉未央长乐宫图》，将其绘于前殿、宣室之后，承明殿之前。[5]【图一〇】今案《汉书》卷六八《霍光传》载昌邑王刘贺被废之事，"皇太后乃车驾幸未央承明殿……王入朝太后还，乘辇欲归温室……王入，门闭，昌邑群臣不得入……光使尽驱出昌邑群臣，置金马门外……顷之，有太后诏召王……太后被珠襦，盛服坐武帐中……召昌邑王伏前听诏"，遂废之。霍光"扶王下殿，出金马门，群臣随送，王西面拜，曰：

---

[1]《汉书》，第108页。
[2]《史记》，第3205页。
[3]《后汉书》，第840页。
[4] 何清谷：《三辅黄图校释》，北京，中华书局，2005年，第174页。
[5] 毕沅：《关中胜迹图志》，张沛点校，西安，三秦出版社，2004年，第117页。

图一—○　汉长乐未央宫图　毕沅《关中胜迹图志》，第 117 页

'愚憨不任汉事。'起就乘舆副车"。[1]根据这段文字，金马门不是承明殿的门，也不是温室省的门。昌邑群臣从温室省门外被驱出后"置金马门外"，刘贺离开承明殿后亦"出金马门"，这表明金马门是承明殿和温室省所在的一个更大区域的门。值得注意的是，刘贺"出金马门"后"西面拜"。《汉书补注》引宋祁曰："西，疑作四。"王先谦曰："《汉纪》《通鉴》作西。"[2]宋祁不解"西"为何意，故疑为"四"之讹。今案《汉书》卷六三《武五子传》："昭帝崩"，刘贺"至未央宫东阙……下车，乡（向）阙西面伏，哭尽哀止"。[3]昭帝灵柩时"在前殿"，[4]故刘贺在东阙外向西遥拜。参照此例，刘贺在金马门外"西面拜"，应是遥向金马门内承明殿上的皇太后拜别。这意味着金马门在承明殿东，有可能在前殿东侧的"殿东门"北。《汉书》卷二七《五行志上》："东阙所以朝诸侯之门也。"[5]意指诸侯王入宫朝见皆走东司马门。《史记》卷九五《夏侯婴传》："以太仆事孝惠……赐婴县北第第一，曰'近我'，以尊异之。"[6]《汉书》亦载此文，师古注曰："北第者，近北阙之第，婴最第一。"[7]是大臣入宫多走北司马门。东司马门和北司马门是出入未央宫的主要通道，而由此二门前往承明殿和温室殿须经金马门。金马门屡见诸史传，当与此有关。

长秋门仅一见。《汉书》卷六三《武五子传》：戾太子反，"使舍人无且持节夜入未央宫殿长秋门，因长御倚华，具白皇后"。[8]

---

[1]《汉书》，第2938、2939、2946页。
[2] 王先谦：《汉书补注》，北京，中华书局影印清光绪二十六年虚受堂刊本，1983年，第1307页。
[3]《汉书》，第2765页。
[4] 同上书，卷六八《霍光传》，第2940页。
[5] 同上书，第1331页。
[6]《史记》，第2667页。
[7]《汉书》卷四一《夏侯婴传》，第2079页。
[8] 同上书，第2743页。

王先谦《汉书补注》引缪荃孙曰:"《黄图》有长秋殿,云'后宫在西,秋之象也'。此门即长秋殿门。"[1]今案《三辅黄图》原文为:"长信宫,汉太后常居之。按《通灵记》:'太后,成帝母也。后宫在西,秋之象也。秋主信,故宫殿皆以长信、长秋为名。'"[2]所言乃长信宫,非未央宫。文中所引《通灵记》不见著录。据传,武帝为思念钩弋夫人曾建通灵台。[3]《通灵记》疑是附会此事的小说类作品。成帝母王太后居长乐宫,[4]在未央宫东,而非"在西",《通灵记》之文也显然有误。《汉书》卷九九《王莽传上》载莽奏言:"皇帝即位三年,长秋宫未建,掖廷媵未充。"[5]是皇后中宫可称"长秋宫"。毕沅据此而认为"长秋门"是中宫正门,故所绘《汉长乐未央宫图》将其置于中宫椒房殿南。【见图一〇】然而,东汉、曹魏中宫也称"长秋宫",[6]却不见其门称长秋门的记载,可见,长秋门未必就是长秋宫的门。在古人观念中,四季之"秋"对应四方之"西"。《水经·谷水注》:洛阳城中有"一水自千秋门南流,径神虎门下"。[7]东汉魏晋的神虎门是宫城西门。[8]千秋门在神虎门北,也是一座西门。此制很可能承袭西汉而来。因此,未央宫中的长秋

---

[1] 王先谦:《汉书补注》,第1242页。
[2] 何清谷:《三辅黄图校释》,第150页。
[3] 《太平寰宇记》卷三一《耀州·云阳县》"钩弋陵"条引《列仙传》:"钩弋夫人……武帝害之。及殡,尸香一月。"又引《云阳记》:"钩弋夫人从至甘泉而卒,尸香闻十余里,葬云阳。武帝思之,为起通灵台于甘泉宫。"(王文楚等点校,北京,中华书局,2007年,第668页)
[4] 《汉书》卷二七上《五行志上》:"永始四年四月癸未,长乐宫临华殿及未央宫东司马门灾。……长乐宫,成帝母王太后之所居也。"(第1337页)
[5] 《汉书》,第4051页。
[6] 《后汉书》卷一〇上《明德马皇后纪》:"永平三年春,有司奏立长秋宫……遂立为皇后。"(第409页)《和熹邓皇后纪》:"有司奏建长秋宫……立为皇后。"(第421页)卷一〇下《顺烈梁皇后纪》:"阳嘉元年春,有司奏立长秋宫……乃于寿安殿立贵人为皇后。"(第439页)《三国志》卷五《文昭甄皇后传》注引《魏书》曰:"有司奏建长秋宫,帝玺书迎后。"(第161页)
[7] 《水经注疏》,南京,江苏古籍出版社,1989年,第1407页。
[8] 参阅本书《东汉的南宫和北宫》《魏晋洛阳宫的形制与格局》。

门也有可能在白虎门北,是承明殿、温室殿及中宫一线西侧的门。成帝为太子时,曾奉元帝"急召"由作室门入宫。[1]作室门在未央宫北墙偏西处。【见图七】戾太子舍人若也由此门入宫,便须经长秋门至中宫。史家于此特意留下长秋门的信息,应是为了说明其入宫之路径。若长秋门即中宫之门,这一笔就多余了。

与上述诸门有关的还有所谓"止车门"。《史记》卷一〇七《魏其武安侯列传》:武安侯田蚡与御史大夫韩安国等议事于长乐宫,"武安已罢朝,出止车门,召韩御史大夫载。"[2]该止车门在长乐宫中。未央宫中有没有止车门,不见确切记载。《关中记》:"未央宫东有苍龙阙,北有元武阙,所谓北阙也。阙中有闾阖门、止车门。"[3]《水经·渭水注》:"北有玄武阙,即北阙也,东有苍龙阙。阙内有闾阖、止车诸门。"[4]这两段文字大致相同,后者可能来自前者。《关中记》乃晋人所作,[5]所言未央宫北阙或东阙中有闾阖门、止车门,在《史记》《汉书》等可靠文献中得不到印证。[6]但未央宫中的确有车马不得进入的门。《汉书》卷六六《田千秋传》:"千秋为相……年老,上优之,朝见,得乘小车入宫殿中,故因号曰

---

[1]《汉书》卷一〇《成帝纪》,第301页。
[2]《史记》,第2853页。
[3]《玉海》卷一五五《未央宫》条引,见《文渊阁四库全书》,台北,台湾商务印书馆,1986年,第947册,第86页下栏。
[4]《水经注疏》,第1595、1596页。
[5] 一说潘岳,一说葛洪。参刘庆柱:《关中记辑注》,西安,三秦出版社,2006年,第4页。
[6]《史记》卷一一七《司马相如传》载《大人赋》:"排闾阖而入帝宫兮,载玉女而与之归。"《正义》引韦昭云:"闾阖,天门也。"(第3060、3062页)《汉书》卷二二《礼乐志》载《郊祀歌》之《天马》有"游闾阖,观玉台"一句,注引应劭曰:"闾阖,天门。玉台,上帝之所居。"(第1061页)是汉人有天门名闾阖之说。张衡《西京赋》:"正紫宫于未央,表峣阙于闾阖。"薛综注:"天有紫微宫,王者象之。紫微宫门名曰闾阖。"吕向注:"闾阖,天门也,言法紫微以造未央,立高阙以象天门。"(《宋刊明州本六臣注文选》,第40页上栏。)显然,张衡只是用天门比喻未央宫门。《关中记》"阙中有闾阖门"的说法可能源于对《西京赋》的误解。"阙中有……止车门"的说法不知从何而来,怕也并无可靠依据。

‘车丞相’。"[1]此例表明群臣一般不得乘车"入宫殿中"，即使皇帝特许，也要换乘"小车"。文中所谓"宫殿中"，含义模糊。有证据表明，未央宫的"司马门"和"殿门"是可以乘车出入的，只是经过门口时须下车步行。《汉书》卷五五《张释之传》注引如淳曰："《宫卫令》：诸出入殿门、公车、司马门者皆下，不如令，罚金四两。"[2]出入司马门须下车，已见前引文帝太子与梁王之例，出入殿门须下车亦有实例。《汉书》卷六八《霍光传》："每出入下殿门，进止有常处，郎仆射窃识视之，不失尺寸。"[3]同书卷七七《盖宽饶传》："迁谏大夫，行郎中户将事。劾奏卫将军张安世子侍中阳都侯彭祖不下殿门，并连及安世居位无补。彭祖时实下门，宽饶坐举奏大臣非是，左迁为卫司马。"师古释"不下殿门"曰："过殿门不下车也。"[4]而参照前文所及，王莽离开前殿后出白虎门方得乘车，刘贺离开承明殿后出金马门方得乘车，可知白虎、金马等门内通常是不能行车的。皇帝在此范围内多乘辇，群臣则步行。田千秋"得乘小车入宫殿中"，应指得入白虎、金马等门中。白虎门、金马门如是，端门、"殿东门"、长秋门当亦然。

如前所考，金马门可能在承明、温室一线东侧，位于"殿东门"北。这意味着前殿东侧的围墙在前殿以北继续延伸。由此推测，前殿西侧白虎门所在的围墙应亦向北延伸，长秋门可能是其间的一个出入口。前殿、宣室、承明、温室、中宫、掖庭等建筑被这道墙围在其中，构成未央宫的核心区域。那么，这一区域就是所谓"殿中"吗？笔者以为这是"殿中"的一部分，但非全部。因为端门、"殿东门"、白虎门、金马门、长秋门不得乘车进入，而"殿门"是可以乘车出入的。这意味着在上述区域之外还另有"殿门"。

---

[1]《汉书》，第2886页。
[2]同上书，第2309页。
[3]同上书，第2933页。
[4]同上书，第3243页。

笔者仔细推敲相关记载，认为端门、白虎门和"殿东门"就是"殿门"。因为前殿是"殿中"的标志性建筑，"殿中"之"殿"本意即指前殿，端门、白虎门和"殿东门"作为出入前殿之门，都是典型的"殿门"。三门之外也未见另有"殿门"。金马门和长秋门则不同，有迹象显示，它们之外另有"殿门"。如前述，诸侯王入未央宫朝见皆走东司马门。以此为背景，文帝太子和梁王共车入朝，应是由东司马门入宫，至"殿门"前被追止。《史记》卷五八《梁孝王世家》褚先生曰："诸侯王朝见天子，汉法凡当四见耳。始到，入小见；到正月朔旦，奉皮荐璧玉贺正月，法见；后三日，为王置酒，赐金钱财物；后二日，复入小见，辞去。"又曰："小见者，燕见于禁门内，饮于省中，非士人所得入也。"[1]太子与梁王共车入朝，且"不下司马门"，表现出轻松随意，应当不是到前殿参加仪式隆重的"法见"，而是入省中"小见"。《史记》卷一〇二《张释之传》载：释之追止太子、梁王，"遂劾不下公门不敬，奏之。薄太后闻之，文帝免冠谢曰：'教儿子不谨。'薄太后乃使使承诏赦太子、梁王，然后得入。"[2]可见薄太后当时也在省中，准备和文帝一起"燕见"太子和梁王。因此，太子和梁王所经之"殿门"应在东司马门和金马门之间。意识到这一点，前引《汉书·武五子传》所载戾太子舍人夜入"未央宫殿长秋门"一句，便可断为"未央宫、殿、长秋门"，而这又意味着长秋门和宫门之间也有"殿门"。《汉书》卷七八《萧望之传》："望之以射策甲科为郎，署小苑东门候"，光禄大夫给事中王仲翁"出入从仓头庐儿，下车趋门，传呼甚宠"，后望之"坐弟犯法，不得宿卫，免归为郡吏。"[3]小苑东门既由郎官守卫，门候称"宿卫"之职，应是"殿门"。王仲翁"下

---

[1]《史记》，第2082、2090页。
[2] 同上书，第2753页。
[3]《汉书》，第3272、3273页。

车趋门",证明此门可乘车出入,也符合"殿门"制度。《后汉书》卷二八《桓谭传》载:"谭以父任为郎……喜非毁俗儒,由是多见排抵。哀平间,位不过郎。"[1]桓谭《新论·离事》则称:"余年十七为奉车郎中,卫殿中小苑西门。"[2]此证亦由郎中守卫的"小苑西门"是"殿中"之门,亦即"殿门"。桓谭所卫"小苑西门"即是"殿门",萧望之所守"小苑东门"应当也是"殿门"。二门可能分别位于"殿中"区域的东西两侧,在金马门和长秋门外。由此看来,未央宫中的"殿中"区域可能呈"凸"字形,南部端门、白虎门、"殿东门"部分东西较窄,向南凸出,北部金马门和长秋门外还有小苑东门、小苑西门,东西较宽。

"殿中"区域北部的范围目前无法确定,但有一条线索可供参考。《汉书》卷三六《刘向传》:"讲论五经于石渠。"师古曰:"《三辅旧事》云石渠阁在未央大殿北,以藏秘书。"[3]同书卷八八《儒林瑕丘江公传》详载石渠阁会议始末,而曰"召五经名儒太子太傅萧望之等大议殿中"。[4]此证石渠阁位于"殿中"。今未央宫前殿遗址西北有一夯土台基,南北100米,东西80米,残高8.74米,相传为石渠阁遗址。陈直称:"王廉先生藏有'石渠千秋'瓦当,文字极精,但未经著录。据我所知,此瓦出在石渠阁附近,是毫无疑义的。现天禄阁小学存有石渠一具,形制古朴,据小学某教师说,是从石渠阁遗址移来保存的。"[5]这些证据是否可靠,尚可存疑,但该遗址的位置与文献记载中石渠阁的方位大致相符。《汉长安城未央宫——1980—1989年考古发掘报告》将其定名为"未央宫第7号建筑遗址",其"北距未央宫北墙60米",其西紧邻作室

---

[1]《后汉书》,第955页。
[2]《新辑本桓谭新论》,北京,中华书局,2009年,第49页。
[3]《汉书》,第1929页。
[4]同上书,第3618页。
[5]陈直:《石渠阁王莽钱的背面范》,《考古通讯》1955年第2期。

门内大道[1]。【见图七】若此遗址确是石渠阁，其所处位置很可能是"殿中"区域的西北角。

金马门和长秋门之外既另有"殿门"，二门本身应非"殿门"。宋王应麟《玉海》卷一六九《宫室·门阙上》"汉金马门"下小注曰："又谓之黄门。"[2]这是一个重要提示。今案《汉书》卷七五《李寻传》："（夏）贺良等皆待诏黄门，数召见。"[3]同书卷八八《儒林梁丘贺传》："宣帝时，闻京房为《易》明，求其门人，得贺……待诏黄门，数入说，教侍中。"[4]所谓"待诏黄门"就是"待诏金马门"。《汉书》常见"待诏金马门"或"待诏宦者署"的例子。如卷五八《公孙弘传》："拜为博士，待诏金马门。"[5]卷五四《苏武传》："待诏宦者署，数进见。"[6]宦者署就在金马门内，故"待诏宦者署"与"待诏金马门"实为一事。最晚自元帝以后，金马门内增修了玉堂殿，[7]待诏金马门或宦者署的人员皆值于该殿。扬雄"待诏承明之庭"，自称"与群贤同行，历金门、上玉堂"[8]，实即待诏金马门。李寻"待诏黄门"，上书称："臣寻位卑术浅，过随众贤待诏，食太官，衣御府，久污玉堂之署。"[9]可见"金马门"又称"黄门"，王应麟说不误。由此推测，长秋门应当也是黄门。

金马门内还有"禁门"，其内是皇帝寝殿，是未央宫中警卫等级最高的区域。《汉书》卷六八《霍光传》载：皇太后"诏诸禁门毋内昌邑群臣。王入朝太后还，乘辇欲归温室，中黄门宦者各持门

---

[1] 《汉长安城未央宫——1980—1989年考古发掘报告》，第18、6页。
[2] 《文渊阁四库全书》，第947册，第386页下栏。
[3] 《汉书》，第3192页。
[4] 同上书，第3601页。
[5] 同上书，第2617页。
[6] 同上书，第2468页。
[7] 《汉书》卷二七中之上《五行志中之上》："元帝时童谣曰：'井水溢，灭灶烟，灌玉堂，流金门。'"（第1395页）这是玉堂殿最早见于记载之处。
[8] 《汉书》卷八七《扬雄传下》，第3566页。
[9] 同上书，卷七五《李寻传》，第3183页。

扇，王入，门闭，昌邑群臣不得入"。[1]据此，温室省门为"禁门"，由中黄门看守。褚先生说"小见者，燕见于禁门内，饮于省中"，足证"禁门内"即为"省中"。《汉书》卷九八《元后传》："红阳侯立父子……顿首省户下。"王先谦《补注》引顾炎武云："省户即禁门也。"[2]"省户"即"禁门"，因而"省中"即"禁中"。《汉书》卷七《昭帝纪》：昭帝即位时"年八岁"，"帝姊鄂邑公主益汤沐邑，为长公主，供养省中"。[3]此事又见于同书卷九七《外戚传上》，其文作："昭帝始立，年八岁，帝长姊鄂邑盖长公主居禁中，供养帝。"[4]此证"省中"就是"禁中"，在班固笔下，二者是可以互换的。[5]同书卷一九《百官公卿表上》：少府属官有"中黄门"。师古注："中黄门，奄人居禁中在黄门之内给事者也。"[6]《续汉书·百官志三》："黄门令一人。"注引董巴曰："禁门曰黄闼，以中人主之，故号曰黄门令。"[7]可见禁中之门也是黄门。

以上考证大致勾画出"殿中"区域的布局。【见图一一】其中，金马门及长秋门性质特别。它们是未央宫中"五六重"门闼中的一重，介于"殿门"和"省户"之间，内外都是"殿中"。它们

---

[1]《汉书》，第2939页。

[2] 王先谦：《汉书补注》，第1673页。

[3]《汉书》，第217页。

[4] 同上书，第3958页。

[5] 蔡邕《独断》："禁中者，门户有禁，非侍御者不得入，故曰禁中。孝元皇后父大司马阳平侯名禁，当时避之，故曰省中。"（上海古籍出版社影印本，1990年，第3页）胡克家刻本《文选》卷六《魏都赋》"禁台省中"句李善注："《魏武集》荀欣等曰：汉制，王所居曰禁中，诸公所居曰省中。"（北京，中华书局影印本，1977年，第99页）周寿昌曰："是汉制原有禁与省之别，不自避王禁讳始。且昭帝下距元后时甚远，何以遽避禁讳？若为班氏追书，则班氏时已在中兴后，更何所忌于王氏而必为之讳也？"（王先谦：《汉书补注》，第103页）今案《宋刊明州本六臣注文选》李善注引荀欣等语作"汉制，王所居曰省中"。（第104页上栏）汉代并无"王所居曰禁中，诸公所居曰省中"之制，胡刻本此文及周寿昌"汉制原有禁与省之别"的说法都不足信据。蔡邕说西汉因避王禁讳而改禁中曰省中，也不能成立，周寿昌的反驳有理有据。

[6]《汉书》，第732页。

[7]《后汉书》，第3594页。

未央宫"殿中"考

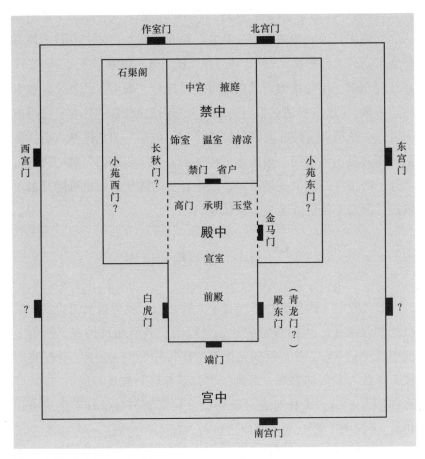

图一一　西汉未央宫示意图　自绘

是"黄门",却非"禁门",未见案籍出入的记载,但肯定有出入限制。《汉官旧仪》载东汉制度曰:"尚书郎宿留台……给尚书郎伯二人,女侍史二人,皆选端正。从直,伯送至止车门还,女侍史执香炉烧熏,从入台护衣。"[1]金马门和长秋门也不得乘车进入,与东汉止车门相类。由此推测,其功能可能是区分"殿中"的办公区和生活服务区。《汉官解诂》卫尉条载出入宫门之制曰:"其有官位得出入者,令执御者官传呼前后以相通。"[2]"前后"当指随从人员。他们可随官员出入宫门。由前述王仲翁出入"小苑东门"时"从仓头庐儿……传呼甚宠"一例可知,殿中官员的随从家奴也可随其出入殿门,但恐不能进入金马、长秋等门。

二 "殿中"的机构和设施

对"殿中"的范围和布局有了大致认识,就可进而讨论其中的机构和设施了。可以肯定的是,光禄勋及其所属机构在"殿中"。前引《史记》《汉书》所载光禄勋"居殿中""行殿中",《汉官旧仪》所载"殿内郎署属光禄勋"等都是显证。故光禄勋有"内卿"之称。[3]少府、太仆与光禄勋相似,其职掌与皇帝日常生活密切相关。《汉书》卷七八《萧望之传》:"征入守少府……复以为左冯翊。望之从少府出为左迁,恐有不合意,即移病。"[4]案同书卷一九《百官公卿表上》:"右扶风……与左冯翊、京兆尹是为三辅。"注引服虔曰:"皆治在长安城中。"[5]是左冯翊府在长安城中。望之从少府迁左冯翊称"出",应是因为少府在未央宫中的缘故。《百官公

---

[1] 孙星衍等辑:《汉官六种》,第33页。
[2] 同上书,第14页。
[3] 《汉书》卷八八《儒林房凤传》,第3619页。
[4] 同上书,第3274页。
[5] 同上书,第736、737页。

卿表上》：少府"掌山海池泽之税，以给供养。"师古曰："少府以养天子也。"属官有尚书、符节、太医、太官、中书、永巷、宦者等皇帝身边之机构，故少府寺应在殿中。[1]太仆"掌舆马"，还要为皇帝御车。《汉书》卷四六《万石君石奋传》："少子庆……为太仆，御出，上问车中几马，庆以策数马毕，举手曰：'六马。'"师古释"御出"曰："为上御车而出。"[2]故太仆寺很可能也在殿中。"殿门"则由光禄勋属官"郎中"守卫。《百官公卿表上》郎中令条："郎掌守门户，出充车骑……郎中比三百石……有车、户、骑三将。"注引如淳曰："主车曰车郎，主户卫曰户郎。"又引《汉仪注》曰："左右车将主左右车郎，左右户将主左右户郎也。"[3]大概郎中车将、骑将掌"出充车骑"，户将"掌守门户"。前引《汉书·盖宽饶传》所载"郎中户将"劾奏侍中"不下殿门"事，证明其所守门户是"殿门"。[4]三将所领郎中应皆宿卫"殿门"之中。

除上述机构外，殿中还有许多官员的住所"庐"。前引《汉书·董贤传》所载贤妻"得通引籍殿中，止贤庐"便是一例。同书卷九七《外戚传上》："上官桀谋反……其殿中庐有索长数尺可以缚人者数千枚，满一箧缄封。"师古曰："殿中庐，桀所止宿庐舍

---

[1] 据《汉长安城未央宫——1980—1989年考古发掘报告》，石渠阁遗址以南三百余米处有"第4号建筑遗址"。《报告》根据"文献记载未央宫西北部集中了织室、暴室和尚方等大量少府所辖官署"及"该遗址内曾出土了大量'汤官饮监章'封泥"等事实，推断该遗址"应是少府或所辖主要官署的建筑遗址"。但《报告》又称：该建筑规模宏大（主体建筑南殿和北殿面积分别为706平方米和400平方米），屋内地面铺置地板，"还有储藏室、通道、门房类建筑，以及水池、水井等设施"，因而又"推断该建筑并非一般官署建筑物，它可能属于以大型殿堂为主体的多功能、大体量、高规格的宫室建筑群"。（第185页）侯旭东《西汉御史大夫寺位置的变迁：兼论御史大夫的职掌》一文认为，该遗址有许多房间"应属于储存易腐物品的空间"，少府属官"导官之署很可能就在四号遗址内"。（《中华文史论丛》2015年第1期）其说亦可参。

[2] 《汉书》，第2197页。

[3] 同上书，第727页。

[4] 从桓谭以奉车郎中守卫小苑西门的例子看，这种分工可能并不严格。

在宫中者也。"[1]同书卷九九《王莽传下》：卫将军王涉、大司马董忠"数俱至国师殿中庐道语星宿"。师古曰："庐者，宿止之处。"[2]是大臣宿值殿中者皆有"庐"。既称"殿中庐"，当然在殿中。同书卷六八《霍光传》载：光以大司马大将军辅政，宿值殿中，其间"殿中尝有怪，一夜群臣相惊，光召尚符玺郎，郎不肯授光。光欲夺之，郎按剑曰：'臣头可得，玺不可得也。'光甚谊之。明日，诏增此郎秩二等。"[3]霍光夜宿殿中，肯定也有"殿中庐"。《汉官旧仪》："御史……其十五人衣绛，给事殿中为侍御史，宿庐在石渠门外。"[4]《汉书》卷六四《严助传》：为中大夫，宿值"承明之庐"。注引张晏曰："承明庐在石渠阁外。"[5]《文选》卷一《西都赋》、卷四《蜀都赋》李善注引张晏此注，"石渠阁"皆作"石渠门"。[6]石渠阁是高台建筑，四周可能也有围墙，形成独立的院落，其位置已见前述。侍御史和中大夫的宿庐都在石渠门外，推测这一带可能是殿中官员的宿舍区。前引《萧望之传》载：光禄大夫给事中王仲翁出入"小苑东门"时，"从仓头庐儿，下车趋门，传呼甚宠"。仓头庐儿应是在"殿中庐"照料官员生活的家奴，他们也可随值宿殿中的官员出入殿门。由此看来，殿中之"庐"当有许多房舍，高级官员的"庐"可能还是独立的院落。

以上"殿中"机构和设施，应该都在金马门和长秋门外的生活服务区。其内的办公区则有承明殿、玉堂殿、高门殿等建筑，是皇帝及其辅助人员日常办公理政的场所。

如前述，金马门内的宦者署和玉堂殿是"待诏"人员侍值之

---

[1]《汉书》，第3964、3965页。
[2] 同上书，第4184、4185页。
[3] 同上书，第2933页。
[4] 孙星衍等辑：《汉官六种》，北京，中华书局，1990年，第32页。
[5]《汉书》，第2790页。
[6]《文选》，北京，中华书局影印本，1977年，第26页下栏、78页下栏。

处。除此之外，光禄勋属下的侍郎也在此处"给事"。《汉书》卷八一《孔光传》："子男放为侍郎，给事黄门。"[1]同书卷八七《扬雄传》赞曰："除为郎，给事黄门，与王莽、刘歆并。"又载《解嘲》曰："位不过侍郎，擢才给事黄门。"[2]桓谭《新论》："谭谓扬子曰：'君之为黄门郎，居殿中。'"[3]《汉书》卷九九《王莽传上》："拜为黄门郎。"[4]同书卷三六《楚元王传附刘歆传》："待诏宦者署，为黄门郎。"[5]同书卷七五《李寻传》："待诏黄门……迁黄门侍郎。"[6]这些例子表明，侍郎"给事黄门"，故称"黄门侍郎"或"黄门郎"，"居殿中"，在金马门内备顾问。《汉书》卷二七《五行志中之下》："有大声如钟鸣，殿中郎吏陛者皆闻焉。上以问黄门侍郎扬雄、李寻。"[7]这是黄门侍郎备皇帝顾问的具体例子。[8]《汉书》卷六五《东方朔传》：朔"待诏公车，俸禄薄，未得省见"；"待诏金马门，稍得亲近"；"为常侍郎，遂得爱幸"；后著论自称"官不过侍郎"。[9]是黄门侍郎比待诏金马门者更为亲近。但侍郎并非都能像东方朔那样"得爱幸"，冯参"少为黄门郎、给事中，宿卫十余年……终不得亲近侍帷幄"[10]，便是一例。

与侍郎职责相似的还有光禄勋属下的大夫。《百官公卿表上》："大夫掌论议，有太中大夫、中大夫、谏大夫，皆无员，多至数十

---

[1]《汉书》，第3353页。
[2] 同上书，第3583、3566页。
[3]《新辑本桓谭新论》，第50页。
[4]《汉书》，第4039页。
[5] 同上书，第1967页。
[6] 同上书，第3183、3192页。
[7] 同上书，第1429页。
[8] 同上书，卷三六《楚元王传附刘向传》："拜为郎中，给事黄门。"（第1929页）刘向此前已为谏大夫，因铸黄金不成，下吏当死，以减死论。故其郎中给事黄门，未必是常例。
[9]《汉书》，第2842、2843、2845、2864页。
[10] 同上书，卷七九《冯奉世传附冯参传》，第3306页。

人。武帝……太初元年更名中大夫为光禄大夫。"[1]中大夫为皇帝身边侍臣。《史记》卷五四《曹相国世家》："参子窋为中大夫……洗沐归，闲侍，自从其所谏参。参怒而笞窋二百，曰：'趣入侍，天下事非若所当言也！'"[2]是中大夫须在殿中宿值，休沐乃出。武帝初年，任用严助等人为中大夫，亦常在左右。《汉书》卷六四《严朱吾丘主父徐严终王贾传》："严助……郡举贤良，对策百余人，武帝善助对，由是独擢助为中大夫。后得朱买臣、吾丘寿王、司马相如、主父偃、徐乐、严安、东方朔、枚皋、胶仓、终军、严葱奇等，并在左右。"[3]在"后得"诸人中，朱买臣、主父偃亦曾为中大夫，吾丘寿王曾为光禄大夫，终军、东方朔曾为谏大夫。史称"买臣为中大夫，与严助俱侍中"，又称严助"厌承明之庐，劳侍从之事"，[4]可见大夫为亲近之职。哀帝时，鲍宣为谏大夫，上书称："陛下擢臣岩穴，诚冀有益毫毛，乞徒欲使臣美食大官，重高门之地哉！"又称："高门去省户数十步，求见出入，二年未省。"[5]同书卷五〇《汲黯传》：武帝时，"浑邪王至，贾人与市者，坐当死五百余人。黯入，请间，见高门。"注引晋灼曰："《三辅黄图》未央宫中有高门殿也。"[6]今本《三辅黄图》引《三辅旧事》云："武帝于未央宫起高门、武台殿。"[7]自武帝后，未央宫中有了高门殿，大夫在其中侍值，皇帝有时也在其中会见大臣。该殿离"省户"仅数十步，应在承明殿附近。考虑到承明殿东、金马门内有玉堂殿，推测高门殿应在承明殿西。

"殿中"办公区内最重要的设施当然是承明殿。该殿也有内外

---

[1]《汉书》，第727页。
[2]《史记》，第2030页。
[3]《汉书》，第2775页。
[4]同上书，第2791、2789页。
[5]同上书，卷七二《鲍宣传》，第3088、3093页。
[6]同上书，第2320页。
[7]何清谷：《三辅黄图校释》，第121页。

两个庭院，内院称"殿下"或"中庭"，外院即所谓"廷中"。[1]秦和汉初，皇帝出现在殿上时，殿下有郎中持兵警卫。《史记》卷八六《刺客列传》："秦法，群臣侍殿上者不得持尺寸之兵，诸郎中持兵皆陈殿下。"[2]同书卷九九《叔孙通列传》载汉七年长乐宫朝会仪：

> 传言"趋"，殿下郎中夹陛，陛数百人；功臣列侯诸将军军吏以次陈西方，东乡（向）；文官丞相以下陈东方，西乡（向）。大行设九宾，胪传。于是皇帝辇出房，百官执职传警，引诸侯王以下至吏六百石以次奉贺。[3]

但惠帝以后不再有郎中陛戟的记载。张家山 336 号汉墓出土竹简有《朝律》一篇，据参与整理的彭浩说，其内容"与叔孙通制定的朝见礼仪相近"。该墓还出土了文帝前元七年（前 173 年）《历谱》，故彭浩推测这批简"大约是文帝时期的"。[4]在目前已刊布的四枚简的释文中，有如下两段文字：

> 趋，下就位，少府、中郎进。
> 后五步，北上，谒者一人立东陛者南面。立定，典客言具，谒者以闻。皇帝出房，宾九宾及朝者。[5]

---

[1] 见本书《未央宫四殿考》。
[2] 《史记》，第 2535 页。
[3] 同上书，卷九九《叔孙通列传》，第 2723 页。
[4] 彭浩：《湖北江陵出土西汉简牍概说》，载大庭脩编：《漢簡研究の現状と展望》，关西大学出版会，1993 年，第 171 页。
[5] 胡平生：《中国湖北江陵张家山汉墓出土竹简概述》，载大庭脩编：《漢簡研究の現状と展望》，第 273 页。参曹旅宁：《张家山 336 号汉墓〈朝律〉的几个问题》，《华东政法大学学报》2008 年第 4 期；刘海宇：《介绍一枚张家山三三六号汉墓〈朝律〉简的清晰图版》，复旦大学出土文献与古文字研究中心网站，2013 年 8 月。

其内容与上引《叔孙通列传》相似而较详。值得注意的是,《叔孙通列传》"趋"之下紧接"殿下郎中夹陛",简文"趋"之下是"下就位,少府、中郎进"。"下就位"可能指赞礼的官员在殿上传言"趋",然后下殿就位。"少府、中郎进"则指少府和中郎首先进入殿下。少府先进,可能是要安排或检查有关事务。中郎先进,应是在殿下持兵夹陛。如果是这样,便意味着殿下夹陛者由"郎中"变为"中郎"了。

《汉书》卷六五《东方朔传》:武帝姑窦太主寡居而近幸董偃,"上为窦太主置酒宣室,使谒者引内董君。是时,朔陛戟殿下,辟戟而前曰:'董偃有斩罪三,安得入乎!'……上默然不应,良久曰:'吾业已设饮,后而自改。'朔曰:'不可。夫宣室者,先帝之正处也,非法度之政不得入焉……'上曰:'善。'有诏止,更置酒北宫。"[1]案其上文,东方朔当时"为中郎"。这是中郎陛戟的实例。此例还表明,中郎在殿下陛戟,可听到殿上谈话,并可发表意见。《汉书》卷五〇《汲黯传》:"臣愿为中郎,出入禁闼,补过拾遗。"[2]可见"补过拾遗"是中郎的一项职责。《史记》卷一〇二《冯唐列传》:"为中郎署长,[3]事文帝。文帝辇过,问唐。"唐应答失礼,"上怒,起入禁中。良久,召唐让曰:'公奈何众辱我,独无闲处乎?'"[4]观此例,中郎署应在禁门外,金马、长秋门内。同书卷一〇一《袁盎列传》载:文帝"每朝,郎官上书疏,未尝不止辇受其言"。[5]文帝乘辇上"朝",应是由温室省至承明殿或前殿,能在途中向文帝"上书疏"的郎官应是中郎。这也是中郎"补过拾

---

[1]《汉书》,第 2852、2856 页。
[2] 同上书,第 2321 页。
[3]"中郎署",《汉书》卷五〇《冯唐传》作"郎中署"。从上下文看,当以《史记》为是。
[4]《史记》,第 2757 页。
[5] 同上书,第 2741 页。

遗"的一种方式。《汉书》卷六四《贾捐之传》:"待诏金马门……数召见,言多纳用。"班固称其"出入禁门招权利"。[1]在金马门内供职的官员有较多机会奉召出入禁门。中郎亦然,上引《冯唐传》说文帝"入禁中"后"召唐",就是将其召入禁中。汲黯称"愿为中郎,出入禁闼",正是基于这一制度。

《汉书》卷二《惠帝纪》载惠帝即位恩诏有郎官赐爵之文:

> 中郎郎中满六岁爵三级,四岁二级,外郎满六岁二级。中郎不满一岁一级,外郎不满二岁赐钱万。宦官尚食比郎中,谒者、执盾、执戟、武士、驺比外郎。[2]

这段文字常被引用,但疑点甚多,显然存在缺失和错乱之处。[3]案其下文,有"上造以上及内外公孙耳孙有罪当刑及当为城旦舂者,皆耐为鬼薪白粲"一句。此句又见于张家山247号汉墓出土的《二年律令·具律》,其文为:"上造、上造妻以上,及内公孙、外公孙、内公耳玄孙有罪,其当刑及当为城旦舂者,耐以为鬼薪白粲。"[4]两

---

[1]《汉书》,第2830、2835、2838页。
[2] 同上书,第85页。
[3] 先言"中郎郎中"赐爵待遇相同,"外郎"低一等;后言"中郎不满一岁一级,外郎不满二岁赐钱万",未及郎中;最后言宦官尚食"比郎中",谒者等"比外郎",又不及中郎。"中郎不满一岁一级,外郎不满二岁赐钱万"尤为费解。照此规定,中郎不满四岁满一岁、外郎不满六岁满二岁者皆无着落。张晏意识到这一问题,故曰:"不满一岁,谓不满四岁之一岁,作郎三岁也。不满二岁,谓不满六岁之二岁,作郎四岁也。"颜师古认为:"此说非也,直谓作郎未经一岁二岁耳。"(《汉书》第86页)张晏的解释固然迂曲,且不能完全排除矛盾。师古否认疑点的存在,还不如张晏。王先谦《补注》引刘颁曰:"中郎二岁乃当一级,今不满一岁亦一级,恩优之也。又散郎三岁当赐一级,今断不满二岁赐钱万,则满二岁亦赐一级矣。"(《汉书补注》第60页上栏)所谓"中郎二岁乃当一级"和"散郎三岁当赐一级"都是刘颁推算出来的,且仍不能弥缝中郎满二岁和满一岁皆赐一级、外郎满三岁和满二岁皆赐一级的矛盾,"恩优"之说也不免牵强。
[4]《张家山汉墓竹简〔二四七号墓〕》(释文修订本),北京,文物出版社,2006年,第20页。

相对照，《汉书》之文简略且有失准确。据此推测，上引赐爵之文恐亦非照抄诏书原文，而是有所省略。若依逻辑补足省略和缺失的信息（用圆括号）、删去错乱之文（用方括号），诏书原文应是："中郎郎中满六岁爵三级，四岁二级，（一岁一级）。外郎满六岁二级，（二岁一级）中郎（郎中）不满一岁［一级］，外郎不满二岁赐钱万。宦官尚食比（中郎）郎中。谒者、执盾、执戟、武士、驺比外郎。"

由此看来，惠帝时"中郎"和"郎中"的地位待遇大致相等。而在《汉书·百官公卿表》中，中郎"秩比六百石"，郎中"比三百石"，中郎有"五官、左、右三将，秩皆比二千石"，郎中有"车、户、骑三将，秩皆比千石"，[1]中郎和郎中有了不同的秩级，且分属郎中将和中郎将。这一变化应是文景以后出现的。《百官公卿表》称"郎掌守门户，出充车骑"，系指郎中而言，中郎的职掌则未明确交代。《惠帝纪》注引苏林曰："中郎，省中郎也。"[2]王先谦《补注》引姚鼐曰："此中郎乃天子禁中亲近之人，其所任乃景武以后侍中、中常侍之职。"先谦曰："中郎、侍郎，亲近天子之官，郎中较疏……苏说中郎为省中郎，其说是矣。"[3]今案：史籍中未见西汉中郎值宿"省中"的例证，苏说无据。姚鼐、先谦之说由苏说而来，当然也不可信。但中郎"亲近"而郎中"较疏"的判断是正确的。中郎在禁门外值宿，除"陛戟殿下""补过拾遗"外，可能还负责金马、长秋等门内的宿卫。《汉书》卷九九《王莽传下》载：大司马董忠谋反，被宦官格杀于省户下，"省中相惊，传勒兵至，郎署皆拔刃张弩。"[4]消息从省户传开，必先惊动附近的中郎

---

[1]《汉书》，第727页。
[2] 同上书，第86页。
[3] 王先谦：《汉书补注》，第60页上栏。
[4]《汉书》，第4185页。中华书局本将这段文字点作"省中相惊传，勒兵至郎署，皆拔刃张弩"，文意费解。案其上文："莽遣使者分召忠等。时忠方讲民都肆，护军王咸谓忠谋久不发，恐漏泄，不如遂斩使者，勒兵入，忠不听。"据此，"传勒兵至"应是误传大司马董忠勒兵至，故"郎署皆拔刃张弩"，准备护驾。

署，故首先做出反应的应是中郎。

西汉皇帝在殿上处理政务时，尚书、侍御史、谒者等官员常在左右。《汉书》卷六八《霍光传》：左将军上官桀与桑弘羊、燕王旦等诈令人上书，诬告霍光谋反，"书奏，帝不肯下。明旦……光入，免冠顿首谢。上曰：'将军冠。朕知是书诈也，将军无罪。'……是时帝年十四，尚书左右皆惊。"[1]同书卷六七《朱云传》：云"上书求见"，于殿上当众弹劾丞相张禹，成帝大怒，"御史将云下"，云大呼抗争，"攀殿槛，槛折"。[2]同书卷九九《王莽传上》：莽拜宰衡后，仿照皇帝待遇，"出，从大车前后各十乘，值事尚书郎、侍御史、谒者、中黄门、期门羽林"皆从。[3]由出行的排场可推想殿上之情形。尚书、侍御史、谒者既须侍于殿上，其所属机构必在附近。参照当时长官在内院办公、僚属在外院理事之通例，尚书、侍御史、谒者等机构应在承明殿之"廷中"。

《初学记》卷一一《尚书令》引《汉官》云："秦代少府遣吏四人在殿中主发书，故号尚书……汉因秦置之。"[4]西汉尚书肯定也在"殿中"，具体在殿中何处，史无明文。《汉书》卷九九《王莽传上》：平帝选后，"庶民、诸生、郎吏以上守阙上书者日千余人，公卿大夫或诣廷中，或伏省户下"，要求立王莽之女为皇后。[5]"守阙"者显然是不能入宫的人，只能通过公车递交章疏。"伏省户下"者则是有资格奉召进入省中的官员，希望直接向平帝表达意见。而"诣廷中"者应当是那些可入殿中但不能进入省中的官员。他们"诣廷中"，是想通过尚书向平帝转达意见。

西汉制度，上报皇帝的文书应先由尚书接收并处理，然后上

---

[1]《汉书》，第2935、2936页。
[2] 同上书，第2915页。
[3] 同上书，第4068页。
[4]《初学记》，北京，中华书局，1962年，第258页。
[5]《汉书》，第4051、4052页。

奏。《汉书》卷九九《王莽传上》：哀帝即位，莽"移病求退"，哀帝下诏挽留，称"已诏尚书待君奏事"。[1]一般情况下，尚书向皇帝奏事，若有大臣辅政，则经其审阅后上奏。尚书因此而有"枢机"之称。如张安世以大司马车骑将军领尚书事，史称"职典枢机"；[2]孔光先后任尚书、尚书仆射、尚书令、领尚书事，史称"凡典枢机十余年"。[3]除接收和处理文书外，尚书还常常代表皇帝直接与官员对话。如成帝曾"数使尚书责问丞相"；[4]哀帝益封董贤户邑，丞相王嘉"封还诏书"，哀帝"发怒，召嘉诣尚书，责问"，令嘉"对状"。[5]丞相朱博、御史大夫赵玄奉傅太后旨弹劾傅喜，哀帝"疑博、玄承指，即召玄诣尚书问状，玄辞服"。[6]大臣通过尚书奏事，尚书还有责任核实其内容。如博士夏侯常私下对光禄大夫龚胜说，"高陵有子杀母者"。"胜白之。尚书问：'谁受？'对曰：'受夏侯常。'尚书使胜问常。常连恨胜，即应曰：'闻之白衣，戒君勿言也。奏事不详，妄作触罪。'胜穷，亡以对尚书。"[7]梅福曾建议"民有上书求见者，辄使诣尚书问其所言"，[8]正是希望扩展尚书的这一功能，进一步广开言路。霍光死后，霍氏子弟仍然控制着尚书。宣帝为了扩大自己的权力，"令吏民得奏封事，不关尚书，群臣进见独往来"。[9]这表明，在正常情况下，吏民奏事、群臣进见皆须经过尚书。在这一制度背景下，《王莽传》所言部分官员"诣廷中"，应是至廷中"诣尚书"。

---

[1]《汉书》，第4042页。
[2] 同上书，卷五九《张汤传附张安世传》，第2649页。
[3] 同上书，卷八一《孔光传》，第3353页。
[4] 同上书，卷七〇《陈汤传》，第3027页。
[5] 同上书，卷八六《王嘉传》，第3500页。
[6] 同上书，卷八三《朱博传》，第3407页。
[7] 同上书，卷七二《龚胜传》，第3082页。
[8] 同上书，卷六七《梅福传》，第2920页。
[9] 同上书，卷六八《霍光传》，第2951页。

《汉书》卷一九《百官公卿表上》：御史中丞"在殿中兰台，掌图籍秘书，外督部刺史，内领侍御史，员十五人，受公卿奏事，举劾按章"。[1]按照这种说法，兰台既是收藏图籍秘书之处，也是御史中丞和侍御史们的办公场所。但《初学记》卷一二《职官部》"兰台"条引《汉官仪》曰："御史中丞二人，本御史大夫之丞，其一别在殿中，兼典兰台秘书，外督部刺使，内领侍御史，受公卿章奏，纠察百僚。"[2]"御史中丞二人"衍"中"字，应删。这条材料值得注意的是"兼典兰台秘书"之说。根据这种说法，兰台并非御史中丞的办公场所，而是由御史中丞"兼典"的收藏"图籍秘书"之处。从具体史实看，"掌图籍秘书"确实不是御史中丞的主要职责，因而《汉官仪》的说法更符合事实。侍御史的日常工作应是"受公卿奏事，举劾按章"。这一职掌与尚书相关，故其办公场所当去尚书不远，也应在"廷中"。

《汉书》卷三〇《艺文志》如淳注引刘歆《七略》曰："外则有太常、太史、博士之藏，内则有延阁、广内、秘室之府。"[3]刘歆所谓"延阁""广内""秘室"于汉代文献无考。观其语气，"外""内"应指宫外、宫内。宫外藏书由太常、太史、博士掌管，而太史、博士皆属太常，宫内藏书则未言由谁掌管。《汉书》卷六八《霍光传》载：霍山"坐写秘书"，光夫人显"为上书献城西地，入马千匹，以赎山罪"。[4]同书卷一九《百官公卿表下》昭帝元凤四年（前77年）："蒲侯苏昌为太常，十一年坐籍霍山书泄秘书免。"师古曰："以秘书借霍山。"[5]此事具体情形应是，霍山从太常苏昌处借得"秘书"并私自抄写，致使泄露外传，二人因此获

---

[1]《汉书》，第725页。
[2]《初学记》，第291页。
[3]《汉书》，第1702页。
[4]同上书，第2956页。
[5]同上书，第796、797页。

罪。由此看来,"秘书"亦归太常掌管。《史记》卷一三〇《太史公自序》:"迁为太史令,䌷史记石室金匮之书。"《索隐》案:"石室、金匮皆国家藏书之处。"又引小颜云:"䌷谓缀集之也。"[1]《初学记》卷一二《职官部》"兰台"条引环济《要略》曰:"御史中丞有石室,以藏秘书图谶之属。"[2]《通志·职官略四》"中丞"条:"中丞在殿中兰台,有石室以藏秘书图谶之属。"[3] 环济乃晋人,其说之来源已无从查考。郑樵之说显然来自环济。但兰台"有石室"是完全可能的。太史令乃太常属官,司马迁能大量利用兰台藏书,当与此有关。

《史记》卷七〇《张仪列传》:张仪建议秦武王"出兵函谷而毋伐,以临周,祭器必出,挟天子,按图籍,此王业也。"[4] 同书卷五三《萧相国世家》:"沛公至咸阳,诸将皆争走金帛财物之府分之,何独先入收秦丞相、御史律令图书藏之……汉王所以具知天下厄塞、户口多少、强弱之处、民所疾苦者,以何具得秦图书也。"[5]《汉书》卷一《高帝纪上》载此事,作"萧何尽收秦丞相府图籍文书"。[6] 是秦汉人所谓"图籍""图籍文书""图书"等概念,都可指国家收藏的律令、户籍、舆图、诏令、章奏等。"秘书"则指宫中所藏,有更高的保密等级。秦之图籍在汉初有重要实用价值,最初应藏丞相府。今本《三辅黄图》曰:"石渠阁,萧何造,其下砻石为渠以导水,若今御沟,因为阁名。所藏入关所得秦之图籍,至于成帝,又于此藏秘书焉。"[7] 石渠阁曾藏萧何所得秦朝图籍之说,不见于《史记》《汉书》,不知是否可信。可以肯定的是,西汉此类

---

[1]《史记》,第3296页。
[2]《初学记》,第291页。
[3]《通志二十略》,王树民点校,北京,中华书局,1995年,第1070页。
[4]《史记》,第2299页。
[5] 同上书,第2014页。
[6]《汉书》,第23页。
[7] 何清谷:《三辅黄图校释》,第339页。

文书是藏于兰台的。

成帝时,"齐人甘忠可诈造《天官历包元太平经》十二卷",传于弟子夏贺良等。哀帝时,有大臣"白贺良等所挟忠可书",参照上引龚胜之例,应是通过尚书向皇帝推荐此书。哀帝召贺良等待诏黄门,并听信其言,"改元易号"。[1]这场闹剧不久即宣告失败,但"甘忠可、夏贺良谶书在兰台",[2]王莽还曾加以利用。由此可知,凡经尚书奏上皇帝的重要文书,都会由兰台保存以备查。元帝晚年欲改换太子,"数问尚书以景帝时立胶东王故事"。[3]当时去景帝已百余年,尚书必定要查阅相关诏令文书。《汉书》卷八一《孔光传》:"光以高第为尚书,观故事品式,数岁明习汉制及法令。"[4]可见,作为尚书,"观故事品式"是经常性的工作。关于西汉尚书之职掌,《汉书》卷一九《百官公卿表上》只有"成帝建始四年……初置尚书员五人,有四丞"一句,[5]语焉不详。《续汉书·百官志三》尚书条本注曰:"成帝初置尚书四人,分为四曹。"其下详载四曹分工。[6]《初学记》卷一一《尚书令》"通掌图书"条引司马彪《续汉书》曰:"成帝建始四年,罢中书官,初置尚书员五人,[7]一人为仆射,分为四曹,通掌图书秘记章奏,各有曹任。"其下详载四曹之分工。[8]《初学记》所引《续汉书》之文比《续汉志》更详,且多"通掌图书秘记章奏"一句。《晋书·职官志》《通典》《太平御览》等书所载皆与《初学记》同。据此,西汉尚书有"通掌图书

---

[1]《汉书》卷七五《李寻传》,第3192页。
[2] 同上书,卷九九上《王莽传上》,第4094页。
[3] 同上书,卷八二《史丹传》,第3377页。
[4] 同上书,第3353页。
[5] 同上书,第732页。
[6]《后汉书》,第3597页。
[7] 据此,尚书员额由四人增至五人,似在成帝时。但《汉书》卷三六《楚元王传》载:元帝时,宦官石显"干尚书事,尚书五人皆其党也"。(第1948页)则元帝时,尚书已有五人。
[8]《初学记》,第259、260页。

秘记"之职。此尚书"通掌"之"图书秘记"与御史中丞"兼典"之"图籍秘书"应是一码事，即兰台所藏。因此，西汉殿中之兰台应去尚书和御史不远。

张衡《西京赋》："内有常侍、谒者，奉命当御。外有兰台、金马，递宿迭居。次有天禄、石渠，校文之处。重以虎威章沟严更之署，徼道外周，千庐内附，卫尉八屯，警夜巡昼。"[1]这段描述是由内而外展开的。常侍、谒者是皇帝侍臣，常在承明殿上侍帷幄，故曰"内"。[2]兰台、金马相对于常侍、谒者而称"外"，可知去承明殿不远。天禄、石渠都在殿门之内，[3]故曰"次"。"虎威章沟"以下则指殿门外、司马门内的警卫设施。兰台、金马连称，可见兰台在金马门内。班固《西都赋》也有类似的描述："左右庭中，朝堂百寮之位……又有天禄、石渠，典籍之府……又有承明、金马，著作之廷……周以钩陈之位，卫以严更之署。"[4]《西京赋》"兰台、金马"，《西都赋》作"承明、金马"，可见兰台与承明关系密切，位置应在承明殿附近。

未央宫"殿中"机构和设施

殿中服务区	光禄勋、少府、太仆
	郎中三将、郎中
	石渠阁、天禄阁
	殿中官员宿庐

---

[1]《宋刊明州本六臣注文选》，第41页上栏。
[2] 薛综曰："常侍阉官，谒者寺人也。"案《汉书》卷一九《百官公卿表上》：中常侍为加官，"所加或列侯、将军、卿大夫、将、都尉、尚书、太医、太官令至郎中"，显然不是阉官；少府所属宦官有中书谒者或中谒者，而谒者为光禄勋属官，显然也不是寺人。薛综说误。
[3] 据《汉长安城未央宫——1980—1989年考古发掘报告》，"天禄阁遗址在北宫墙以南60米，其与未央宫前殿遗址南北相对，二者间距730米，石渠阁遗址"东距天禄阁遗址520米，北距未央宫北宫墙60米"（第17、18页），皆在"殿中"区域最北侧。
[4]《宋刊明州本六臣注文选》，第27页上栏。

续表

殿中办公区	承明殿、玉堂殿、高门殿
	宦者署、兰台、朝堂
	尚书、侍中、侍御史、谒者
	黄门侍郎、太中大夫、中（光禄）大夫、谏大夫
	三中郎将、中郎

三 所谓"中朝"

"中朝"概念不见于《史记》，而屡见于《汉书》。如《汉书》卷七三《韦贤传》：元帝"诏中朝臣具复毁庙之文"。[1]卷八四《翟方进传》：司隶校尉弹劾丞相，"愿下中朝特进列侯、将军以下，正国法度"。[2]同样概念，有时称作"内朝"。如《翟方进传》："诏举方正直言之士"，陈咸"对策，拜为光禄大夫、给事中"。方进奏："咸前为九卿，坐为贪邪免……不当蒙方正举，备内朝臣。"[3]"中朝"也在"殿中"，是西汉中后期颇为重要的一项制度，但史家未留下明确记载，后世学者也存在一些误解。现基于上文对"殿中"的认识，再对"中朝"问题略做考证如下。

《汉书》卷七七《刘辅传》："中朝左将军辛庆忌、光禄勋师丹、太中大夫谷永俱上书。"注引孟康曰："中朝，内朝也。大司马、左右前后将军、侍中、常侍、散骑、诸吏为中朝。丞相以下至六百石为外朝也。"[4]王先谦《补注》引刘奉世曰："案文，则丹、永皆中朝臣也。盖时为给事中、侍中、诸吏之类。"[5]钱大昕《三史拾遗》卷三"刘辅传"条对孟康此注做了进一步考证：

---

[1]《汉书》，第3123页。
[2] 同上书，第3413页。
[3] 同上书，第3419页。
[4] 同上书，第3253页。
[5] 王先谦：《汉书补注》，第1405页。

《汉书》称中朝官，或称中朝者，或称朝者，其文非一，唯孟康此注最为分明。《萧望之传》："诏遣中朝大司马车骑将军韩增、诸吏富平侯张延寿、光禄勋杨恽、太仆戴长乐问望之计策。"《王嘉传》："事下将军中朝者。光禄大夫孔光、左将军公孙禄、右将军王安、光禄勋马宫、光禄大夫龚胜……"《龚胜传》又有司隶鲍宣。光禄大夫非内朝官，而孔光、龚胜得与议者，加给事中故也，此《传》太中大夫谷永亦以给事中故得与朝者之列，则给事中亦中朝官。孟康所举不无遗漏矣。光禄勋掌宫殿掖门户，在九卿中最为亲近。昭、宣以后，张安世、萧望之、冯奉世、辛庆忌皆以列将军兼领光禄勋。而杨恽为光禄勋，亦加诸吏，故其与孙会宗书自称"与闻政事"也。然中外朝之分，汉初盖未之有。武帝始以严助、主父偃辈入直承明，与参谋议，而其秩尚卑。卫青、霍去病虽贵幸，亦未干丞相、御史职事。至昭、宣之世，大将军权兼中外，又置前、后、左、右将军，在内朝预闻政事，而由庶僚加侍中、给事者，俱自托为腹心之臣矣。[1]

综合上述说法，所谓"中朝"和"外朝"是由不同职位组成的，"外朝"包括"丞相以下至六百石"，"中朝"包括大司马、前后左右将军以及光禄勋、光禄大夫、太中大夫、司隶校尉、列侯等有侍中、中常侍、散骑、诸吏、给事中等加官者。学人论及"中朝"，皆以此认识为前提。然而这一认识并不准确。

今案《汉书》无"外朝"一词。孟康乃曹魏时人，其"外朝"概念应来自当时流行的礼书及汉儒之说。《周礼·小司寇·朝士》："掌建邦外朝之法。"郑玄注引郑司农云："王有五门，外曰皋门，二曰雉门，三曰库门，四曰应门，五曰路门……外朝在路门外。"

---

[1]《嘉定钱大昕全集》，南京，江苏古籍出版社，1998年，第4册，第84、85页。

郑玄则提出，五门顺序应是皋、库、雉、应、路，"然则外朝在库门之外，皋门之内与？今司徒府有天子以下大会殿，亦古之外朝哉？"[1]同书《地官·槁人》："掌共外、内朝冗食者之食。"郑玄注："外朝，司寇断狱弊讼之朝也。今司徒府中有百官朝会之殿，云天子与丞相旧决大事焉。是外朝之存者与？"[2]是《周礼》及汉儒所谓"外朝"皆指场所，而非官职。《汉书》卷八九《循吏黄霸传》载：宣帝时，霸为丞相，"与中二千石、博士杂问郡国上计长吏守丞"，令为条教者"先上殿"。当时"有鹖雀飞止丞相府屋上"，霸误以为"皇天报下神雀"，遭在场"郡国吏"耻笑。[3]此"殿"当即郑玄所谓"百官朝会之殿"。郑玄认为，两汉丞相府和司徒府中的"百官朝会之殿"，可能是"古之外朝"或"外朝之存者"。可见在郑玄的意识中，两汉的"百官朝会之殿"并无"外朝"之称，只是性质与"古之外朝"相似，因而可能是后者之遗存。郑玄既不知西汉有"外朝"，孟康之说恐系杜撰，是用儒生心目中的西周之制进一步比附西汉之制的产物，同时又根据《汉书》中的"中朝臣""内朝臣"等概念，将"中朝"和"外朝"指实为各种具体"官职"。

《礼记·玉藻》："朝服以日视朝于内朝……君日出而视之，退适路寝听政。"郑玄注："此内朝，路寝门外之正朝也。"[4]《周礼·夏官·司士》："王入，内朝皆退。"郑玄注："王入，入路门也。王入路门，内朝朝者皆反其官府治处也。"贾公彦疏："王视朝讫，王入路门于路寝听事，其群臣等各退向治事之处。"[5]是礼书所

---

[1]《十三经注疏》，第3册，第532页下栏。
[2] 同上书，第3册，第254页上栏。
[3]《汉书》，第3632页。颜师古释此丞相府中之"殿"曰："丞相所坐屋也。古者屋之高严，通呼为殿，不必宫中也。"不过，非皇家和诸侯王建筑而称"殿"的例子在《汉书》中仅此一见。颜氏的证据不够坚强。
[4]《十三经注疏》，第5册，第545页下栏。
[5] 同上书，第3册，第471页下栏。

谓"内朝"亦为场所，指路门外天子视朝处。西汉之"中朝"，本意应仍是场所，因为"中朝臣"的主要职责是奉诏集体议事。如《汉书》卷六六《杨恽传》："中书谒者令宣持单于使者语，视诸将军、中朝二千石。"[1]卷七八《萧望之传》："五凤中匈奴大乱……诏遣中朝大司马车骑将军韩增、诸吏富平侯张延寿、光禄勋杨恽、太仆戴长乐问望之计策。"[2]卷八六《王嘉传》：哀帝怒丞相王嘉，"事下将军中朝者。光禄大夫孔光、左将军公孙禄、右将军王安、光禄勋马宫、光禄大夫龚胜劾嘉迷国罔上不道，请与廷尉杂治"。[3]卷八六《师丹传》："丹使吏书奏，吏私写其草。丁、傅子弟闻之，使人上书告丹上封事行道人遍持其书。上以问将军中朝臣，皆对曰：'……宜下廷尉治。'"[4]礼家所谓"路门"外的"内朝"，相当于承明殿前外院之"廷中"，而"中朝臣"议事的场所正是"廷中"。《汉书》卷六八《霍光传》：霍光废黜刘贺后，"坐庭（庭同廷）中，会丞相以下议定所立"。[5]同书卷七五《夏侯胜传》：宣帝令群臣议武帝庙乐，"于是群臣大议廷中。"[6]班固《西都赋》描述未央宫，有"左右廷中，朝堂百僚之位，萧曹魏邴，谋谟乎其上"之文。[7]是"廷中"有"朝堂"。《汉书》卷一〇《成帝纪》：建始元年六月"有青蝇无万数，集未央宫殿中朝者座。"注引服虔曰："公卿以下朝会座也。"又引晋灼曰："内朝臣之朝座也。"师古曰："朝臣座之在宫殿中者也。"[8]笔者认为，此"朝者座"应是承明殿廷中朝堂内群臣的座位。所谓"议廷中"就是在廷中朝堂内议事，所谓

---

[1]《汉书》，第2891页。
[2] 同上书，第3279页。
[3] 同上书，第3500、3501页。
[4] 同上书，第3506、3507页。
[5] 同上书，第2947页。
[6] 同上书，第3156页。
[7] 胡克家刻本《文选》，第26页上栏。
[8]《汉书》，第304页。

"中朝臣"则是有资格参与廷中议事的殿中官员。

西汉"中朝臣"最重要的成员是将军,包括大将军、车骑将军、卫将军和前、后、左、右将军。《汉书》卷一九上《百官公卿表上》:"前、后、左、右将军,皆周末官,秦因之,位上卿,金印紫绶。汉不常置,或有前、后,或有左、右,皆掌兵及四夷。"[1]案史传所载,诸将军确有"掌兵"者。《史记》卷一〇《孝文本纪》:文帝即位,"拜宋昌为卫将军,镇抚南北军。"除此之外,卫将军还有自己的军队。二年(前178)十一月,文帝为表示"务省繇费以便民",诏"罢卫将军军"。此"军"当然不是南北军,而是卫将军属下的军队。三年六月,文帝"发中尉材官属卫将军,军长安",[2]又恢复了"卫将军军"。《汉书》卷六〇《杜周传附杜钦传》:"大将军王凤……奏请钦为大将军军武库令。"[3]是大将军亦有"军",且有自己的武库。同书卷六八《霍光传》:宣帝"更以(霍)禹为大司马,冠小冠,无印绶,罢其右将军屯兵官属"。[4]是霍禹所任右将军有"屯兵"。同书卷五九《张汤传附张安世传》:"拜为大司马车骑将军,领尚书事。数月,罢车骑将军屯兵,更为卫将军,两宫卫尉、城门、北军兵属焉。"[5]是张安世任车骑将军时有"屯兵",改任卫将军后统领两宫卫尉、城门、北军兵,但无"屯兵"。故以上二事在《汉书》卷八《宣帝纪》中作:"罢车骑将军、右将军屯兵。"[6]同书卷九八《元后传》:王音由御史大夫晋升大司马车骑将军,成帝诏称其"前为御史大夫,以外亲宜典兵马,入为将军"。[7]卷七一《彭宣传》:哀帝策免左将军彭宣,理由是宣乃诸侯国人,

---

[1]《汉书》,第726页。
[2]《史记》,第417、422、425页。
[3]《汉书》,第2667页。
[4]同上书,第2952页。
[5]同上书,第2648页。
[6]同上书,卷八《宣帝纪》,第249页。
[7]同上书,第4025页。

"不宜典兵马"。[1] 所谓"典兵马"可能是统领卫士、北军等，也可能是自有"屯兵"。

西汉大司马及诸将军似皆须宿值殿中。前述大司马大将军霍光宿值殿中，休沐乃出，就是一例。又《汉书》卷八二《傅喜传》："哀帝初即位，以喜为卫尉，迁右将军"，有大臣上书，称其为"内辅之臣"；后为大司马，因得罪傅太后被免，策免诏称其"辅政出入三年"。[2] 案同书卷一九《百官公卿表下》，傅喜为右将军在成帝绥和二年（前7年），十一月免，拜侍中、光禄大夫，哀帝建平元年四月拜大司马，次年（前5年）二月免。[3] 是其"辅政出入三年"包括任右将军期间。即曰"辅政出入"，必然在殿中办公。东汉王隆《汉官解诂》曰："前、后、左、右将军，宣元以后，虽不出征，犹有其官。"[4]《汉书》卷八一《孔光传》："右将军（廉）褒、后将军（朱）博……免为庶人。以光为左将军，居右将军官职。执金吾王咸为右将军，居后将军官职。罢后将军官。"[5] 是宣元以后，诸将军不仅常设且有固定职掌，除"典兵马"外，还像傅喜那样在殿中办公，并参与中朝议政，故有"内辅"之称。

"中朝臣"中与诸将军情况相近的是光禄勋和太仆。前引《汉书》卷七七《刘辅传》有"中朝……光禄勋师丹"，卷七八《萧望之传》有"中朝光禄勋杨恽、太仆戴长乐"，卷八六《王嘉传》有"中朝……光禄勋马宫"。按《百官公卿表下》：师丹永始三年由少府迁光禄勋，无加官；杨恽神爵元年为诸吏、光禄勋，有加官；戴长乐神爵元年为太仆，无加官；马宫元寿元年为光禄勋，无加

---

[1]《汉书》，第3052页。
[2] 同上书，第3380、3381页。
[3] 同上书，第843—845页。
[4] 孙星衍等辑：《汉官六种》，第12页。
[5]《汉书》，第3356页。

官。[1]这表明光禄勋、太仆亦无须加官便可参与中朝议政。其原因当在于光禄勋、太仆同诸将军一样,亦在殿中办公。

"中朝臣"中还有大夫和博士。《汉书》卷七七《刘辅传》有"中朝……太中大夫谷永",卷八六《王嘉传》有"中朝……光禄大夫孔光……光禄大夫龚胜",卷八六《师丹传》有"中朝……给事中博士申咸、炔钦"。大夫是光禄勋属官,博士是太常属官。《百官公卿表上》郎中令条:"大夫掌论议……多至数十人。"奉常条:"博士,秦官,掌通古今……员多至数十人。"[2]大夫、博士都有数十人,但"中朝臣"似乎只有十余人。《汉书》卷七二《龚胜传》:"丞相王嘉上书荐故廷尉梁相等,尚书劾奏嘉'言事恣意,迷国罔上,不道'。下将军中朝者议。左将军公孙禄、司隶鲍宣、光禄大夫孔光等十四人皆以为嘉应迷国不道法。胜独书议曰……"[3]赞成者十四人,反对者一人,参与此次中朝议的共十五人。这意味着并非所有大夫、博士都是中朝臣。上引《师丹传》中博士申咸、炔钦有"给事中"加官。这提示我们,加"给事中"是中朝臣的重要标志。案《汉书》卷八五《谷永传》:"为太中大夫,迁光禄大夫,给事中。元延元年(前12年),为北地太守。"临行上书,自称"幸得给事中,出入三年"。[4]考谷永在永始二年(前15年)二月王商执政后迁梁州刺史,"明年"即永始三年为太中大夫,至元延元年迁北地太守,正好三年。此证,谷永任太中大夫和光禄大夫期间皆加"给事中"。同书卷八一《孔光传》:"迁诸吏光禄大夫,秩中二千石,给事中,领尚书事"。[5]卷七二《龚胜传》:"徙光禄大夫,守右扶风。数月,上知胜非拨烦吏,乃复还胜光禄大夫、诸吏、给

---

[1] 《汉书》,第836、807、848页。
[2] 同上书,第726、727页。
[3] 同上书,第3081页。
[4] 同上书,第3465、3466页。
[5] 同上书,第3353页。

事中。"[1]是孔光、龚胜任光禄大夫时亦加"给事中"。据《龚胜传》，博士夏侯常曾在中朝议政时与龚胜发生争执，而夏侯常亦"得给事中，与论议"。[2]《百官公卿表上》："给事中亦加官，所加或大夫、博士、议郎，掌顾问应对。"[3]结合上引史料可知，大夫、博士等加"给事中"方得"与论议"，参与中朝议事。

以上所述表明，"中朝臣"主要由诸将军、光禄勋、太仆及大夫、博士加给事中者组成。但也有例外。如《龚胜传》有"中朝……司隶鲍宣"，《萧望之传》有"中朝……诸吏富平侯张延寿"。鲍宣所任司隶"属大司空，比司直"。富平侯张延寿有"诸吏"加官，但"诸吏得举法"，[4]职掌与"给事中"不同。这两个例子表明，"中朝臣"并不限于上述范围。又《王嘉传》载："将军中朝者"讨论了对王嘉的弹劾后，"请谒者召嘉诣廷尉诏狱"，哀帝制曰："票骑将军、御史大夫、中二千石、二千石、诸大夫、博士、议郎议。"于是，"卫尉云等五十人""议郎龚等""永信少府猛等十人"分别提出三种意见。[5]这次会议的参加者至少有六十余人，而中朝臣孔光等十五人已经表达了意见，肯定不在其中。因此，参加这次会议的"大夫、博士"应是孔光、龚胜、夏侯常之外的非中朝者。哀帝制中提到的"票骑将军"，也没有出现在之前的中朝议中。据《百官公卿表下》《外戚传下》《孔光传》，外戚丁明此时"为大司马票骑将军辅政"，但哀帝"不甚假以权势"，[6]实际"领尚书事"、主持中朝议事的是孔光。所以丁明虽为票骑将军，却非中

---

[1]《汉书》，第3081页。
[2] 同上书，第3082页。
[3] 同上书，第739页。
[4] 同上书，卷一九上《百官公卿表上》，第737、739页。
[5] 同上书，第3500、3501页。
[6] 同上书，第4002页。

朝臣。这个例子又表明诸将军也不是天然的中朝臣。看来，西汉的"中朝臣"虽有一定范围，但并不是由某些固定的职务组成的，而是另有任命机制，很可能是由皇帝根据需要指定的。

原载《文史》2016年第2辑

上篇小结

西汉的未央宫位于长安城西南部，外有"宫墙"，内有"殿墙"，整体呈"回"形。宫墙四面共有七座门，东、北、西三面各两座，南面一座。宫墙的门称"宫门"，由卫尉属下的宫门司马负责守卫，故又称"司马门"。其中"北司马门"和"东司马门"最重要。北司马门是未央宫正门，又称"大司马门"，门外有双阙，门内有负责接收文书奏章的公车机构，故又称"北阙""公车门"。大臣出入未央宫，主要经由此门。东司马门外亦有双阙，又称"东阙"。诸侯王入朝皆由此门。宫门之内称"宫中"，由卫尉统领的卫士负责守卫。卫尉寺及御史大夫寺、东织、西织等机构在其中。

殿墙之内称"殿中"，由"殿门"出入。殿门之正门称"端门"，西门称"白虎门"，东门名称失载，可能是"青龙门"或"苍龙门"。"小苑东门"和"小苑西门"也是"殿中"的门，应在东西两侧，具体位置不详。殿中南部有一高大台基，上有前殿、宣室殿，是举行朝会等重大礼仪活动的场所。殿中区域内又有"金马门"和"千秋门"，将该区域分为内外两部分。其内是皇帝和殿中官员的办公区，其外是生活服务区。办公区由光禄勋属下的中郎负责宿卫，承明、高门、玉堂等殿在其中。承明殿是皇帝日常办公理政的场所，其外院称"廷中"，设有尚书、侍中、谒者、侍御史、朝堂等机构。兰台可能在其附近。生活服务区由光禄勋属下的郎中负责宿卫，光禄寺、少府寺、太仆寺、石渠阁等机构及殿中官员的

"宿庐"在其中。

殿中办公区之后还有一个区域，称"省中"或"禁中"，是皇帝和后妃的生活区，门称"省户"或"禁门"。皇帝的主要寝殿温室殿及清凉、饰室等殿在其中。皇后的中宫及其他嫔妃所居掖庭在皇帝寝殿之后。禁中由宦官负责宿卫，其他事务也由宦官承担，士人进入受到严格限制。

未央宫是西汉帝国的权力中心。许多影响历史进程的重大政治事件发生在其中。明了未央宫的上述格局和制度，特别是"殿中"区域的存在及其与"禁中"的区别，对理解这些事件有一定帮助。

西汉前期，丞相权重，日常政务主要由丞相府处理。皇帝相对清闲，身边办事人员不多。诏令由侍御史起草，通过御史大夫发布。武帝即位后大事更张，内改制度，外讨四夷，皇帝直接过问和处理的事务大量增加。为应付这一局面，武帝以尚书为中心设置了"殿中"决策机构。尚书负责"出纳章奏"，大夫、侍中、左右曹、诸吏等殿中官员协助处理"尚书奏事"，出谋划策，参与大政。皇帝还可指定光禄勋、太仆、诸将军、大夫、博士等殿中官员若干人为"中朝臣"，在朝堂商议重大或疑难事务。皇帝在他们的协助下做出决策，通过尚书发布执行。

侍中原可同宦官一样居止禁中。武帝时，因侍中莽何罗夜入寝殿行刺，遂命侍中出外，和其他官员一样，有事可入，事毕即出。武帝晚年经常"游宴后庭"，侍中、尚书等殿中官员不便进入，遂以宦官为"中尚书"，简称"中书"，负责在"禁中"传递文书。武帝死后，霍光长期辅政，以"录尚书事"名义控制朝廷大权。霍光死后，霍氏子弟继续掌控尚书。宣帝为夺回朝政主导权，故意绕过尚书，通过中书宦官弘恭、石显在"禁中"处理政务。二人"明习法令故事"，受到宣帝信任，致使中书宦官的权力有所扩大。元帝即位后，重用萧望之、周堪等殿中官员主持改革。弘恭、石显极力阻挠，引起"禁中"宦官与"殿中"官员间的激烈党争。

成帝以后，"罢中书宦官"，外戚王氏、丁氏、傅氏先后以大司马"领尚书事"，控制朝权。王氏更是权倾朝野，先后五人出任大司马，其他"子弟皆卿、大夫、侍中、诸曹，分据势官满朝廷"。又拔擢安插宾客党羽，"郡国守相刺史皆出其门"。最后，王莽任大司马、领尚书事，迎合士大夫托古改制的强烈愿望，以周公自居，将元帝时发起的改制运动推向高潮，并在群臣百姓普遍拥戴下，代汉称帝。

中 篇

东汉的南北宫

东汉的南宫和北宫

读东汉史，常会遇到与宫城制度有关的问题，若不了解宫城制度，相关史实便模糊不清。而史籍中涉及东汉宫城制度的材料零散稀少，且有错讹混乱之处，不经细致梳理和深入考证便无法利用。近些年来，考古工作者对汉魏洛阳故城进行了一系列勘探发掘，[1]所得数据大多是魏晋以后的，但对东汉宫城的研究也提供了一些有用的信息。有学者将考古数据同传统文献史料结合起来，对东汉南北宫的形制问题进行研究，提出了许多有价值的意见，使我们的认识比以往清晰了许多。但遗留的问题仍然不少，史料中一些有价值的信息也待进一步发掘。笔者在前人基础上，更细致地梳理了相关史料，对南北两宫的形成和主从关系的变换，以及平城门、公车门、殿门等问题进行了考证，希望能对此项研究有所推进。

一 南北两宫的形成和改建

现存西汉史籍中未见洛阳北宫，而屡见洛阳"南宫"。如《史

---

[1] 洛阳之"洛"，东汉曾改为"雒"。《三国志》卷二《文帝纪》注引《魏略》曰："诏以汉火行也，火忌水，故'洛'去'水'而加'隹'。魏于行次为土，土，水之牡也，水得土而乃流，土得水而柔，故除'隹'加'水'，变'雒'为'洛'。"（北京，中华书局，1959年，第76页）但史家用字并不一致，班固《汉书》或作"洛"或作"雒"，范晔《后汉书》多作"洛"，司马彪《续汉志》多作"雒"。为避免混乱，本文引用史籍皆从原文，或作"洛"或作"雒"，行文则用"洛"字。

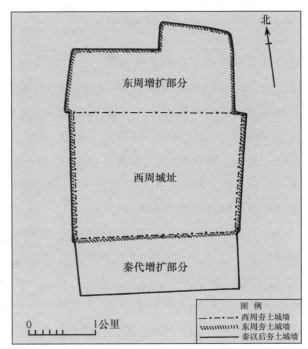

图一二　汉魏洛阳故城早期城址沿革示意图
《汉魏洛阳故城城垣试掘》，《考古学报》1998年第3期，第383页

记》卷八《高祖本纪》："高祖置酒雒阳南宫。"[1]《汉书》卷一下《高帝纪下》："上居南宫，从复道上见诸将往往耦语。"[2]同书卷九九下《王莽传下》："司徒王寻将十余万屯雒阳，填南宫。"[3]但"南宫"之称显然与"北宫"相对，故洛阳应亦有北宫。《史记正义》引《舆地志》云："秦时已有南北宫。"[4]盖秦代已然。据考古勘探发掘，汉代洛阳城"至少有三个规模不同、时代早晚有异的古城叠压在一起"。其中，时代最早的城址位于中部，"为西周时期所筑"；时代稍晚的城址位于中部和北部，"约为春秋晚期筑造"；时代最晚的城址"系沿用西周、东周城址并向南扩大而成"，"当即秦代所筑"。[5]【图一二】北宫位于春秋晚期所筑城中，应是较早建成

---

[1]《史记》，北京，中华书局，1959年，第380页。
[2]《汉书》，北京，中华书局，1962年，第61页。
[3] 同上书，第4178页。
[4]《史记》，第381页。
[5] 中国社会科学院考古研究所洛阳汉魏城队：《汉魏洛阳故城城垣试掘》，《考古学报》1998年第3期，第382、383、385页。

的。南宫则占用了秦代扩建的部分,应是秦代新建的。由此推测,西汉时的洛阳已有南宫和北宫,而南宫建筑较新,可能也更宏伟。故刘邦在洛阳时"居南宫",光武帝刘秀"入洛阳,幸南宫却非殿,遂定都焉",[1]亦居南宫。郦道元《水经·榖水注》:"《洛阳故宫名》有……北阙,南宫阙也。《东观汉记》曰:'更始发洛阳,李松奉引车,马奔,触北阙铁柱门,三马皆死。'即斯阙也。"[2]据此,更始帝刘玄都洛阳时可能也居南宫。

至于南宫和北宫在洛阳城中的位置,王仲殊曾在《中国古代都城概说》一文中根据洛阳城内主要街道的分布情形推测:南宫应"在雒阳城的南部,中东门大街之南,秏门—广阳门大街之北,开阳门大街之西,小苑门大街之东",北宫应"在雒阳城的北部,中东门大街之北,津门大街之东,谷门大街之西"。[3]此说影响甚大,文中所附《东汉雒阳城平面图》也常被引用。【图一三】近年,张鸣华发表《东汉南宫考》一文,将东汉史料与魏、晋、北魏史料结合起来进行分析论证,认为"东汉宫城的范围与北魏宫城一样,都在西阳门—东阳门一线的北边",西阳门—东阳门一线即中东门内大道,因而东汉皇宫的布局与魏、晋、北魏大致相同。[4]【图一四】此说忽略了一些不利证据,难以成立。例如按张先生的复原,"北宫位于2号大道(即上西门—上东门大道)的北侧",其北墙在1号大道(即承明门内大道)南侧,"而南宫位于2号大道与3号大道(即中东门内大道)之间"。[5]如果是这样的话,南宫和北宫

---

[1]《后汉书》,北京,中华书局,1965年,第25页。
[2]《水经注疏》,南京,江苏古籍出版社,1989年,第1411页。《后汉书》卷一一《刘玄传》《续汉书·五行志五》载此事皆作"北宫铁柱门"。(第470、3345页)《后汉书》和《续汉书》皆本于《东观汉记》,似应以后者为是。
[3] 王仲殊:《中国古代都城概说》,《考古》1982年第5期,第508页。
[4] 张鸣华:《东汉南宫考》,《中国史研究》2004年第2期,第27页。
[5] 同上书,第31页。

东汉的南宫和北宫

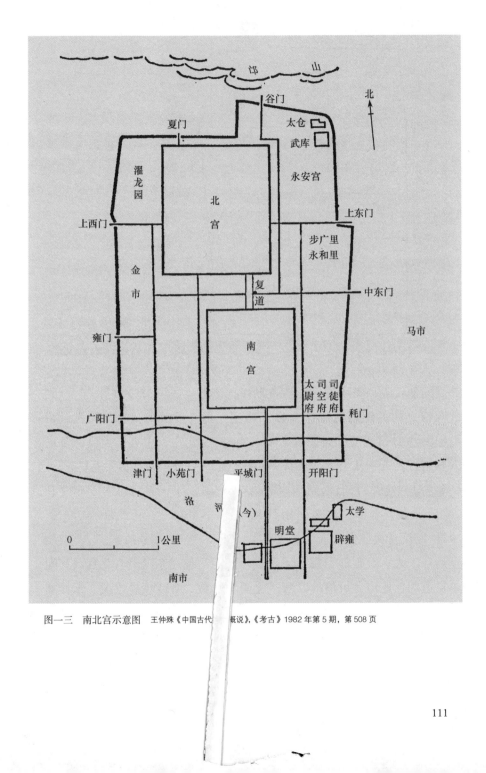

图一三 南北宫示意图 王仲殊《中国古代概说》,《考古》1982年第5期,第508页

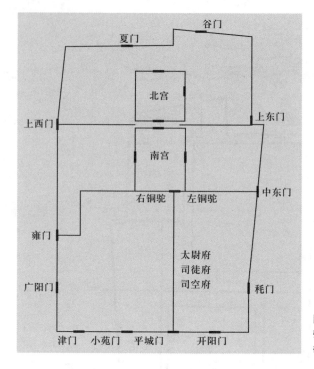

图一四 南北宫示意图
张鸣华《东汉南宫考》,《中国史研究》2004年第2期,第27页

之间便仅隔一条大道。据考古勘探,该道"宽约35—51米",[1]则两宫之间的距离当比这一数字略宽。但《后汉书》卷一《光武帝纪》注引蔡质《汉典职仪》曰:"南宫至北宫,中央作大屋,复道三道行。天子从中道,从官夹左右,十步一卫。两宫相去七里。"[2]蔡质此书已佚,但六朝隋唐时尚存。《续汉书·百官志》刘昭注和《后汉书》李贤注多次引用其文。《隋书》卷三三《经籍志二》著录"《汉官典职仪式选用》二卷",注曰:"汉卫尉蔡质撰。"[3]蔡质是东汉人,又曾任卫尉,主管宫城宿卫。他对东汉南、北宫及其间复道的描述应是可信的。唯"七里"一数,容或传抄致误。王仲殊

---

[1] 中国科学院考古研究所洛阳工作队:《汉魏洛阳城初步勘查》,《考古》1973年第4期,第202页。
[2] 《后汉书》,第25页。
[3] 《隋书》,北京,中华书局,1973年,第968页。

指出:"雒阳城南北全长不过九里,两宫之间的距离不可能是七里。从遗迹的情形看来,应是一里。汉代'七'字与'一'字近似,易致误。"[1]此说尚非定论,[2]但即便如此,两宫相距也在四百米以上,[3]因而有必要也有条件在其间"作大屋"。根据这条材料,南北两宫不可能仅相距数十米。而据考古勘探,张鸣华所谓1号大道和3号大道之间约1470米。[4]若减去四百多米,再分置两宫,每宫南北只有五百米左右,纵深太小了,可能性不大。相比之下,王仲殊说较合理。但王先生所说南宫南墙的位置与文献记载不合,北宫西墙的位置可能也与最新考古发现不合。此事涉及南宫平城门和北宫神虎门的考证,容后文详述。

《后汉书》卷一《光武帝纪》:建武元年(25年)十月"入洛阳,幸南宫"。此后,光武帝以南宫为中心进行了一系列改扩建工程。二年正月"立郊兆于城南";五年十月"起太学";十四年春正月"起南宫前殿";中元元年(56年)"起明堂、灵台、辟雍"。李贤注引《汉官仪》曰:"明堂去平城门二里所,天子出,从平城门,先历明堂,乃至郊祀。"[5]《续汉书·百官志二》"南屯司马主平城门"句刘昭注引《古今注》曰:"建武十三年九月,初开此门。"[6]是光武帝入居南宫后,在宫中兴建了前殿等建筑,在洛阳南郊兴建了郊兆、太学、明堂等设施,还在洛阳城南墙上开辟了平城门,为从南宫前往南郊提供专用通道。值得注意的是,这些工程多是对长安城同类设施的复制。

---

[1] 王仲殊:《中国古代都城概说》注52,第514页。
[2] 参钱国祥:《由阊阖门谈汉魏洛阳城宫城形制》,《考古》2003年第7期,第57页。
[3] 汉制六尺为一步,三百步为一里。一尺为今23.1厘米,一里则为415.8米。
[4] 3号门距4号门约820米,4号门距5号门约650米,两者相加约1470米。参中国科学院考古研究所洛阳工作队:《汉魏洛阳城初步勘查》,《考古》1973年第4期,第200页。
[5] 《后汉书》,第22、25、27、40、63、84页。
[6] 同上书,第3580页。

平城门的例子尤为典型。未央宫南门外有长安城西安门，据考古勘查，两门"南北相对"，"相距50米"，[1]西安门外大道通向南郊的明堂、宗庙、社稷等礼制建筑群。洛阳平城门的位置和功能正与长安西安门相同。《后汉书》卷一三《隗嚣传》："诸将欲劫更始东归，嚣亦与通谋"，更始遣军围捕，嚣"溃围，与数十骑夜斩平城门关，亡归天水"。李贤注引《三辅黄图》曰："长安城南面西头门。"[2]今本《三辅黄图》卷一《都城十二门》："长安城南出第三门曰西安门，北对未央宫，一曰便门，即平门也。古者'平''便'皆同字。"[3]是长安西安门亦称"平城门"或"平门"。洛阳平城门的名称显然由此而来。《汉书》卷六《武帝纪》："初作便门桥。"师古曰："便门，长安城北面西头门，即平门也。古者平、便皆同字。于此道作桥，跨渡渭水以趋茂陵，其道易直。"[4]《尔雅·释诂下》：平，"易也"。郭璞注："谓易直。"邢昺疏："易者，不难也。"[5]据此，"平""便"为通假字，有"易直"之意，所谓"便门"或"平门"就是直通某处的便捷之门。洛阳平城门正是为便于从南宫前往洛阳南郊而开辟的，并且也称平门。《后汉书》卷七八《宦者传》："铸天禄虾蟆，吐水于平门外桥东，转水入宫。"[6]李尤《平城门铭》："平门督司，午位处中。"[7]文中"平门"皆指平城门。

明帝即位后又大兴土木，对北宫及其他官府进行了修缮和扩建。《后汉书》卷二《明帝纪》：永平三年（60年），"起北宫及诸

---

[1] 中国社会科学院考古研究所编著：《汉长安城未央宫——1980—1989年考古发掘报告》，北京，中国大百科全书出版社，1996年，第8页。
[2] 《后汉书》，第521页。
[3] 何清谷：《三辅黄图校释》，北京，中华书局，2005年，第82页。
[4] 《汉书》，第158页。
[5] 《十三经注疏》，台北，艺文印书馆，2001年，第8册，第24页下栏b面。
[6] 《后汉书》，第2537页。
[7] 《太平御览》卷一八三，北京，中华书局，1960年，第891页下栏a面。

官府"。[1]此事工程浩大，劳民伤财。《续汉书·百官志一》太尉条注引《汉官仪》载张衡云：太尉西曹掾郑均"以为朝廷新造北宫，整饬官寺，旱魃为虐，民不堪命"。[2]《后汉书》卷四一《钟离意传》："永平三年夏旱，而大起北宫"，意上疏曰："窃见北宫大作，人失农时……宜且罢止，以应天心。"明帝报曰："朕戚然惭惧，思获嘉应……敕大匠止作诸宫，减省不急，庶消灾谴。"[3]但停工只是一时，旱灾过后，工程又恢复了。《明帝纪》：永平八年十月，"北宫成"。[4]《钟离意传》："德阳殿成，百官大会。帝思意言，谓公卿曰：'钟离尚书若在，此殿不立。'"[5]明帝大约在此前后移居北宫，十年后崩于北宫。同书卷七九下《儒林杨仁传》："补北宫卫士令……及帝崩，时诸马贵盛，各争欲入宫。仁被甲持戟，严勒门卫，莫敢轻进者。"[6]北宫卫士令掌管的当然是北宫"门卫"。外戚马氏争入北宫，是因明帝灵柩在其中。

二　南北两宫主从关系的转换

光武帝和明帝对南宫和北宫进行改扩建之后，两宫的规模和形制基本确定，但二者的地位和功能并未固定下来。东汉初，光武帝居南宫，故两宫以南宫为主，北宫是附属设施。明帝移居北宫后，北宫又成为政治中心，南宫降为附属设施。其后的东汉皇帝或居南宫或居北宫，致使两宫的地位和功能又多次发生变化。此事未见前贤深究，今试考证如下。

---

[1]《后汉书》，第107页。
[2] 同上书，第3558页。
[3] 同上书，第1408页。
[4] 同上书，第111页。
[5] 同上书，第1410页。
[6] 同上书，第2574页。

章帝一生居于北宫。《后汉书》卷一〇上《皇后纪上》：章帝窦皇后，建初二年（77年）"入掖庭，见于北宫章德殿"。卷三《章帝纪》：章和二年（88年）二月，"帝崩于章德前殿。"[1]皆其证。

和帝初居南宫，后徙北宫。《后汉书》卷四《和帝纪》：章和二年二月壬辰，"即皇帝位，年十岁。尊皇后曰皇太后，太后临朝。"[2]章帝崩于北宫，和帝当然于北宫即位。但《和帝纪》后文载：永元四年（93年）六月"庚申，幸北宫"。[3]似乎此前不居北宫。同书卷二三《窦融传附窦宪传》："四年……帝乃幸北宫。"[4]卷五五《清河王庆传》："永元四年，帝移幸北宫章德殿。"[5]所谓"乃幸""移幸"，语气更强，足证和帝是从别处迁入北宫的。《北堂书钞》卷六〇引《东观汉记》："黄香，字文强，拜尚书郎，数陈得失，赏赐常增异同位。时车驾居南宫，尚书新成，诏赐演什物。以香父在，赐卧几、灵寿杖。"[6]案《后汉书》卷八〇《文苑黄香传》："召诣安福殿言政事，拜尚书郎，数陈得失，赏赉增加。常独止宿台上，昼夜不离省闼，帝闻善之。永元四年，拜左丞，功满当迁，和帝留，增秩。"[7]据张衡《东京赋》，安福殿在南宫。[8]章帝不曾居南宫，《东观汉记》所载"时车驾居南宫"显然指和帝而言。由此可知，和帝即位后居南宫，至永元四年六月才"移幸北宫"，直

---

[1]《后汉书》，第415、159页。
[2] 同上书，第165页。
[3] 同上书，第173页。
[4] 同上书，第819页。
[5] 同上书，第1800页。
[6] 南海孔氏三十有三万卷堂本，《续修四库全书》，上海古籍出版社，2002年，第1212册，第289页上栏a面。吴树平《东观汉记校注》（郑州，中州古籍出版社，1987年，第738页）引此文，"尚书"二字加书名号，似不妥。黄香虽"博学经典，究精道术"，号称"天下无双"，但非《尚书》学家，此事亦与《尚书》无关。"尚书新成"当指和帝即位后居南宫，尚书台随之由北宫迁至南宫。
[7]《后汉书》，第2614页。
[8]《东京赋》："于南则前殿云台，和欢、安福。"见《宋刊明州本六臣注文选》，北京，人民文学出版社，2008年，第57页下栏b面。

至元兴元年（105年）十二月"崩于章德前殿"。[1]

安帝一生亦居北宫。《后汉书》卷七九上《儒林孔僖传》："延光元年，河西大雨雹，大者如斗。安帝诏有道术之士极陈变眚，乃召（孔）季彦见于德阳殿，帝亲问其故。"[2]德阳殿是明帝所建北宫正殿。安帝于此召见孔季彦，说明他居于北宫。《续汉书·天文志中》："安帝巡狩，从南阳还，道寝疾，至叶崩……载入北宫，庚午夕发丧。"[3]生前居北宫，故死后入北宫发丧。

顺帝原为安帝太子，废为济阴王。安帝崩，外戚阎氏立北乡侯懿，数月而薨。宦官孙程等发动政变，立顺帝。《后汉书》卷六《顺帝纪》载其事曰："中黄门孙程等十九人……迎济阴王，于德阳殿西钟下即皇帝位……近臣尚书以下从辇到南宫，登云台，召百官……使虎贲、羽林士屯南、北宫诸门。阎显兄弟闻帝立，率兵入北宫，尚书郭镇与交锋刃，遂斩显弟卫尉景。"[4]德阳殿在北宫，云台殿在南宫。由此推测，顺帝即位后应居南宫。同书卷六一《周举传》："阳嘉三年……河南、三辅大旱，五谷灾伤，天子亲自露坐德阳殿东厢请雨……因召见举及尚书令成翊世、仆射黄琼，问以得失。"同卷《黄琼传》："三年，大旱，琼复上疏……书奏，引见德阳殿，使中常侍以琼奏书属主者施行。"[5]据此，顺帝于阳嘉年间一度居北宫。案《顺帝纪》：阳嘉元年（132年）正月乙巳，"立皇后梁氏。"同书卷一〇下《皇后纪下》载此事曰："阳嘉元年春……于寿安殿立贵人为皇后。"李贤注："寿安是德阳宫内殿名。"《续汉书·五行志二》刘昭注引《古今注》曰："北宫火，烧寿安殿。"[6]

---

[1]《后汉书》，第194页。
[2] 同上书，第2563页。
[3] 同上书，第3242页。
[4] 同上书，第249、250页。
[5] 同上书，第2025、2026、2034页。
[6] 同上书，第259、439、3293页。

此证顺帝阳嘉元年正月已在北宫。《顺帝纪》阳嘉元年条末又载："是岁，起西苑，修饰宫殿。"[1]同书卷三〇《郎𫖮传》载𫖮于阳嘉二年诣阙拜章曰："自顷缮理西苑，修复太学，宫殿官府，多所构饰。"又对尚书曰："寻宫殿官府，近始永平，岁时未积，便更修造。"[2]《续汉书·五行志二》："阳嘉元年……东西莫府火。太尉李固以为……上欲更造宫室，益台观，故火起莫府，烧材木。"[3]是顺帝曾于阳嘉年间大兴土木，其中"修饰宫殿"的工程主要在南宫，玉堂殿的兴建便是成果之一。此殿不见于顺帝以前，[4]顺帝以后则屡见不鲜。《顺帝纪》：永和元年（136年）十月，"承福殿火，帝避御云台"。建康元年（144年）八月，"帝崩于玉堂前殿。"[5]同书卷六一《周举传》载："永和元年，灾异数见，省内恶之，诏召公、卿、中二千石、尚书诣显亲殿。"又载："时连有灾异……召举于显亲殿，问以变告。"[6]云台、承福、显亲、玉堂等殿都在南宫。这表明，顺帝在阳嘉三年（134年）至永和元年（136年）间，又迁回南宫。顺帝回南宫后，应居于新建的玉堂殿。承福殿可能在玉堂殿附近。故顺帝因"承福殿火"一度"避御云台"，又移居显亲殿，待承福殿修缮完成后返回玉堂殿，直至崩。

顺帝死后，冲帝即位，数月后"崩于玉堂前殿"；质帝即位，一年半后亦"崩于玉堂前殿"。[7]是冲、质二帝皆居南宫。

桓帝一生大部分时间居北宫。《后汉书》卷七《桓帝纪》："会质

---

[1]《后汉书》，第262页。
[2] 同上书，第1054、1058页。
[3] 同上书，第3294页。
[4] 同上书，卷四八《翟酺传》载安帝时酺上疏，有"捐玉堂之盛"句（第1605页）。其中"玉堂"二字并非指玉堂殿，只是对华丽殿堂的形容。同书卷八二《方术费长房传》所记长房与老翁"俱入壶中，唯见玉堂严丽，旨酒甘肴盈衍其中"（第2743页），亦为此类。
[5]《后汉书》，第265、274页。
[6] 同上书，第2027、2029页。
[7] 同上书，第276、282页。

帝崩，太后……以王青盖车迎帝入南宫，其日即皇帝位。"是桓帝即位于南宫。但约两年后，即建和二年（148年）五月，"北宫掖廷中、德阳殿及左掖门火，车驾移幸南宫。"这表明桓帝即位后居北宫。此次因北宫火灾而"移幸南宫"也只有一年零十个月。和平元年（150年）三月，"车驾徙幸北宫"，直至"崩于德阳前殿"。[1]

灵帝初居北宫，后徙南宫。《后汉书》卷八《灵帝纪》："窦武持节，以王青盖车迎入殿中，庚子，即皇帝位。"[2]桓帝崩于北宫，灵帝即位肯定也在北宫。《灵帝纪》又载：建宁元年（168年）九月，"中常侍曹节矫诏诛太傅陈蕃、大将军窦武"。[3]同书卷六九《窦武传》载此事有如下情节："曹节闻之，惊起，白帝曰：'外间切切，请出御德阳前殿。'"[4]这表明灵帝即位后确实居北宫。而《灵帝纪》末载："帝崩于南宫嘉德殿。"[5]同书卷六九《何进传》称"大行在前殿"，[6]应指嘉德前殿。是灵帝晚年居南宫。灵帝何时由北宫移居南宫，史无明文。《后汉书》卷五四《杨赐传》提供了以下信息：

> （光和）五年冬，复拜太尉。中平元年，黄巾贼起，赐被召会议诣省阁，切谏忤旨，因以寇贼免……后帝徙南宫，阅录故事，得赐所上张角奏及前侍讲注籍，乃感悟，下诏封赐临晋侯，邑千五百户。初，赐与太尉刘宽、司空张济并入侍讲，自以不宜独受封赏，上书愿分户邑于宽、济。帝嘉叹，复封宽及济子。[7]

---

[1]《后汉书》，第287、292、320页。
[2] 同上书，第328页。
[3] 同上书，第329页。
[4] 同上书，第2243页。
[5] 同上书，第328、357页。
[6] 同上书，第2249页。
[7] 同上书，第1784、1785页。

袁宏《后汉纪》载此事，亦有"后帝徙南宫"之文。[1]由此可知，灵帝"徙南宫"一事发生在太尉杨赐被免职之后，杨赐、刘宽、张济子封侯之前。案《灵帝纪》：中平元年（184年）四月，"太尉杨赐免"。[2]同书卷二五《刘宽传》：宽"以先策黄巾逆谋，以事上闻，封逯乡侯，六百户。中平二年卒，时年六十六"。[3]《隶释》卷一一《太尉刘宽碑》："年六十有六，中平二年二月丁卯薨。"[4]则灵帝"徙南宫"当在中平元年四月至二年二月间。

灵帝死后，少帝刘辩即位，居南宫。光熹元年（189年）八月，宦官张让、段珪等杀外戚何进"于嘉德殿前"。[5]"虎贲中郎将袁术乃烧南宫，欲讨宦官"。[6]张让等"因将太后、天子及陈留王，又劫省内官属，从复道走北宫"。袁绍"闭北宫门，勒兵捕宦者，无少长皆杀之"。"张让、段珪等困迫，遂将帝与陈留王数十人步出谷门，奔小平津"。尚书卢植等追至河上，"斩数人，余皆投河而死。明日，公卿百官乃奉迎天子还宫"。[7]后董卓"集群僚于崇德前殿"，废少帝、立献帝。[8]崇德殿在北宫，可知袁术"烧南宫"后，少帝、献帝皆居北宫。

两宫之中，皇帝所居便是朝廷所在，协助皇帝理事和照料皇帝生活的各种机构都在其中。另一宫作为附属设施，主要用来安置被废黜的或已故皇帝的后妃及其子女。如《后汉书》卷四二《广陵王荆传》："太后失职，别守北宫。"卷八三《井丹传》："建武末，沛

---

[1] 袁宏：《后汉纪》，张烈点校，北京，中华书局，2002年，第485页。
[2] 《后汉书》，第348页。
[3] 同上书，第888页。
[4] 洪适：《隶释》，北京，中华书局，1986年，第124页下栏b面。案饶尚宽：《春秋战国秦汉朔闰表》（北京，商务印书馆，2006年，第238页），中平二年二月庚子朔，丁卯为二十八。
[5] 《后汉书》卷六九《何进传》，第2251页。
[6] 同上书，卷七二《董卓传》，第2323页。
[7] 同上书，卷六九《何进传》，第2252页。
[8] 同上书，卷七二《董卓传》，第2324页。

王辅等五王居北宫。"[1]说的是光武帝郭皇后被废黜后,与其所生五皇子皆居北宫。同书卷一〇上《皇后纪上》:"及帝崩,肃宗即位,尊后曰皇太后。诸贵人当徙居南宫,太后感析别之怀,各赐王赤绶,加安车驷马。"[2]说的是章帝即位后,与马太后居北宫,明帝诸贵人皆徙居南宫。同书卷三三《周章传》:邓太后立安帝,"章以众心不附,遂密谋闭宫门,诛车骑将军邓骘兄弟……废太后于南宫"。[3]邓太后和安帝皆居北宫,周章打算政变后将邓太后废黜,并迁至南宫。同书卷八《灵帝纪》:"中常侍曹节矫诏诛太傅陈蕃、大将军窦武……皇太后迁于南宫。"[4]灵帝和窦太后亦居北宫,宦官推翻窦氏后迁太后于南宫,时人称之为"幽隔空宫"。[5]

三 "平城门"和"北宫门"

《续汉书·百官志二》卫尉条有一段文字,中华书局校点本作:

> 宫掖门,每门司马一人,比千石。本注曰:南宫南屯司马,主平城门;(北)宫门苍龙司马,主东门;玄武司马,主玄武门;北屯司马,主北门;北宫朱爵司马,主南掖门;东明司马,主东门;朔平司马,主北门;凡七门。[6]

其中,"平城门"由卫尉属官南宫南屯司马负责守卫,似为南宫南面的宫门。但同书《百官志四》城门校尉条本注也提到平城门,中

---

[1]《后汉书》,第1446、2765页。
[2] 同上书,第410页。
[3] 同上书,第1158页。
[4] 同上书,第329页。
[5] 同上书,卷五七《谢弼传》,第1859页。
[6] 同上书,第3580页。

华书局校点本作:

> 雒阳城十二门,其正南一门曰平城门,北宫门,属卫尉。其余上西门,雍门,广阳门,津门,小苑门,开阳门,耗门,中东门,上东门,谷门,夏门,凡十二门。[1]

数上西门以下,共十一门,平城门无疑在"雒阳城十二门"中。据此,平城门又是洛阳城南面的城门。平城门既是南宫宫门又是洛阳城门,似乎南宫和洛阳城在这一段共享一道墙。这不合情理。两段文字中紧接"平城门"后又都有"北宫门"三字,其含义及其与平城门的关系也有待解释。

后人引用这两段文字,大多照抄原文,不加考辨,但也有改动原文以通其意的。如宋王应麟《玉海》卷一六九引《续汉志》卫尉条作"南宫南屯司马,主平城门;苍龙司马,主东门",删去了"北宫门"三字。[2] 郦道元《水经·穀水注》:"池东,旧平城门所在矣,今塞,北对洛阳南宫。"[3] 王仲殊据此将城门校尉条之文点作"其正南一门曰平城门,北(对)宫门,属卫尉"。[4] 加了一个"对"字。以上两种处理方式虽可疏通文意,但都没有版本依据。上引中华校点本《续汉志》卫尉条,则据汲古阁本和黄山《校补》删了"北宫门"的"北"字,[5]"宫门"二字下属,作"宫门苍龙司马"。中华校点本以南宋绍兴本为底本,以明汲古阁本和清武英殿本为校本。仅据汲古阁本删"北"字,版本依据并不充分。王先谦《后汉

---

[1]《后汉书》,第 3610、3611 页。
[2]《玉海》,上海古籍出版社,影印文渊阁《四库全书》本,1992 年,第 389 页下栏 b 面。
[3]《水经注疏》,第 1422 页。
[4] 王仲殊:《中国古代都城概说》注 51,第 514 页。
[5]《后汉书》,第 3586 页。

书集解》以汲古阁本为主,故此条无"北"字,而所附黄山《校补》云:"官本'宫'上有'北'字。今案:北宫三门另列在后,此皆南宫门,不应有'北'字。"[1]然而"北宫门"三字除了北宫之门外,还可作其他理解。且城门校尉条亦有"北宫门"三字,汲古阁本同,黄氏《校补》却无说。因此,对卫尉条的"北"字不应简单地视为衍文一删了之。将"宫门"二字下属也不妥。上文已明言"宫掖门,每门司马一人",下面提到的"司马"当然都是宫门司马,没必要冠以"宫门"二字。其他各门司马都未冠以"宫门"二字,唯独苍龙司马冠此二字亦显突兀。

与上述诸例不同,张鸣华《东汉南宫考》一文在不改动原文的前提下,对两条材料提出新的解释。张文将卫尉条之文点作:"南宫南屯司马,主平城门北宫门;苍龙司马,主东门。"并指出:"'平城门北宫门',意思就是平城门北边的宫门,那个宫门与平城门相对而在北边。"[2]又将城门校尉条之文点作:"其正南一门曰平城门,北宫门属卫尉,其余上西门……凡十二门。"并认为:"'北宫门属卫尉'是一个补充性的插入,表示'平城门北宫门'与城门不一样,它由卫尉管,而平城门等十二座城门由城门校尉管辖。"[3]按照这一说法,所谓"北宫门"和洛阳城"平城门"是南北相对的两座门。此说使《续汉志》中两次出现的"北宫门"有了着落,和平城门的关系也清楚了。李尤《平城门铭》曰:"外临僚侍,内达帝宫。"[4]《续汉书·五行志一》载蔡邕曰:"平城门,正阳之门,与宫连,郊祀法驾所由从出,门之最尊者也。"[5]李尤和蔡邕都是东汉

---

[1] 王先谦:《后汉书集解》,第 1319 页上栏 b 面。
[2] 钱国祥也这样断句。见氏撰:《由阊阖门谈汉魏雒阳城宫城形制》,《考古》2003 年第 7 期,第 55 页。
[3] 张鸣华:《东汉南宫考》,第 31、32 页。
[4] 《太平御览》卷一八三,北京,中华书局,1960 年,第 891 页。
[5] 《后汉书》,第 3274 页。

人，所言"达帝宫""与宫连"，意在强调平城门与南宫的特殊关系，"达""与"二字又透露出两者之间存在距离。上引《水经·穀水注》所谓"平城门……北对洛阳南宫"也是这个意思。

关于洛阳城南墙和南宫南墙之间的距离，学人有不同看法。据王仲殊判断，南宫南墙在"秏门—广阳门大街之北"。[1]根据他提供的《东汉雒阳城平面图》，南宫南墙距洛阳城南墙约六百米。【参图一三】但此说的依据主要是考古勘探数据，未充分考虑文献史料中的有关信息。张鸣华则认为"东汉的南宫位于洛阳城的北部，远离洛阳城的南墙"，二者的距离有"一二千米"。[2]【参图一四】此说难以成立，已见前述。钱国祥也撰文指出王仲殊的说法"显然与文献记载有不符之处"，但其观点与张鸣华相反。他注意到，洛阳城门"各设候一人掌管，秩六百石；惟有平城门不置候，而设南屯司马，秩千石，就因为它是宫门"。进而分析说："如此看来，平城门是一座位置和地位都十分特殊的城门，其作为大城（即洛阳城）正门也称为宫门，无疑与南宫关系密切。即使它与南宫正门不是同一座城门，至少也应靠近南宫。"[3]新近出版的刘庆柱主编《中国古代都城考古发现与研究》便采纳钱说，将南宫南墙"复原至靠近大城南墙位置"。[4]【图一五】

本文前已论及，平城门与南宫南门应非同一座门，但平城门"靠近南宫"是很有可能的。因为洛阳平城门是对长安平城门的复制，而长安平城门距未央宫南门仅50米。更重要的是，洛阳平城门又常被称作"南宫平城门"。《后汉书》卷八《灵帝纪》：熹

---

[1] 王仲殊：《中国古代都城概说》，第508页。
[2] 张鸣华：《东汉南宫考》，第27页。
[3] 钱国祥：《由阊阖门谈汉魏雒阳宫城形制》，《考古》2003年第7期，第55页。
[4] 刘庆柱主编：《中国古代都城考古发现与研究》（上），北京，社会科学文献出版社，2016年，第322、323页。

东汉的南宫和北宫

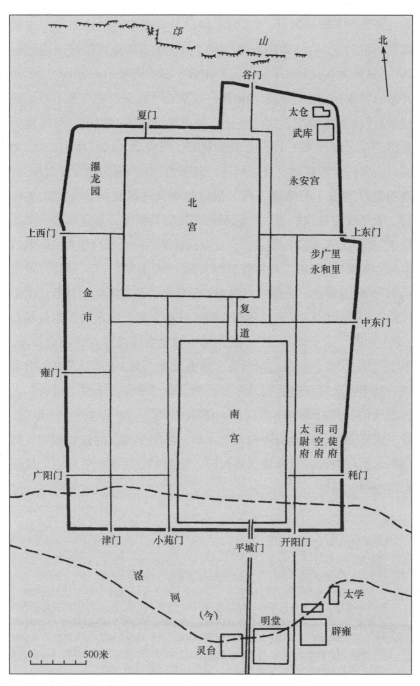

图一五 东汉洛阳城示意图 《中国古代都城考古发现与研究》[上],第322页

平六年（177年）二月，"南宫平城门及武库东垣屋自坏"。[1]《续汉书·五行志一》：桓帝永康元年（167年），"南宫平城门内屋自坏"；灵帝光和元年（178年），"南宫平城门内屋……顿坏"。[2]这几条材料都是对事件的客观描述，应来自《东观汉记》等更原始的记录。"南宫平城门"这一概念反复出现，证明此门确"与南宫关系密切"。《续汉书·百官志四》刘昭注引应劭《汉官秩》曰："平城门为宫门，不置候，置屯司马，秩千石。"[3]应劭是东汉末年人，且对东汉制度十分熟悉，曾"删定律令为《汉仪》"，又"缀集所闻，著《汉官礼仪故事》"，献帝朝"凡朝廷制度，百官典式，多劭所立"[4]。仔细推敲应劭之意，可以这样解读：平城门作为洛阳城门本应"置候"，归城门校尉管，但实际上该门享受宫门待遇，"置屯司马"，归卫尉管。[5]据《续汉志》卫尉条，南宫南屯司马既主"平城门"，又主"北宫门"。刘昭注引《汉官》载，南宫的苍龙司马有"员吏六人，卫士四十人"，玄武司马和北屯司马各有"员吏二人，卫士三十八人"，而南屯司马有"员吏九人，卫士百二人"。[6]南屯司马属下的人员比其他司马多一倍半，除了平城门地位"最尊"之外，他们要同时守卫南宫南门和洛阳平城门，应当也是一个原因。守卫南宫南门，应是南屯司马的本职。洛阳平城门的位置和功能都与南宫南门相近，皇帝法驾通过时，须同时开启并设置警卫，故亦由南屯司马兼管。

---

[1]《后汉书》，第339页。
[2] 同上书，第3274页。
[3] 同上书，第3611页。
[4] 同上书，卷四八《应奉传附应劭传》，第1612—1614页。
[5] 张鸣华认为《汉官秩》讲的平城门是宫门"，因为"平城门北边的宫门"有时也被省称为"平城门"；进而主张，南宫南门归卫尉管，洛阳城平城门则归城门校尉管。（见《东汉南宫考》，第32页）其说也难以成立。"平城门"若是南宫南门，本来就应"不置候，置屯司马"，没必要特别说明。应劭要说明这一点，正是因为这个"平城门"不是一般的宫门，而是洛阳十二城门中唯一归卫尉管的门。
[6]《后汉书》，第3580页。

综上所述，笔者认为，南宫南门和洛阳平城门不是一座门，而是两座门，二者相距不远，都由南宫南屯司马守卫。据此，前述《续汉志》卫尉条之文似可点作："南宫南屯司马，主平城门、北宫门；苍龙司马，主东门"。其中"平城门、北宫门"指洛阳平城门和其北面的南宫南门。但城门校尉条之文，无论如何标点，语气都不通顺。疑其文中原有"平城门平城门北宫门"或"平＝城＝门＝北宫门"字样，全句应作："雒阳城十二门，其正南一门曰平城门。平城门、北宫门属卫尉。其余上西门……凡十二门。"后在辗转传抄中脱去"平城门"三字或其重文符号"＝"，遂致费解。

四　北宫南阙门

前引《续汉书·百官志二》"宫掖门"条所谓"凡七门"，只是宫门司马所主之门，而非全部宫门。"七门"之外，南北两宫还有几座门。其中最重要的是北宫南阙门。《续汉志》"卫尉"条载：

> 公车司马令一人，六百石。本注曰：掌宫南阙门，凡吏民上章，四方贡献，及征诣公车者。丞、尉各一人。本注曰：丞选晓讳，掌知非法。尉主阙门兵禁，戒非常。[1]

文中提到的"宫南阙门"，又称"朱爵阙""朱雀阙"。《续汉书·五行志二》注引《古今注》："元和三年六月丙午，雷雨，火烧北宫朱爵西阙。"[2]《后汉书》卷六九《何进传》："袁绍……引兵屯朱雀阙下。"[3]《水经·穀水注》引蔡质《汉官典职》："偃师去洛

---

[1]《后汉书》，第3579页。
[2] 同上书，第3293页。
[3] 同上书，第2252页。

四十五里，望朱雀阙，其上郁然与天连。"〔1〕所指皆为北宫南阙门。该门是北宫正门，门前有双阙，故称"阙门"，因公车机构设于此，故归公车司马令管。所谓"尉主阙门兵禁"，意味着公车署自有"兵"，由尉统领，负责守卫该门。

此"南阙门"和朱爵司马所主"南掖门"显然不是一座门。《汉书》卷三《高后纪》："朱虚侯章……入未央宫掖门。"师古曰："非正门而在两旁，若人之臂掖也。"同书卷一〇《成帝纪》："小女陈持弓……阑入尚方掖门。"应劭曰："掖门者，正门之旁小门也。"〔2〕"南阙门"是北宫正门，不大可能又称"掖门"。《说文解字·序》："召上书者汝南许冲诣左掖门……中黄门饶喜以诏书赐召陵公乘许冲布四十匹，即日受诏朱雀掖门。"〔3〕文中提到的"左掖门"和"朱雀掖门"应是一座门，即北宫南掖门，其位置在正门南阙门东，故又称"左掖门"。《后汉书》卷七九《窦武传》注引《汉官仪》曰："凡居宫中，皆施籍于掖门，案姓名当入者，本官为封棨传，审印信，然后受之。"〔4〕是"掖门"乃值宿宫中者出入之门，"南掖门"当亦然，与"南阙门"功能不同。

《续汉书·百官志二》："北宫朱爵司马，主南掖门。"刘昭注引《古今注》曰："永平二年十一月，初作北宫朱爵南司马门。"〔5〕刘昭之意，《古今注》所谓"朱爵南司马门"就是《续汉志》所言"朱爵司马"所主"南掖门"。从名称看，"北宫朱爵南司马门"应指北宫南面由"朱爵司马"所主之门。因此，这座明帝时新开的"南司马门"应是"南掖门"，而非"南阙门"。笔者推测，明帝开辟此门前，北宫南墙只有一座"朱爵阙门"，由"朱爵司马"守卫，明帝

---

〔1〕《水经注疏》，第1410页。
〔2〕《汉书》，第103、307页。
〔3〕《说文解字》，北京，中华书局，1963年，第320页上栏b面。
〔4〕《后汉书》，第2244页。
〔5〕同上书，第3580页。

开辟此门并迁居北宫后，朱爵阙门转由公车司马令掌管，朱爵司马改掌南掖门。

曹魏、西晋和北魏的宫城，是在东汉北宫的基础上建立的。[1]《水经·穀水注》：阳渠水沿洛阳宫城西侧"南流"，至宫城西南角"东转，径阊阖门南"，继续向东，"径司马门南"。[2]是北魏宫城南面也有两座门，一称"阊阖门"，一称"司马门"。郦道元解释"阊阖门"的来历说："案礼：王有五门，谓皋门、库门、雉门、应门、路门……魏明帝上法太极，于洛阳南宫起太极殿于汉崇德殿之故处，改雉门为阊阖门。"又解释"司马门"的来历说："魏明帝始筑阙，崩，压杀数百人，遂不复筑，故无阙。"[3]是两门皆为魏明帝所建，西晋、北魏沿用。至于它们是否建于东汉北宫原有门址上，郦氏未明言。所谓"王有五门"，是儒家礼书中的说法，而非汉代的制度。所谓"改雉门为阊阖门"，只能理解为曹魏以后的阊阖门相当于礼书中的雉门。考古工作者近年对阊阖门遗址进行了发掘，证明北魏的阊阖门"是在曹魏初期建造的洛阳宫阊阖门基础上修补沿用的"，而未发现更早的建筑遗迹。但通过"在东阙东侧的宫城南墙上开挖解剖"，发现该墙"由三块夯土组成"，其中夯1及夯2从"包含遗物、地层关系及夯窝特征等判断，应属魏晋时期。叠压在夯1与夯2基槽之下的夯3是早期夯土遗迹……这块夯土的建筑时代至少不晚于汉代"。[4]根据这一结论，魏晋宫城南墙很可能是在东汉北宫南墙旧址上修建的，因而东汉北宫的南阙门和南掖门应当

---

[1] 这一点已基本成为学界共识。参钱国祥：《由阊阖门谈汉魏洛阳城宫城形制》，《考古》2003年第7期，第57页；向井佑介：《曹魏洛陽の宮城をめぐる近年の議論》，《史林》第95卷第1号，2012年，第254—256页；田中一辉：《西晋時代の都城と政治》，京都，朋友书店，2017年，第27页。

[2] 《水经注疏》，第1408、1415页。

[3] 同上书，第1408、1409、1415页。

[4] 中国社会科学院考古研究所洛阳汉魏故城队：《河南洛阳汉魏故城北魏宫城阊阖门遗址》，《考古》2003年第7期，第28、29页。

也在这一线。

唐许敬宗编《文馆词林》所收曹植《毁鄄城故殿令》曰："大魏龙兴……夷朱雀而树阊阖。"[1]《说文》："夷，平也。"[2]曹植之意，可理解为平了朱雀门改建阊阖门。东汉的南阙门可称"朱雀阙门"，南掖门也可称"朱雀掖门"，而曹植所指应是南阙门。《三国志》卷二《文帝纪》：黄初元年（220年）十二月，"初营洛阳宫"。裴松之案："至明帝时，始于汉南宫崇德殿处起太极、昭阳诸殿。"[3]郦道元也说：魏明帝"起太极殿于汉崇德殿之故处"。裴氏所言"汉南宫"有误，应作"汉北宫"或"魏南宫"。[4]考古工作者近年也对汉魏洛阳故城中的太极殿遗址进行了发掘，证明"其始建年代可上溯至曹魏初年"，其"南面正对宫城阊阖门"。[5]《后汉书》卷四一《钟离意传》："德阳殿成，百官大会。"[6]显然，德阳殿是汉明帝新建的北宫正殿。而张衡《东京赋》曰："逮至显宗，六合殷昌，既新崇德，遂作德阳。"[7]崇德殿是北宫中仅次于德阳殿的重要建筑。德阳殿是明帝新建的，故曰"作"。崇德殿是原有的，可能进行了翻新或重建，故曰"新"。然则在明帝"作德阳"之前，崇德殿应是北宫正殿，而北宫原有的正门南阙门应正对崇德殿。曹魏的太极殿既建于崇德殿故处，其阊阖门便应在南阙门故处。

以北宫南阙门为公车司马门，肯定是明帝移居北宫后的制度。明帝移居北宫前，公车门应在南宫。《后汉书》卷一《光武帝纪

---

[1] 罗国威整理：《日藏弘仁本文馆辞林校证》卷六九五《魏曹植毁鄄城故殿令一首》，北京，中华书局，2001年，第425页。
[2] 《说文解字》，第213页下栏b面。
[3] 《三国志》，第76页。
[4] 参钱国祥：《由阊阖门谈汉魏洛阳宫城形制》，《考古》2003年第7期，第60页。
[5] 中国社会科学院考古研究所洛阳汉魏故城队：《河南洛阳市汉魏故城发现北魏宫城四号建筑遗址》，《考古》2014年第8期，第3、6页。
[6] 《后汉书》，第1410页。
[7] 《宋刊明州本六臣注文选》，第57页上栏a面。

下》：建武七年（31年）四月诏："公、卿、司隶、州牧举贤良、方正各一人，遣诣公车，朕将览试焉。"[1]同书卷二六《赵憙传》：光武帝破邓奉后，"征憙，引见，赐鞍马，待诏公车"。[2]光武帝在南宫居住和办公，协助皇帝理事的尚书、侍御史等机构也在南宫。公车负责接收"吏民上章、四方贡献和征诣公车者"，当然也在南宫。《后汉书》卷四一《第五伦传》：拜会稽太守，"永平五年，坐法征……及诣廷尉，吏民上书守阙者千余人。是时显宗方案梁松事，亦多为松讼者。帝患之，诏公车：诸为梁氏及会稽太守上书者勿复受。"[3]永平五年（62年），北宫尚未建成，明帝仍居南宫。千余吏民通过公车向明帝上书，史称"守阙"，证明公车所在之门有阙。南宫只有苍龙门和玄武门有阙，称苍龙阙、玄武阙或东阙、北阙。其中，玄武门即北阙可能是公车门。

我们知道，西汉的公车机构设于未央宫北司马门即北阙，其外有北军营，营内有供上书和待诏者等候诏报的处所。[4]东汉的北军营也是公车待诏之处。《后汉书》卷三七《丁鸿传》："诏征……赐御衣及绶，禀食公车。"李贤注："公车，署名……诸待诏者，皆居以待命，故令给食焉。"同书卷八三《逸民严光传》：光武帝"遣使聘之……舍于北军，给床褥，太官朝夕进膳。"[5]北军有供待诏者食宿的设施。"禀食公车"和"舍于北军"是一码事。光武帝营建洛阳南宫时，可能也模仿未央宫将公车机构设于北阙，并将北军营设于北阙之外。《东观汉记》卷一《世祖光武皇帝纪》建武七年正月条载：

---

[1]《后汉书》，第52页。
[2] 同上书，第913页。
[3] 同上书，第1397页。
[4] 参本书《"公车司马"考》。
[5]《后汉书》，第1264、2763页。

> 旧制上书，以青布囊素裹封书，不中式不得上。既上，诣北军待报，前后相尘，连岁月乃决。上躬亲万机，急于下情，乃令上书启封则用……奏诣阙，平旦上，其有当见及冤结者，常以日出时，驺骑驰出召入，其余以俟中使者出报，即罢去。所见如神，远近不偏。[1]

诣阙上书者须"诣北军待报"，等候"驺骑驰出召入"，或"中使者出报"后罢去。依情理推测，其地应在公车门附近，既称"北军"，当在南宫的北面。

据《续汉书·百官志四》北军中候条注引《汉官》，五营校尉各有"员吏"百余人，"领士"七百余人，总共当有四千余人。[2]《后汉书》卷三九《刘般传》：明帝永平十一年，"兼屯骑校尉。时五校官显职闲，府寺宽敞"。[3]北军营中驻扎着五校四千多人，仍然"府寺宽敞"，可见是个很大的院落。《北堂书钞》卷六一《五校尉》"宿卫两宫"条引《东观汉记》："马光，字叔山，监越骑校尉。时五校尉令在北军营中。光以为五校尉所以宿卫两宫，不宜在一处，表请二校尉附北宫。诏书许越骑、射声等治北宫。"[4]文中"令"字费解，疑为"并"字之讹。马光任越骑校尉在章帝建初年间，[5]而章帝居北宫。所言五校尉"不宜在一处"，意指"北军营"在南宫附近，不便于对北宫的宿卫，故"表请二校尉附北宫"。章帝批准了这一建议，越骑、射声二校尉被迁至北宫附近。《后汉书》卷七八《宦者传》：宦官孙程等发动政变，拥顺帝"幸南宫云台"。外戚阎氏"以太后诏召越骑校尉冯诗……屯朔平门"，又"以

---

[1] 吴树平：《东观汉记校注》，第9页。
[2] 《后汉书》，第3612、3613页。
[3] 同上书，第1304页。
[4] 《续修四库全书》，第1212册，第293页下栏a面。
[5] 见《后汉书》卷二四《马援传》，第856页。

诗所将众少"，令其与小黄门樊登"迎吏士于左掖门外"，"诗因格杀登，归营屯守"。[1]朔平门和左掖门都是北宫门，可见越骑校尉营确实担负着宿卫北宫的责任，其驻地可能在左掖门即南司马门附近。马光的建议透露出，明帝徙居北宫后，公车机构移至北宫南阙门，但"北军营"及公车"待报"之处仍在原地。《续汉书·天文志下》载：袁绍诛灭宦官时，曾"对战南、北宫阙下"。[2]可见南宫北阙和北宫南阙相距不远。北军营位于两宫之间，离南宫更近，但去北宫也不远，故未因公车门的改变而移动其位置。

公车机构设于南宫还是北宫，取决于皇帝居于何宫，则和、顺、桓、灵诸帝居南宫时，公车当随之迁回南宫。惜相关史料中未见具体信息，此事已无从详考。

五　南北两宫西面的门

据前引《续汉志》卫尉条载，两宫七门中只有南、东、北三面的门，而没有西面的门。其实两宫都有西门。

张衡《东京赋》描述北宫，有"屯神虎于秋方"一句。薛综曰："神虎，金兽也。秋方，西方也。"李善注引《宫殿簿》："北宫有神虎门。"[3]《后汉书》卷七《桓帝纪》：延熹八年（165年）十一月，"德阳殿西阁、黄门北寺火，延及广义、神虎门，烧杀人。"李贤注："广义、神虎，洛阳宫西门也。"[4]失火的德阳殿在北宫，被大火延及的广义门和神虎门当然都是北宫的门。广义门仅此一见，具体位置不详。而神虎门确是北宫西面的门。

《水经·穀水注》：阳渠水自洛阳城西"入城，径瑶光寺……又

---

[1]《后汉书》，第2515页。
[2]同上书，第3259页。
[3]《宋刊明州本六臣注文选》，北京，人民文学出版社，2008年，第57页上栏b面。
[4]《后汉书》，第316页。

东,历故金市南,直千秋门,古宫门也。又枝流入石逗,伏流注灵芝九龙池……其一水自千秋门南流,径神虎门下……又南流,东转,径阊阖门南"。[1]逗,通窦,意为穴,[2]石窦就是石砌的暗渠。考古发掘证明,阳渠自千秋门南流的一段也是暗渠。考古报告称:"在北魏宫墙西侧约2.7米处的北魏时期路面之下,解剖发现有北魏时期砖砌暗渠遗迹……该渠为宫城西墙外侧自北向南流水的一条大型排水暗渠。"[3]郦氏提到的千秋门和神虎门都是北魏宫城西墙的门。【参图一八】魏晋也有千秋门和神虎门。《晋书》卷五九《齐王冏传》:"长沙王乂径入宫,发兵攻冏府。冏遣董艾陈兵宫西。乂又遣宋洪等放火烧诸观阁及千秋、神武门。"[4]神武门即神虎门,唐人避李虎讳改。齐王陈兵"宫西"千秋、神虎门外,故长沙王烧之。此证魏晋宫城西墙亦有千秋、神虎二门。考古发掘还在北魏宫城西墙东侧1.7—2米处,发现了魏晋时期的宫城墙垣。该墙"由东、西相连的两块夯土构成,均在生土中夯筑"。此墙与东汉北宫西墙有无关系,不得而知,但其西侧的"大型河渠遗迹"可能与东汉有关。该河渠距魏晋宫墙4.2米,上口宽29米,底宽20.4米,"河渠底部为夹杂大量河卵石和碎瓦片的黄褐色土夯筑的硬面,河渠内有厚3米的灰黑色淤积土,为多个时期淤积而成"。西晋以后废弃,故"在河渠淤积土层之上,还叠压有多层魏晋以后至北朝时期的建筑瓦砾堆积、淤积土和路土面等遗迹,北魏时期的宫城西墙和排水暗渠均在此河渠淤积土层中开挖基槽修筑而成"。发掘者据此推测,该河渠在废弃前"经历了较长时间的使用",因而称之为"汉晋时

---

[1]《水经注疏》,第1406—1408、1415页。
[2]《水经注疏·淇水》:"又东南流,历土军东北,得旧石洈,故五水分流,世号五穴口。"杨守敬《疏》引赵一清曰:"洈,与逗同……乂与石窦通。"(第859页)
[3] 中国社会科学院考古研究所与日本奈良文化财研究所联合考古队:《河南洛阳市汉魏故城魏晋时期宫城西墙与河渠遗迹》,《考古》2013年第5期,第6页。
[4]《晋书》,北京,中华书局,1974年,第1610页。

期的大型河渠"。[1]如果此渠东汉时已经存在，东汉北宫的西墙便很可能也在渠东一线。如果这一推测不错，东汉神虎门的位置也应与魏晋神虎门大致相同。

神虎门是东汉北宫的西门，却不在《续汉志》卫尉条所载"宫掖门"内。这是因为神虎门在制度上不是"宫门"，而是"殿门"，不归卫尉管，而归光禄勋管。《续汉书·百官志二》光禄勋条本注曰："掌宿卫宫殿门户，典谒署郎更直执戟，宿卫门户。"又曰："凡郎官皆主更直执戟，宿卫诸殿门，出充车骑。"[2]汉代皇帝和诸侯王的宫城都有两道围墙，外墙为宫墙，门称"司马门"；内墙为殿墙，门称"殿门"，其内就是所谓"殿中"。西汉未央宫的"殿中"以"前殿"为中心，南面有端门，东面有名称失载的"殿东门"，西面有"白虎门"。[3]东汉北宫与之类似。张衡《东京赋》描述北宫德阳殿前的建筑，有"启南端之特闱……飞云龙于春路，屯神虎于秋方"三句。薛综注曰："端门，南方正门。"又曰："德阳殿东门称云龙门，德阳殿西门称神虎门。"[4]《续汉书·礼仪志下》载"大丧"礼曰："五官、左、右、虎贲、羽林五将，各将所部，执虎贲戟，屯殿端门，陛左右厢。"又曰："太尉奉谥策，还诣殿端门。"[5]"殿端门"之称，明指端门为"殿门"中的正门。大丧时，五官中郎将等率所部执戟"屯殿端门"，证明"殿门"确由郎官宿卫。端门如此，神虎、云龙等门当亦如此。

魏晋宫城西墙的门，除神虎门外，还有千秋门。《水经·穀水注》：阳渠水从洛阳城西侧的阊阖门"入城……直千秋门，古宫门

---

[1] 中国社会科学院考古研究所与日本奈良文化财研究所联合考古队：《河南洛阳市汉魏故城魏晋时期宫城西墙与河渠遗迹》，《考古》2013年第5期，第5页。
[2] 《后汉书》，第3574、3575页。
[3] 参本书《未央宫"殿中"考》。
[4] 《宋刊明州本六臣注文选》，第57页上栏a、b面。
[5] 《后汉书》，第3142、3145页。

也"。[1] 所谓"古"至少指魏晋，也可能包括东汉。现存东汉史籍中未见有关"千秋门"的明确记载，但以下信息隐约显示，东汉北宫相当于魏晋千秋门之处是有一座门的。《后汉书》卷一〇《皇后纪上》载：马太后居北宫，不好游乐，唯"置织室，蚕于濯龙中，数往观视，以为娱乐"，其间曾"过濯龙门上，见外家问起居者，车如流水，马如游龙"。[2] 案《礼记·文王世子》："鸡初鸣而衣服，至于寝门外，问内竖之御者曰：'今日安否何如？'"[3] 这就是"问起居"。汉魏亦有此制。《宋书》卷四〇《百官志下》："汉世太子五日一朝，非入朝日，遣仆及中允旦入请问起居。"[4]《三国志》卷三《明帝纪》注引《魏略》曰："帝……敬事郭后，旦夕因长御问起居。"[5] 马氏于濯龙门上所见，应是至北宫向太后御者问起居的外戚。"濯龙"是一座园林。《续汉书·百官志三》"濯龙监"条本注曰："濯龙亦园名，近北宫。"[6]《初学记》卷二四《园圃》"濯龙"条引司马彪《续汉书》曰："濯龙园在洛阳西北角。"[7] 据此，其位置似在北宫外。[8] 但《太平御览》卷五二六引《东观汉记》曰："桓帝初立黄老祠北宫濯龙中。"[9] 既曰"北宫濯龙"，则濯龙园应在北宫中。案《续汉书·五行志二》刘昭注引《魏志》曰："建安二十五年正月，曹公在雒阳，起建始殿，伐濯龙树而血出。"[10]《三国志》卷一《武帝纪》注引《世语》曰："太祖自汉中至洛阳，起建始殿，伐濯龙祠而树血出。"卷二《文帝纪》裴松之案："诸书

---

[1]《水经注疏》，第 1405—1407 页。
[2]《后汉书》，第 410、411 页。
[3]《十三经注疏》，第 5 册，第 391 页上栏 b 面。
[4]《宋书》，北京，中华书局，1974 年，第 1253 页。
[5]《三国志》，北京，中华书局，1959 年，第 91 页。
[6]《后汉书》，第 3596 页。
[7]《初学记》，北京，中华书局，1962 年，第 587 页。
[8] 参王仲殊：《中国古代都城概说》，图二。
[9]《太平御览》，第 2387 页下栏 b 面。
[10]《后汉书》，第 3300 页。

记是时帝居北宫,以建始殿朝群臣。"[1]曹操为起建始殿而伐濯龙之树,说明该殿建于濯龙园中。而曹魏建始殿在"北宫",即东汉北宫的北半部。参考上引司马彪之说,东汉濯龙园应在北宫内西北角。[2]马太后在濯龙门上看到入北宫"问起居者",其所经北宫之门必在濯龙园附近,很可能就是郦氏所说的那座"古宫门"。此门之内是皇帝、后妃及太后的居住区,应属"禁中"。《续汉书·百官志三》中黄门条:"宦者……掌给事禁中。"中黄门冗从仆射条:"宦者,主中黄门冗从,居则宿卫,直守门户。"[3]故此门可能由宦官守卫。

关于南宫的殿门,史籍所见痕迹更少。《续汉书·五行志二》:"南宫云台灾……延及白虎、威兴门。"[4]此"白虎门"无疑在南宫。《北堂书钞》卷一〇八"灵帝铸千斛"条引《汉记》云:"灵帝铸黄钟二千斛,四悬于嘉德端门内,二在云台殿前也。"[5]此文有误。原文应为"灵帝铸黄钟二千斛四,二在玉堂殿前,二在云台殿前也"。"悬于嘉德端门内"一句当系手民误抄于此,却保留了关于南宫端门的唯一信息。[6]嘉德殿在南宫,故此"端门"必定也在南宫。南宫既有端门、白虎门,应当也有苍龙门。参考北宫制度,它们应是南宫的"殿门",也由光禄勋属下的郎官负责守卫。端门是南宫殿中的正门。苍龙门若存在,便是殿中的东门,与苍龙司马所主宫城东门无干。白虎门则与北宫神虎门一样,也是宫城西墙之门,因不归卫尉管,故亦不见于《续汉志》"宫掖门"条。

根据以上分析,南北两宫皆呈"曰"形,南、东、北三面,宫

---

[1]《三国志》,第53、76页。
[2] 参钱国祥:《由阊阖门谈汉魏洛阳城宫城形制》,图一,《考古》2003年第7期。
[3]《后汉书》,第3594页。
[4] 同上书,第3297页。
[5]《续修四库全书》,第1212册,第500页下栏a面。
[6] 说见本书《东汉的"东宫"和"西宫"》。

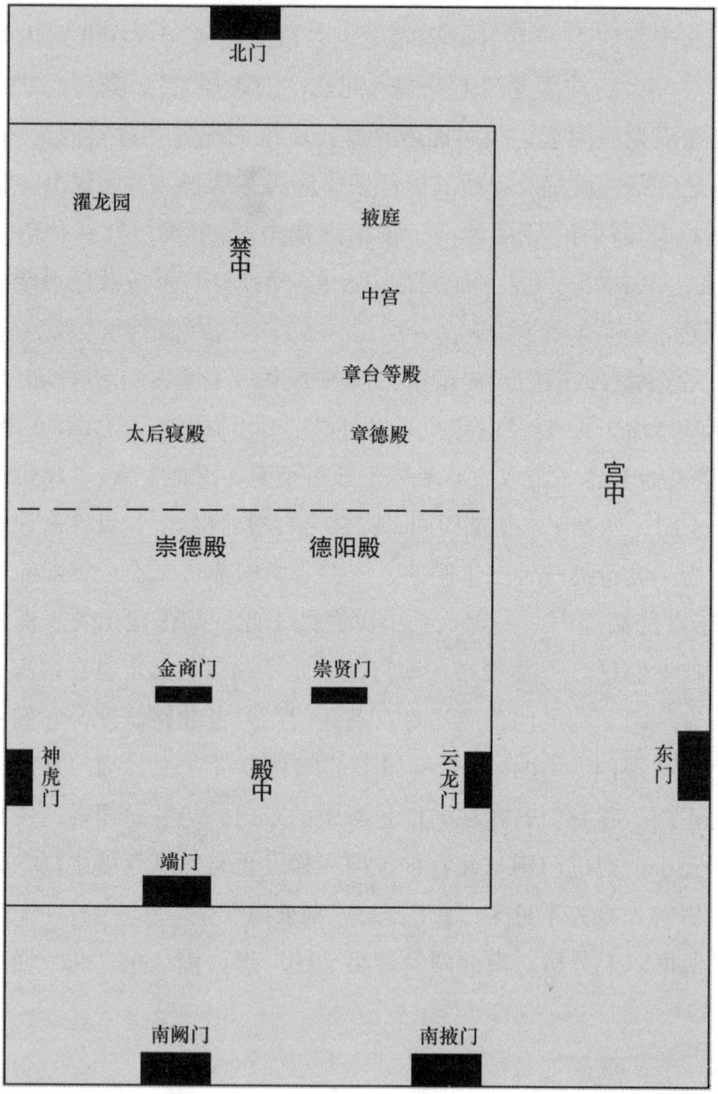

```
                    北门

       濯龙园              掖庭
              禁
              中       中宫

                       章台等殿

       太后寝殿          章德殿
   — — — — — — — — — — — — —              宫
              崇德殿   德阳殿                中


              金商门   崇贤门

    神                       云           东
    虎         殿中          龙           门
    门                       门

              端门


           南阙门      南掖门
```

图一六　东汉北宫示意图　自绘

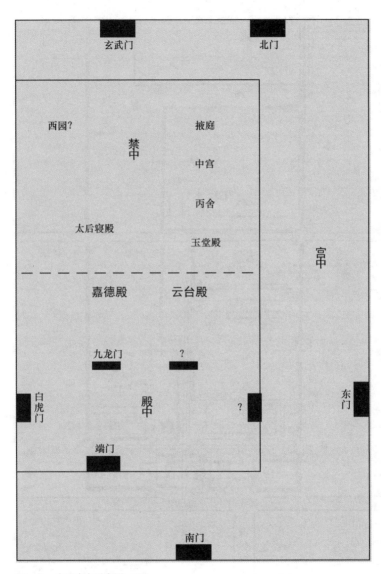

图一七　东汉南宫示意图　自绘

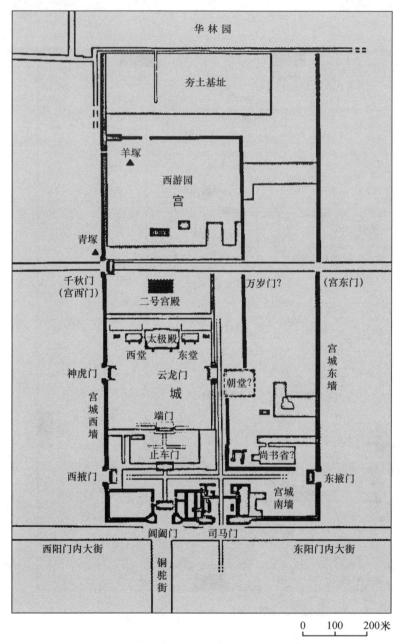

图一八　北魏洛阳宫城宫门位置图　钱国祥《汉魏洛阳城城门与宫院门的考察研究》，《华夏考古》2018年第6期，第11页

墙之内还有殿墙，西面则宫墙和殿墙为一道墙，整体重心及南北中轴线偏西。【图一六、图一七】魏、晋、北魏的宫城是在东汉北宫的基础上重建的，故呈同样格局。【图一八】

原载《文史》2018年第1辑

东汉的"东宫"和"西宫"

学人皆知东汉有南、北宫，但很少有人留意南、北宫中还各有"东、西宫"。《后汉书》卷八《灵帝纪》："中常侍张让、段珪等杀大将军何进，于是虎贲中郎将袁术烧东、西宫，攻诸宦者。"[1]卷六九《何进传》："宫阁闭，袁术与匡共斫攻之，中黄门持兵守阁。会日暮，术因烧南宫九龙门及东、西宫，欲以胁出让等。"[2]文中提到的"东、西宫"显然在南宫中。同书卷二《明帝纪》："帝崩于东宫前殿。"[3]卷七九下《儒林·杨仁传》："显宗特诏补北宫卫士令……及帝崩，时诸马贵盛，各争欲入宫。仁被甲持戟，严勒门卫，莫敢轻进者。"[4]北宫卫士令所守当然是北宫。外戚马氏争入北宫，是因为明帝灵柩在其中。可见《明帝纪》所谓"东宫"在北宫中。北宫中的"西宫"不见记载，但"东"与"西"对称，既有"东宫"，应当也有"西宫"。此事对东汉宫禁制度和宫廷政治的研究有重要意义，今试考证如下。

一 北宫的"东宫"和"西宫"

中国古代通常称太子宫为"东宫"，东汉亦然。如《后汉书》卷

---

[1]《后汉书》，北京，中华书局，1965年，第358页。
[2] 同上书，2252页。
[3] 同上书，第123页。
[4] 同上书，第2574页。

二九《申屠刚传》:"数言皇太子宜时就东宫。"卷三二《阴识传》:"及显宗立为皇太子,以识守执金吾,辅导东宫。"[1]此类语境下的"东宫"皆指太子宫。但明帝即位后不可能仍居太子宫,更不会崩于太子宫,故上引《明帝纪》所言之"东宫"肯定不是太子宫。

古人有国君及夫人当"薨于路寝"之说。《礼记·丧大记》:"男子不死于妇人之手,妇人不死于男子之手。君、夫人卒于路寝。"郑玄注:"言死者必皆于正处也。"[2]《左传》庄公三十二年经:"公薨于路寝。"杜预注:"路寝,正寝也。"孔颖达疏:"薨于路寝,得其正也。"僖公三十三年传:"公……薨于小寝,即安也。"杜预注:"小寝,夫人寝也。讥公就所安,不终于路寝。"[3]汉人则视"前殿"为路寝。《汉书》卷二七《五行志下之上》载:有男子王褒"上前殿,入非常室中,解帷组结佩之",下文则称其"径上前殿路寝,入室取组而佩之"。[4]西汉皇帝自惠帝以下皆居未央宫,除武帝外也都"崩于未央宫"。[5]武帝虽"崩于五柞宫",但"入殡于未央宫前殿"。[6]昭帝的灵柩也停在前殿,故称"大行在前殿"。[7]其他皇帝死后灵柩停于何处,不见记载,以武帝、昭帝之例推之,应当都在未央前殿。看来西汉是遵行"薨于路寝"之制的。东汉亦受此说影响,皇帝皆崩于"前殿"。《后汉书》卷一《光武帝纪下》:建武十四年(38年)正月,"起南宫前殿";中元二年(57年)二月,"帝崩于南宫前殿"。[8]明帝即位后,移居北宫,当薨于北宫前殿。《后汉书》卷四一《钟离意传》载:明帝"大起北

---

[1]《后汉书》,第1017、1130页。
[2]《十三经注疏》,台北,艺文印书馆,2001年,第5册,第761页上栏、下栏。
[3] 同上书,第6册,第180页下栏a面、第291页下栏。
[4]《汉书》,北京,中华书局,1962年,第1475页。
[5] 同上书,第92、131、153、232、274、298、330、344、360页。
[6] 同上书,卷六《武帝纪》,第211、212页。
[7] 同上书,卷六八《霍光传》,第2940页。
[8]《后汉书》,第63、85页。

宫",尚书钟离意加以谏阻,"及德阳殿成,百官大会,帝思意言,谓公卿曰:'钟离尚书若在,此殿不立。'"[1]《续汉书·礼仪志中》刘昭注引蔡质《汉仪》载东汉岁首朝贺仪曰:"正月旦,天子幸德阳殿,临轩。公、卿、将、大夫、百官各陪位朝贺。"[2]根据这些记载,德阳殿无疑是明帝新建的北宫前殿。因此,明帝临终所居之"东宫前殿"应该就是德阳殿。

德阳殿是北宫前殿,为何又称"东宫前殿"?这个问题可从张衡《东京赋》及薛综注中索解。《东京赋》述明帝营建北宫之事曰:

> 逮至显宗,六合殷昌;既新崇德,遂作德阳。启南端之特闱,立应门之将将;昭仁惠于崇贤,抗义声于金商。飞云龙于春路,屯神虎于秋方;建象魏之两观,旌六典之旧章。

这段文字大致勾画出北宫核心区域的建筑布局。其中,崇德、德阳都是殿名。"既新崇德,遂作德阳"两句,特别是"新""作"二字,透露出这样的信息:崇德殿是原有的,德阳殿是新建的;明帝先对崇德殿加以翻新或改建,故曰"既新",然后兴建德阳殿,故曰"遂作"。薛综注逐句释曰:

> 崇德在东,德阳在西,相去五十步。
> 端门,南方正门。应门,中门也。
> 崇贤,东门名也;金商,西门名也。谓东方为木,主仁,如春以生万物,昭天子仁惠之德,故立崇贤门于东也;西为金,主义,音为商,若秋气之杀万物,抗天子德义之声,故立金商门于西。

---

[1]《后汉书》,第1410页。
[2] 同上书,第3131页。

> 德阳殿东门称云龙门，德阳殿西门称神虎门。神虎，金兽也。秋方，西方也。飞，飞龙也……为木兽。春路，东方道也。
>
> 象魏，阙也，一名观也。旌，表也。言所以立两观者，欲表明六典旧章之法。[1]

薛综，三国时人，仕于孙权，去汉未远，著有《二京解》，[2]对东汉宫城制度应相当了解。故上引注文可信度很高，唯"崇德在东，德阳在西"一句有误。日本学者外村中已发现此事，指出崇贤门是东门，德阳殿在其内；金商门是西门，崇德殿在其内，因而"崇德殿不在东，而在西"。[3]其说是。案《后汉书》卷六〇《蔡邕传下》："时妖异数见，人相惊扰……诏召邕与光禄大夫杨赐、谏议大夫马日䃅、议郎张华、太史令单扬诣金商门，引入崇德殿，使中常侍曹节、王甫就问灾异及消改变故所宜施行。"同书卷五四《杨震传附杨赐传》载此事作："赐及议郎蔡邕等入金商门崇德署。"[4]此证金商门是崇德殿前之门，负责崇德殿事务的崇德署在此门内。同书卷六《顺帝纪》"德阳殿西钟下"句李贤注引《汉官仪》曰："崇贤门内德阳殿。"[5]《汉官仪》乃东汉应劭所作，可信度也很高。[6]因此，崇贤门可以确定是德阳殿前之门。上引薛综注明言崇贤门是东门，金商门是西门，且以"东方为木，主仁，如春"，"西为金，主义，音为商，若秋"等说辞进行论证，因而不会有误。既然如此，金商

---

[1]《宋刊明州本六臣注文选》，北京，人民文学出版社，2008年，第57页上栏。
[2]《三国志》卷五三《薛综传》，北京，中华书局，1959年，第1254页。
[3] 外村中：《魏晋洛阳都城制度攷》，京都大学人文科学研究所《人文学报》，第99号，第7页。
[4]《后汉书》，第1998、1779页。
[5] 同上书，第250页。
[6] 同上书，卷四八《应奉传附应劭传》："著《汉官礼仪故事》。"（第1614页）当即此书。参周天游：《汉官六种·校点说明》，北京，中华书局，1990年，第3页。

门内的崇德殿必然在西,崇贤门内的德阳殿必然在东。"崇德在东,德阳在西"应作"德阳在东,崇德在西",可能是后人传抄致误。

　　纠正了这一讹误,《东京赋》和薛综注所提供的信息就大致清楚了。德阳殿和崇德殿东西并列,相距五十步。[1]两殿前的崇贤门和金商门亦东西并列。两门之外有宽阔的庭院和三座门,南有端门,东有云龙门,西有神虎门。端门之外则是双阙高耸的北宫南阙门。需要进一步说明的是,端门即正门,应正对前殿,但北宫端门并不正对德阳殿。《后汉书》卷四〇下《班彪传附班固传下》:"乃盛礼乐供帐,置乎云龙之庭。"李贤注引戴延之《记》曰:"端门东有崇贤门,次外有云龙门。"[2]戴延之是东晋末年人,著有《西征记》,李贤数引之。此注所引《记》,当亦《西征记》。《新唐书·艺文志》还著录有"戴延之《洛阳记》一卷",[3]姚振宗推测其内容亦在《西征记》中。[4]根据这条材料,崇贤门和其内的德阳殿不在端门正北,而在"端门东",端门正对的可能是金商门和崇德殿。这一格局大概是明帝"大起北宫"时形成的。崇德殿是原有的,在明帝新建德阳殿前,它应是北宫前殿。金商门和端门也是原有的,故与崇德殿南北相对,在一条中轴线上。崇贤门和德阳殿是明帝在金商门和崇德殿以东新建的,故斜对端门。秦汉殿式建筑通常有内外两个庭院,[5]而德阳殿和崇德殿共同拥有一个由端门、云龙门、神虎门构成的外院,又各自拥有一个由崇贤门和金商门构成的内院。【图一六】《明帝纪》所谓"东宫"既指德阳殿所在的东院,崇德殿所在的西院应当就是"西宫"了。

---

[1] 汉代六尺为一步,一尺约合今23.1厘米,五十步约为69.3米。
[2] 《后汉书》,第1367页。
[3] 《新唐书》卷五八《艺文志二》,北京,中华书局,1975年,第1503页。
[4] 姚振宗:《隋书经籍志考证》,《二十五史补编》,北京,中华书局,1955年,第4册,第351页。
[5] 参本书《说"殿"》。

二 南宫的"东宫"和"西宫"

前引《后汉书》卷六九《何进传》提到南宫的"东、西宫",细读上下文,便可大致判断其位置。为分析方便,先摘录有关文字于下:

> 进入长乐白太后,请尽诛诸常侍以下……张让等使人潜听,具闻其语,乃率常侍段珪、毕岚等数十人,持兵窃自侧闼入,伏省中。及进出,因诈以太后诏召进,入坐省闼……尚方监渠穆拔剑斩进于嘉德殿前……进部曲将吴匡、张璋素所亲幸,在外闻进被害,欲将兵入宫。宫阁闭,袁术与匡共䎱攻之,中黄门持兵守阁。会日暮,术因烧南宫九龙门及东、西宫,欲以胁出让等。"[1]

此事发生于南宫嘉德殿。张衡《东京赋》:"九龙之内,寔曰嘉德。"[2]是嘉德殿前有九龙门。在上引文中,此门又称"省闼",门内即是"省中"。宦官将何进骗入九龙门杀死,并关闭"宫阁",持兵固守。袁术等攻之不克,遂火烧"九龙门及东、西宫"。由此看来,南宫的"东、西宫"就在九龙门一线。

和北宫的金商门、崇贤门相似,南宫的九龙门也在端门、白虎等门内。《北堂书钞》卷一〇八"灵帝铸千斛"条引《东观汉记》之文,提到灵帝铸黄钟一事。[3] 吴树平《东观汉记校注》将其点作:"灵帝铸黄钟二千斛,四悬于嘉德端门内,二在云台殿前

---

[1]《后汉书》,第2251、2252页。
[2]《宋刊明州本六臣注文选》,第57页下栏。
[3] 南海孔氏三十有三万卷堂本,《续修四库全书》,上海古籍出版社,2002年,第1212册,第500页下栏。

也。"[1]此事又见于《后汉书》卷八《灵帝纪》和卷七八《宦者传》，前者作"铸……黄钟四"，后者作"铸四钟，皆受二千斛，县于玉堂及云台殿前"。[2]《艺文类聚》卷八四《宝玉部下》"铜"字条引华峤《汉书》亦有此文，作"铸四钟，皆受二千斛，悬于堂及云台殿殿前"，[3]与《宦者传》略同，唯"于"后脱"玉"字。吴树平指出："诸书所载皆云铸四钟，据《书钞》所引则铸六钟，恐有讹误。"[4]笔者以为应是《书钞》所引有误。[5]《东观汉记》原文"四"应上属，作"铸黄钟二千斛四"，其下应有"二在玉堂殿前"一句。可能是手民将上文或下文中"悬于嘉德端门内"一句误抄于此。虽系误抄，却保留了重要信息，因为这是现今所见涉及南宫端门的唯一记载。所谓"嘉德端门"，意味着南宫端门在嘉德殿前。参照前述北宫崇德殿之例，嘉德殿、九龙门、端门应南北相对，在一条中轴线上。嘉德殿建于何时，不见记载，很可能和北宫崇德殿一样，也是南宫原有的建筑。在刘秀"起南宫前殿"之前，它应是南宫前殿。《灵帝纪》又载：中平二年（185 年）二月己酉，"南宫大灾，火半月乃灭"。《续汉书·五行志二》载此事曰："己酉，南宫云台灾。庚戌，乐成门灾，延及北阙，度道西，烧嘉德、和欢殿。案云台之灾自上起，榱题数百，同时并然，若就县华镫，其日烧尽，延及白虎、威兴门。"[6]这场大火从云台殿燃起，向北延及乐成门、北阙，又"度道西"，延及嘉德、和欢等殿及白虎、威兴等门。由此

---

[1] 吴树平：《东观汉记校注》，郑州，中州古籍出版社，1987 年，第 136 页。

[2] 《后汉书》，第 353、2537 页。

[3] 《艺文类聚》，汪绍楹校，北京，中华书局，1965 年，第 1443 页。

[4] 吴树平：《东观汉记校注》，第 140 页。

[5] 陈禹谟本作："灵帝铸黄钟二千斛于嘉德端门内。"见《文渊阁四库全书》，台北，台湾商务印书馆，1986 年，第 889 册，第 531 页上栏。孔本案语："陈本删'四'字及'二在'以下。"陈本虽是最早的刻本，但臆增、臆删、臆改之处甚多，此亦一例。参阅王锵：《山简乡品考——以〈北堂书钞〉版本异文为线索》，《中国史研究》2005 年第 3 期。

[6] 《后汉书》，第 351、3297 页。

东汉的"东宫"和"西宫"

可知，云台殿在嘉德殿东，其间有"道"相隔。"白虎门"仅此一见，应是嘉德殿前西面的门。与白虎门对称的是青龙门或苍龙门，虽不见记载，但应该是存在的。[1]这样看来，南宫端门、白虎门、青（苍）龙门之内，也有东西并列的两大建筑，西为嘉德殿，东为云台殿。嘉德殿前有九龙门，云台殿前肯定也有一门，从而构成两个院落。【图一七】袁术所烧"东、西宫"应该就是这两个院落。

说到这儿，就要讨论一下云台殿和刘秀所建"南宫前殿"的关系了。南宫"前殿"在《后汉书》中仅三见，[2]且都在光武时期，其后便不见踪影。这不合情理。如前述，明帝所建北宫"前殿"又名"德阳"。循例而推，刘秀所建南宫"前殿"应当也有一个名称。张衡《东京赋》描述南宫有"于南则前殿云台和欢安福"[3]一句。"和欢安福"无疑是两个殿名，中间应断开。"前殿云台"则有可能是一个殿名，意味着"前殿"名"云台"。张铣注此句曰："三者皆殿名。"[4]似乎是以"和欢""安福"为两殿，而以"前殿云台"为一殿。李尤《东观赋》："东观之艺，孽孽洋洋，上承重阁，下属周廊……前望云台，后匝德阳。"[5]东观位于南宫北部，是座多层阁式建筑，站在上面可俯瞰洛阳全城及南北两宫。李尤曾被和帝"召诣

---

[1]《续汉书·百官志二》宫掖门条："南宫……苍龙司马，主东门。"刘昭注："案《洛阳宫门名》为苍龙阙门。"（《后汉书》，第3580页）此为"宫门"，而与白虎门相对的青龙门或苍龙门是"殿门"，二者不同。参本书《东汉的"殿中"和"禁中"》。

[2]《后汉书》卷一下《光武帝纪下》：十四年春正月，"起南宫前殿"；中元二年二月，"帝崩于南宫前殿"。同书卷四二《广陵王荆传》："光武崩，大行在前殿，荆哭不哀。"（第63、85、1446页）

[3]"云台"，李善注本作"灵台"。灵台位于洛阳城南郊，不在南宫中，应以"云台"为是。李善注本盖因云（雲）、灵（靈）型近至讹。类似情形常见。如上引《续汉书·五行志二》"南宫云台灾"，《太平御览》卷八三五引作"南宫灵台灾"。（北京，中华书局，1960年，第3729页下栏）《后汉书》卷八三《逸民周党传》：博士范升奏毁党曰："臣愿与坐云台之下，考试图国之道。"（第2762页）《太平御览》卷四九八引《东观汉记》载此事作"臣愿与并论灵台之下"。（第2276页上栏）

[4]《宋刊明州本六臣注文选》，第57页下栏。

[5]《艺文类聚》卷六三《居处部三》，第1135页。

东观，受诏作赋，拜兰台令史"，[1]所言当即所见。由"前望云台，后匝德阳"一句可知，云台殿和德阳殿分别是南北两宫最高大的建筑。而秦汉皇宫中最高大的建筑通常都是"前殿"，阿房宫、未央宫、建章宫、甘泉宫皆然。[2]《续汉书·礼仪志中》刘昭注引蔡质《汉仪》曰："德阳殿周旋容万人，陛高二丈……自到偃师，去宫四十三里，望朱雀五阙、德阳，其上郁律与天连。"[3]可见，德阳殿作为北宫前殿也是宫中最高大的建筑。李尤将云台与德阳并提，证明云台殿是南宫最高大的建筑，与"南宫前殿"的地位相符。《后汉书》卷六《顺帝纪》载顺帝即位事曰：顺帝"于德阳殿西钟下"即位，既而率"近臣尚书以下，从辇到南宫，登云台，召百官"，下令收捕外戚阎氏。[4]这表明云台殿是南宫最重要的政治设施，也符合"前殿"身份。《后汉书》卷三二《阴兴传》："拜卫尉，亦辅导皇太子。明年夏，帝风眩疾甚，后以兴领侍中，受顾命于云台广室。"李贤引《尚书》孔安国注云："临终之命曰顾命。"[5]此事虚惊一场，刘秀不久便"疾瘳"了，但他病重时以为不久于人世，故移居"云台广室"，并委任了顾命大臣。从其后刘秀"崩于南宫前殿"的事实看，"云台"应当就是"南宫前殿"。

据《后汉书》卷一下《光武帝纪下》，刘秀"起南宫前殿"在建武十四年。而同书卷三三《冯鲂传》："建武三年，征诣行在所，见于云台。"李贤注："即南宫云台也。"卷三六《范升传》："建武……四年正月，朝公卿、大夫、博士，见于云台。"卷七七《酷吏樊晔传》："建武初，征为侍御史，迁河东都尉，引见云台。"[6]可

---

[1]《后汉书》卷八〇上《文苑李尤传》，第2616页。
[2] 参本书《未央宫四殿考》。
[3]《后汉书》，第3131页。"五"字疑衍。
[4] 同上书，第249、250页。
[5] 同上书，第1131页。
[6] 同上书，第1148、1228、2491页。

见"云台"在刘秀"起南宫前殿"之前已经存在,而且是刘秀经常使用的重要政治设施。看来,刘秀是将原有的"云台"改建为"南宫前殿",并保留了原来的名称。

西汉殿式建筑似流行一正殿在前、二配殿在后的格局,[1]但未见称之为前、后殿的例子,故未央、长乐等宫的"前殿"都是专有名称。东汉则不同,常见"某某前殿""某某后殿"之称。如"崇德前殿""崇德后殿""玉堂前殿""玉堂后殿"。又有"德阳前殿""章德前殿"等,当亦有同名后殿。在这种情况下,"前殿"已非专有名称,若不系殿名便亦致混淆。南北两宫的"前殿"往往直称云台殿和德阳殿,当与此有关。

三　北宫章德殿和南宫玉堂殿

南、北宫中各有东、西宫,形成四个相对独立的院落。崇德、德阳、嘉德、云台四殿是各院落的标志性建筑,其后还有其他建筑,构成四个宫殿群。德阳殿被称作"东宫前殿",便透露出"东宫"有许多殿,而德阳是其中的"前殿"。《后汉书》卷三七《桓荣传附桓郁传》:明帝"自制《五家要说章句》,令郁校定于宣明殿"。李贤注:"宣明殿在德阳殿后。"卷一〇《皇后纪下》:顺帝"于寿安殿立贵人为皇后"。李贤注:"寿安是德阳宫内殿名。"[2]东汉史籍中未见"德阳宫"之称,但寿安、宣明等殿亦属德阳殿所在之"东宫"是不错的。崇德殿、嘉德殿、云台殿所在的院落当亦如是。由于洛阳以前不是帝都,以原有建筑为主的"西宫"不如东汉新建的"东宫"来得宏伟,故东汉皇帝皆居"东宫"。《蔡邕集》载

---

[1] 参阅刘庆柱主编:《中国古代都城考古发现与研究》,北京,社会科学文献出版社,2016年,第274、286页。
[2] 《后汉书》,第1254、1255、439页。

前述奉诏入崇德殿之事曰：邕等"入崇德殿署门内南辟帷中为都座"，曹节、王甫"从东省出，就都座"。[1]曹节和王甫都是灵帝身边的宦官，奉灵帝之命而来，故曰"从东省出"。"东省"即皇帝之省，在"东宫"。[2]

北宫之"东宫"，除德阳殿外，最重要的建筑是章德殿。德阳殿主要用于重大礼仪活动，章德殿则是皇帝日常办公和居住的场所。《后汉书》卷一〇《皇后纪上》：章帝窦皇后"入掖庭，见于北宫章德殿"。卷三《章帝纪》："帝崩于章德前殿。"卷五五《清河王庆传》："永元四年，（和）帝移幸北宫章德殿。"卷四《和帝纪》："帝崩于章德前殿。"[3]根据这些记载，章帝、和帝皆居章德殿。安帝、少帝亦居北宫，居于何殿不见记载，应当也是章德殿。除"薨于路寝"外，汉人还有路寝用于"治事"、小寝用于"燕息"之说。《周礼·天官·宫人》："掌王之六寝之修。"郑玄注："六寝者，路寝一，小寝五……路寝以治事，小寝以时燕息焉。"[4]章帝、和帝崩于"章德前殿"，意味着此殿便是"路寝"，即其"治事"之处，而章德后殿当属"小寝"，即其"燕息"之处。《后汉书》卷三五《张纯传附张奋传》，永平十七年（74年），"来朝上寿，引见宣平殿，应对合旨"。[5]此时明帝已居北宫，故宣平殿应在北宫。明帝既在此引见臣下，当是其日常"治事"之处。宣平殿仅见于明帝时，而章德殿却不见于明帝时。笔者由此怀疑，章德殿可能就是原来的宣平殿，章帝时改了殿名。

南宫之"东宫"，除云台殿外，最重要的建筑是玉堂殿。前述

---

[1] 张溥辑：《汉魏六朝百三家集》卷一八《汉蔡邕集》，上海古籍出版社，影印文渊阁《四库全书》本，1994年，第441页下栏。
[2] 参本书《东汉的"殿中"和"禁中"》。
[3] 《后汉书》，第415、159、1800、194页。
[4] 《十三经注疏》，第3册，第91页下栏。
[5] 《后汉书》，第1198页。

灵帝"铸四钟,皆受二千斛,县于玉堂及云台殿前",便可证明这一点。《后汉书》卷六《顺冲质帝纪》:顺帝、冲帝、质帝皆"崩于玉堂前殿"。[1]这意味着三帝皆居玉堂殿,前殿是"治事"之"路寝",后殿是"燕息"之"小寝"。此殿自顺帝以后才见于记载。《后汉书》卷六《顺帝纪》:阳嘉元年(132年),"起西苑,修饰宫殿"。[2]同书卷三〇《郎𫖮传》载𫖮批评此事曰:"寻宫殿官府,近始永平,岁时未积,便更修造。"[3]是顺帝曾继明帝之后又一次大规模修造宫殿,玉堂殿便是成果之一。但该殿可能也有前身。《后汉书》卷二四《马援传》:建武年间,隗嚣派马援奉书至洛阳,"援至,引见于宣德殿"。注引《东观记》曰:"援初到,敕令中黄门引入,时上在宣德殿南庑下,但帻坐。"后援"于交址得骆越铜鼓,乃铸为马式,还上之……有诏置于宣德殿下"。[4]袁宏《后汉纪》载此事曰:马援"初到,召诣尚书。有顷,中黄门一人引入,时在宣德殿"。[5]从这几条材料看,宣德殿似为刘秀日常办公的场所。但刘秀之后,不见皇帝于宣德殿办公的记载,却出现了地位和功能与之相似的安福殿。张衡《东京赋》描述南宫诸殿,只有"前殿云台,和欢、安福"和"九龙之内,寔曰嘉德"两句,可见安福殿是南宫重要建筑。而由前引《续汉志》所载云台之火"度道西,烧嘉德、和欢殿"可知,和欢殿在"西宫",那么安福殿便很有可能在"东宫"。《后汉书》卷八〇《文苑黄香传》:"召诣安福殿言政事,拜尚书郎……永元四年,拜左丞,功满当迁,和帝留,增秩。"[6]和帝当时居南宫,[7]召臣下"诣安福殿言政事",表明该殿是他日常办

---

[1]《后汉书》,第274、276、282页。
[2]同上书,第262页。
[3]同上书,第1054、1058页。
[4]同上书,第830、840、841页。
[5]袁宏:《后汉纪》,北京,中华书局,2002年,第69页。
[6]《后汉书》,第2614页。
[7]参本书《东汉的南宫和北宫》。

公的场所。或许和帝以后的安福殿就是原来的宣德殿，顺帝又将其改建为玉堂殿。

《续汉书·百官志三》："黄门令一人，六百石。本注曰：宦者。主省中诸宦者。丞、从丞各一人。本注曰：宦者。从丞主出入从。黄门署长、画室署长、玉堂署长各一人，丙署长七人，皆四百石，黄绶。本注曰：宦者。"[1]东汉黄门令所主之"省"是皇帝生活起居和办公理政之所，黄门署长等应是黄门令属官。[2]从黄门署、画室署、玉堂署、丙署等机构的名称中，可大致看出该"省"的结构和布局。玉堂署显然是管理玉堂殿的机构，而玉堂殿无疑是"省"中主体建筑。此殿也有内外两个庭院，黄门署所掌"黄门"显然是其外院大门，画室署所掌"画室"则是其内院之门。西汉未央宫也有画室门。《汉书》卷六八《霍光传》载：昭帝时，大将军霍光与左将军上官桀辅政。桀令人以燕王名义诬告霍光谋反，"候司光出沐日奏之"。"明旦，光闻之，止画室中不入。上问：'大将军安在？'左将军桀对曰：'以燕王告其罪，故不敢入。'有诏召大将军。光入，免冠顿首谢。"[3]此事发生的场所可能是西汉皇帝日常办公的承明殿，[4]"画室"则是殿前内院之门。[5]霍光作为辅政大臣入

---

[1]《后汉书》，第3594页。
[2] 据《汉书》卷一九上《百官公卿表上》，西汉少府有"黄门"等"八官令丞"，"诸仆射、署长、中黄门皆属焉"。（第731页）东汉之制应与之同，黄门令属下有若干"署长"。
[3]《汉书》，第2935、2936页。
[4] 参本书《未央宫四殿考》。
[5] 注家对"画室"有各种解释。如纯曰："近臣所止计划之室也，或曰雕画之室。"师古曰："雕画是也。"王先谦《补注》引何焯曰："画室，即武帝画周公负成（原文误作武）王朝诸侯以赐光，光奉之于室中也。"又引沈钦韩曰："时盖已移光禄勋禁止也。《续志》少府属有'画室署长'，然则被告劾者待罪之所。"又引周寿昌曰："画室当是殿前西阁之室……时昭帝御殿内，光止西阁之室中以待命。'不入'，言不入殿也。"王先谦以为"周说是"。（《汉书补注》，北京，中华书局，1983年，第1303页下栏、1304上栏）周说的根据主要是《汉书》卷六六《杨敞传附杨恽传》中的一段文字："恽上观西阁上画人，指桀纣画谓乐昌侯王武曰：'天子过此，（转下页）

殿见昭帝，本应直入此门而上殿，"止画室中不入"是因自己被弹劾，故以待罪姿态等候皇帝召见。东汉玉堂殿前的"画室"门，应是沿用西汉之名。据上引《续汉志》，"画室署长"在"黄门署长"和"玉堂署长"之间。这也意味着画室门在黄门和玉堂殿之间，与殿前内院之门的位置相符。所谓"丙署"应是管理"丙舍"的机构。《后汉书》卷五五《清河王庆传》：章帝废太子庆，将其母梁贵人"置丙舍，使小黄门蔡伦考实之"，和帝即位后，庆亦曾"别居丙舍"。[1]丙署长既有七人，丙舍当有七处。丙署既归黄门令掌管，丙舍的功能当与玉堂后殿相似，也是皇帝"小寝"。七处"丙舍"可能还各有殿名。同书卷六《顺帝纪》：永和元年（136年）十月，"承福殿火，帝避御云台。"[2]卷六一《周举传》："永和元年，灾异数见，省内恶之，诏召公、卿、二千石、尚书诣显亲殿。"永和六年，"时连有灾异，帝……召举于显亲殿，问以变眚"。[3]承福殿当在玉堂殿附近，故永和年间顺帝因"承福殿火"一度"避御云台"，又移居显亲殿若干年。承福、显亲等殿可能都是"丙舍"。

玉堂殿是顺帝以后才有的，《续汉志》黄门令条所载当然是顺帝以后南宫的制度。四库全书本《东观汉记》卷四《百官表》四库馆臣校语曰："司马彪之《志》本之胡广所注王隆《汉官篇》，多顺帝以后所更改。"[4]其说是。但这条材料所反映的基本制度，应是南北两宫通用的。所以，当皇帝居北宫时，黄门令所掌管的应是以章

（接上页）一二闻其过，可以得师矣.' 画人有尧舜禹汤，不称而举桀纣。"（第2891页）此"西阁"在宫中何处，无从考证。周说在"殿前"，并无证据。《汉书》卷九九下《王莽传下》："榆树大十围，东僵，击东阁，阁即东永巷之西垣也。"（第4159页）是未央宫中的墙垣有建成阁道形式者。杨恽"上观西阁"，又云"天子过此"，则"西阁"应是宫中某处西垣上的阁道，道侧壁上画有历史人物，与霍光所止"画室"无关。笔者以为，从上下文看，"画室"即非阁道，亦非殿前一室，而是殿前之门。

〔1〕《后汉书》，第1800页。
〔2〕同上书，第265页。
〔3〕同上书，第2027、2029页。
〔4〕《文渊阁四库全书》，第370册，第93页上栏。

德殿为中心的一个建筑群。张衡《东京赋》描述崇德、德阳以北的建筑说："其内则含德、章台、天禄、宣明、温饬、迎春、寿安、永宁，飞阁神行，莫我能形。"[1]此八殿有"飞阁"相连，显然是一组建筑。张衡《东京赋》作于安帝时，故对宫中建筑的描述以北宫为主。奇怪的是，章德殿此时已存在，张衡却未提及。八殿中除章台、宣明、寿安外皆不见于史传，[2]这本不足为怪，但"含德"居八殿之首，应是重要建筑，也不见于史传便不合情理。因此，笔者怀疑"含德"或为"章德"之误。在北宫由黄门令掌管的"省中"，章德殿是主体建筑，此外还应有相当于南宫"丙舍"的建筑。《东京赋》提到的"章台"以下七殿有可能就是北宫的"丙舍"。

　　章德殿可能还与著名的"鸿都门"有关。《后汉书》卷三六《贾逵传》：章帝"拜逵所选弟子及门生为千乘王国郎，朝夕受业黄门署，学者皆欣欣羡慕焉"。[3]章帝在章德前殿理事，此黄门署所掌"黄门"就是殿前外院之门。贾逵所选弟子及门生在此受业，如同天子门生，故令人羡慕。灵帝也有类似举动。同书卷八《灵帝纪》：光和元年（178年），"始置鸿都门学生"。卷六〇下《蔡邕传》详载其事曰："初，帝好学，自造《皇羲篇》五十章，因引诸生能为文赋者，本颇以经学相招，后诸为尺牍及工书鸟篆者，皆加引召，遂至数十人。侍中祭酒乐松、贾护，多引无行趣执之徒，并待制鸿都下，憙陈方俗闾里小事，帝甚悦之，待以不次之位。"[4]灵帝显然在鸿都门内理事，鸿都门学生"待制鸿都门下"，故得以用"方俗闾里小事"哄灵帝开心。同书卷一五《来历传》：安

---

[1]《宋刊明州本六臣注文选》，第57页上栏、下栏。
[2]《后汉书》卷二四《马援传附马防传》："子钜……当冠，特拜为黄门侍郎，肃宗亲御章台下殿，陈鼎俎，自临冠之。"卷三二《樊儵传》："广陵王荆有罪……奏请诛荆，引见宣明殿。"《续汉书·五行志二》刘昭注引《古今注》："章帝建初元年十二月，北宫火，烧寿安殿。"（第856、1123、3293页）
[3]《后汉书》，第1239页。
[4] 同上书，第340、1991、1992页。

帝"废太子为济阴王",历要结大臣十余人"俱诣鸿都门证太子无过","帝与左右患之,乃使中常侍奉诏胁群臣",群臣"乃各稍自引起"。[1] 此例证明,鸿都门是安帝日常"治事"之"路寝"外大门,很可能就是章德殿前外院之"黄门"。

东汉皇帝只有灵帝曾居"西宫"。《续汉书·礼仪志中》刘昭注引蔡质所记灵帝立宋皇后仪曰:"皇后初即位于章德殿。"[2] 灵帝立宋皇后的仪式在章德殿举行,证明灵帝即位后居北宫章德殿。约在中平元年(184年)四月至二年二月间,灵帝"徙南宫",[3] 六年四月"崩于南宫嘉德殿"。[4] 灵帝徙南宫,照例应居玉堂殿,居嘉德殿当有特殊原因。案《后汉书》卷八《灵帝纪》,前述"南宫大灾"发生在中平二年二月己酉,应在灵帝"徙南宫"后不久。大火烧了"东宫"的云台、玉堂等殿,也延及"西宫"的嘉德、和欢等殿。于是宦官"说帝令敛天下田亩税十钱,以修宫室",又营私舞弊,从中渔利,致使"宫室连年不成"。[5] 在这场火灾中,"东宫"建筑确实损毁严重,故有"复修玉堂殿"及铸四黄钟"悬于玉堂及云台殿前"之事;"西宫"建筑未见大规模修复,可能损失不大。灵帝遂暂时移居嘉德殿,四年后因"东宫"修复工程拖延,未及迁回便死在了嘉德殿。

四 太后与"西宫"

东汉之制,皇帝死后,新帝即位,先帝的后妃都要迁出中宫和掖庭。其中,贵人以下须移居别宫或帝陵,只有皇后被尊为皇太

---

[1]《后汉书》,第591页。
[2] 同上书,第122页。
[3] 文见《后汉书》卷五四《杨赐传》,第1784页。详细考证见本书《东汉的南宫和北宫》。
[4]《后汉书》卷八《灵帝纪》,第357页。
[5] 同上书,卷七八《宦者张让传》,第2535页。

后，从"中宫"迁入"长乐宫",[1]继续与皇帝同居一宫。东汉初的阴氏、马氏两位皇太后都是这样。刘秀居南宫，阴氏作为皇后当然居南宫之"中宫"。明帝即位之初仍居南宫，永平八年（65年）移居北宫。阴氏为皇太后，永平七年崩，没赶上搬家，始终居于南宫。《后汉书》卷四二《东平王苍传》载：章帝"飨卫士于南宫，因从皇太后周行掖庭池阁，乃阅阴太后旧时器服，怆然动容"。[2]东汉"飨遣故卫士"的仪式例于前殿举行。[3]章帝在南宫前殿完成仪式后，随马太后至掖庭周行怀旧，既而又至阴太后故居阅其"旧时器服"。明帝居南宫时，马氏为皇后居"中宫"，阴氏为太后居"长乐宫"。明帝移居北宫后，阴太后在南宫的故居长期空置，保留着"旧时器服"。明帝居北宫时，马皇后当然居北宫之"中宫"。明帝崩，章帝即位，马氏被尊为皇太后。《后汉书》卷一〇上《明帝马皇后纪》载："诸贵人当徙居南宫，太后感析别之怀，各赐王赤绶，加安车驷马。"明帝诸贵人都要徙居南宫，只有马太后留居北宫，故有"析别之怀"。马太后不曾"临朝"，因与章帝同居北宫，故"常与帝旦夕言道政事，及教授诸小王，论议经书"。[4]

皇太后身份贵重，长乐宫又有少府、卫尉、太仆、谒者、尚书、私府令、永巷令、黄门冗从仆射等官员和机构分掌各种事务,[5]故需较大院落才能安置。南北两宫之中，除皇帝所居"东宫"和皇后所居"中宫"外，大约只有"西宫"能满足需要。史籍对东汉太后所居何殿多无明确记载，但有迹象显示，她们的主要活动场所是北宫崇德殿和南宫嘉德殿，都在"西宫"。

---

[1] 后妃所居后宫在皇帝寝殿之后。其中皇后之宫称"中宫"，当是相对于其他嫔妃所居之东、西掖庭而言，与本文所论东、西宫无关。
[2] 《后汉书》，第1438页。
[3] 参《续汉书·礼仪志中》，见《后汉书》，第3129页。
[4] 《后汉书》，第410、413页。
[5] 见《续汉书·百官志四》"大长秋"条，《后汉书》，第3606—3608页。

东汉的"东宫"和"西宫"

证据较明显的是邓太后和阎太后。和帝崩后,邓太后"临朝",立"诞育百余日"的殇帝。数月后,殇帝崩,"殡于崇德前殿"。[1] 邓氏又立安帝。《后汉书》卷五《安帝纪》载其事曰:"皇太后御崇德殿,百官皆吉服,群臣陪位……太尉奉上玺绶,即皇帝位。"[2] 章帝、和帝皆居章德殿,崩于章德前殿。殇帝即位应在章德前殿,即位后照理也应居章德殿,崩后则应殡于章德前殿。但实际上殇帝的殡礼和安帝的即位礼都在崇德前殿举行。这应是由于邓太后居于崇德殿所在之西宫,而殇帝即位时不满一岁,在太后宫中抚养,故其殡礼和安帝即位礼都在崇德前殿举行。安帝崩后,阎太后"临朝",立少帝。史称"太后欲久专国政,贪立幼年"。少帝年幼,政务当然全由阎太后主持。少帝在位二百余日而崩,宦官孙程等发动政变,立顺帝,并"召尚书令、仆射以下,从辇幸南宫云台"。顺帝控制局面后,"令侍御史收显等送狱"。[3] 袁宏《后汉纪》载此事作:"使御史诣崇德殿,收显等亲族下狱诛。"[4] 这条材料证明,阎太后亦居西宫,阎显等人则在崇德殿协助太后处理政务。[5]

顺帝崩后,皇太后梁氏"临朝",先后立冲帝、质帝,皆崩,又立桓帝。《后汉书》卷七《桓帝纪》:梁冀"以王青盖车迎帝入南宫,其日即皇帝位,时年十五,太后犹临朝政"。顺、冲、质帝皆居玉堂殿,桓帝即位之初当亦居玉堂殿,但不久便移居北宫,最终"崩于德阳前殿"。[6] 其间,桓帝曾因北宫发生火灾回南宫住了近

---

[1]《后汉书》,第195、199页。
[2] 同上书,第203页。
[3] 同上书,卷七八《宦者孙程传》,第2515页。
[4] 袁宏:《后汉纪》,张烈点校(北京,中华书局,2002年),第337页。
[5]《后汉书》卷六《顺帝纪》载此事曰:"戊午,遣使者入省,夺得玺绶,乃幸嘉德殿,遣侍御史持节收阎显及其弟城门校尉耀、执金吾晏,并下狱诛。"(第250页)文中"幸嘉德殿"一句费解。阎太后当时在北宫,顺帝在南宫云台,南宫嘉德殿不是重要政治设施,顺帝派侍御史去北宫收捕阎显等人,没必要特意前往嘉德殿。今从《后汉纪》。
[6]《后汉书》,第287、320页。

两年。《桓帝纪》载其事曰：建和二年（148年）五月，"北宫掖廷中、德阳殿及左掖门火，车驾移幸南宫"；和平元年（150年）三月，"车驾徙幸北宫"。[1]梁太后自当随桓帝先后居于南、北两宫之"西宫"。上引《桓帝纪》"太后犹临朝政"句李贤注引《东观记》曰："太后御却非殿。"[2]案《后汉书》卷一《光武帝纪上》：刘秀初"入洛阳，幸南宫却非殿"。[3]当时尚未兴建"东宫"，却非殿肯定是南宫原有建筑，在"西宫"的可能性较大。《后汉书》卷一〇下《顺帝梁皇后纪》载其临终之事曰："和平元年春，归政于帝，太后寝疾遂笃，乃御辇幸宣德殿，见宫省官属及诸梁兄弟"，发遗诏，"后二日而崩"。[4]《桓帝纪》系此事于和平元年二月甲寅，在桓帝迁回北宫前。由此可知梁太后崩于南宫。但如前所考，南宫宣德殿曾是刘秀日常办公的场所，后来改称安福殿，又改称玉堂殿，故桓帝时应无宣德殿。疑此处"宣德"乃"嘉德"之误，梁太后居"西宫"，其"宫省官属及诸梁兄弟"在嘉德殿协助处理政务，临终则遵"薨于路寝"之制移居嘉德前殿。

灵帝在位时，还曾建立"永乐宫"。《后汉书》卷一〇下《孝仁董皇后纪》：建宁二年（169年）三月，灵帝迎其生母至洛阳，"上尊号曰孝仁皇后，居南宫嘉德殿，宫称永乐"，[5]史称"永乐太后"。《后汉书》卷八《灵帝纪》载：光和五年五月，"永乐宫署灾"。《续汉书·五行志二》载此事作："德阳前殿西北入门内永乐太后宫署火。"[6]德阳殿在崇德殿东，"德阳前殿西北"就是崇德前殿之后，应是崇德后殿。是永乐太后先居南宫嘉德殿，后迁北宫崇德殿，两

---

[1]《后汉书》，第292、296页。
[2] 同上书，第287、288页。
[3] 同上书，第25页。
[4] 同上书，第440页。
[5] 同上书，第446页。
[6] 同上书，第347、3296页。

殿都在"西宫"。《孝仁董皇后纪》又载:"孝仁皇后使故中常侍夏恽、永乐太仆封谞等交通州郡,辜较在所珍宝货赂,悉入西省。"[1]永乐太后之省在"西宫"中,故称"西省"。

灵帝死后,少帝刘辩即位,年十七,已成人,应居"东宫"。皇后何氏被尊为皇太后,"临朝",居于"西宫"。数月后,便发生了宦官杀何进,袁术火烧东、西宫的事件。《后汉书》卷六九《何进传》载:"进入长乐白太后,请尽诛诸常侍以下",宦官张让、段珪等决意除掉何进,遂"及进出,因诈以太后诏召进,入坐省闼……拔剑斩进于嘉德殿前"。何进奉太后之召入"省闼"至"嘉德殿前",足证何太后居"西宫"。其后,宦官在袁术、袁绍等人的攻势下,"将太后、天子及陈留王,又劫省内官属,从复道走北宫"。[2]袁宏《后汉纪》载此事曰:宦官"持太后、天子、陈留王幸北宫崇德殿。"[3]《何进传》又载:宦官挟少帝、陈留王逃出洛阳,"奔小平津","投河而死"。少帝返回北宫后,董卓执政,"遂废帝"。同书卷七二《董卓传》载其事曰:"集群僚于崇德前殿,遂胁太后,策废少帝。"[4]可见何太后入北宫后仍居"西宫",重大活动在崇德殿举行。

五 "东西宫"格局对东汉政治的影响

刘秀、明帝营建南、北宫时,保留了宫中原有的主要建筑,在其东侧大兴土木,由此形成"东西宫"布局。皇帝皆居"东宫","西宫"自明帝以后便用来安置太后。这一做法与西汉不同,但也有其缘由。西汉长安有未央宫和长乐宫,皇帝居未央宫,太后居长

---

[1]《后汉书》,第447页。
[2] 同上书,第2251、2252页。
[3] 袁宏:《后汉纪》,第496页。
[4]《后汉书》,第2324页。

乐宫。东汉洛阳有南北两宫，本来也可分别用作帝宫和太后宫，但刘秀废黜郭皇后而改立阴皇后时，将郭氏迁至北宫，使之成为冷宫，致有"太后失职，别守北宫"的抱怨。[1]南北两宫的这种关系从此确定下来。若皇帝居北宫，南宫便是冷宫。如灵帝时窦太后原居北宫，失势后被迁于南宫，时人谓之"幽隔空宫"。[2]明帝即位后，尊其母阴氏为皇太后，当由中宫迁至长乐宫。明帝对阴氏感情甚深，自然不愿将其安置到冷宫，且明帝即位后不久便"大起北宫"，也不便以北宫为长乐宫。于是，南宫中空置的"西宫"便成了长乐宫。章帝即位后，继承明帝的做法，自居"东宫"，而以"西宫"为长乐宫，安置马太后。从此，皇帝与太后分居"东西宫"的格局确定下来，并对外戚宦官干政局面的形成产生了一定影响。

蔡邕《独断》言太后临朝之制曰："秦汉以来，少帝即位，后代而摄政，称皇太后……后摄政，则后临前殿，朝群臣，后东面，少帝西面。群臣奏事、上书，皆为两通，一诣太后，一诣少帝。"[3]在秦汉帝国体制下，皇帝是最高权力的象征，其"治事"之处则是最高权力机构所在。太后"临朝""摄政"，须亲临皇帝"治事"之处替皇帝处理政务。西汉皇帝居未央宫，协助皇帝处理政务的尚书、御史、朝堂等机构和设施都在未央宫。太后"临朝"，似须移居未央宫。惠帝时吕太后居长乐宫，惠帝为"东朝长乐宫"方便，还在两宫之间建了一条"复道"。[4]及"惠帝崩，太子立为皇帝，年幼，太后临朝称制"。吕氏应于此时便入居未央宫，故八年后"崩于未央宫"。[5]昭帝崩后，霍光立昌邑王刘贺为帝，后又废贺而改

---

[1]《后汉书》卷四二《广陵王荆传》，第1446页。
[2] 同上书，卷五七《谢弼传》，第1859页。
[3] 蔡邕：《独断》，上海古籍出版社，影印文渊阁《四库全书》本，1990年，第13页上栏、下栏。
[4]《汉书》卷四三《叔孙通传》，第2129页。
[5] 同上书，卷三《高后纪》，第95、100页。

立武帝曾孙病已。史载其事曰:"光即与群臣俱见白太后,具陈昌邑王不可以承宗庙状。皇太后乃车驾幸未央承明殿",主持了废黜刘贺的仪式。[1]既而"曾孙……入未央宫,见皇太后,封为阳武侯,已而群臣奉上玺绶,即皇帝位"。十一月,"皇太后归长乐宫"。[2]这位皇太后无"临朝"之名,但有"临朝"之实,故"幸未央承明殿"后便住在未央宫,事情结束后才"归长乐宫"。平帝即位,太皇太后王氏"临朝"。[3]《汉纪·平帝纪》元始五年(公元5年)冬十月乙亥:"高原庙殿门灾。"荀悦释曰:"初,惠帝为出游长乐宫,方筑复道在高庙道上……太后导而临朝,任莽非正之象也。"[4]其意似指王氏从长乐宫经复道至未央宫临朝。其间,王氏可能也居于未央宫。平帝死后,王莽居摄践阼,"改元称制",王氏才回到长乐宫。[5]在皇帝、太后分居未央、长乐两宫的情况下,权力重心始终在未央宫。太后只有"临朝"时才入居未央宫,掌控最高权力。西汉很少出现"少帝",故太后"临朝"也不多见。外戚参政多以"宰相""辅政""领尚书事"等名义介入未央宫权力中心,在皇帝之下发挥作用。

东汉则不同,太后皆居"西宫",与皇帝所居"东宫"比肩相邻。太后"临朝"和皇帝"亲政"两种状态的转换,表现为最高权力在"东宫"和"西宫"之间的切换。太后一旦"临朝",可利用当皇后时在宫中形成的影响力迅速控制局面,并依靠长乐宫官属和

---

[1]《汉书》卷六八《霍光传》,第2938页。
[2] 同上书,卷八《宣帝纪》,第238、239页。
[3] 同上书,卷一二《平帝纪》,第348页。
[4] 荀悦:《汉纪》,张烈点校,北京,中华书局,2002年,第527页。"太后"之前有缺文,语句不完整。
[5]《汉书》卷九八《元后传》载:汉有传国玺,"以孺子未立,玺臧长乐宫。及莽即位,请玺,太后不肯授莽"。(第4032页)又载:"莽疏属王谏欲谄莽,上书言:'皇天废去汉而命立新室,太皇太后不宜称尊号,当随汉废,以奉天命。'莽乃车驾至东宫,亲以其书白太后。"(第4033页)东宫即长乐宫。可见王太后此时居长乐宫。

外戚在"西宫"处理政务。这有助于在"少帝"即位后使整个国家机器维持正常运转，但也有严重的负面效应。

长乐宫门禁更为森严，士人出入不便，故太后理政离不开外戚和宦官。如和帝窦太后临朝，"兄宪，弟笃、景，并显贵，擅威权"。[1]邓太后临朝，兄弟骘、悝、弘、闾"常居禁中"，参与政事。[2]阎太后临朝，"兄弟权要，威福自由"。[3]梁太后临朝，兄冀"专擅威柄，凶恣日积，机事大小，莫不咨决之"。[4]灵帝窦太后临朝，父武"常居禁中"，"辅朝政"。[5]宦官的职责"本在给使省闼，司昏守夜"，但自安帝以后却"猥受过宠，执政操权"。[6]大臣朱穆释其缘由曰："自和熹太后以女主称制，不接公卿，乃以阉人为常侍，小黄门通命两宫。自此以来，权倾人主，穷困天下。"[7]太后并非绝对"不接公卿"，但主要依靠宦官处理政务和传递信息确是事实。外戚、宦官不是东汉正规官僚体制内的成员，未经察举、征辟、考课等程序的筛选。其中，部分人缺乏道德和政治素养，滥用权力，干预选举，搜刮财富，胡作非为，对东汉政治和社会造成破坏。此其一。

太后和外戚、宦官在"西宫"理政，会迅速形成强大的宫中势力。这种势力不仅控制着长乐宫，还会渗透、影响宫中各个角落，包括"东宫"的官员和宦者，从而使皇帝处于被看管甚至被软禁的境地。《后汉书》卷七八《宦者郑众传》载：窦宪当政时，"朝臣上下莫不附之，而众独一心王室，不事豪党，帝亲信焉"。[8]此文语

---

[1]《后汉书》卷一〇上《皇后纪上》，第416页。
[2] 同上书，卷一六《邓禹传附邓骘传》，第613页。
[3] 同上书，卷一〇上《皇后纪上》，第437页。
[4] 同上书，卷三四《梁统传附梁冀传》，第1183页。
[5] 同上书，卷六九《窦武传》，第2241页。
[6] 同上书，卷五四《杨震传附杨秉传》，第1774页。
[7] 同上书，卷四三《朱晖传附朱穆传》，第1472页。
[8] 同上书，第2512页。

气不免夸张,但朝中官员包括和帝身边的宦者大多依附窦氏当是事实。同书卷三四《梁统传附梁冀传》载:梁冀当政时,"宫卫近侍,并所亲树,禁省起居,纤微必知"。质帝"知冀骄横,尝朝群臣,目冀曰:'此跋扈将军也。'"冀深恶之,"遂令左右进鸩加煮饼",将质帝毒死。[1]可见连质帝身边的人都唯梁冀之命是从。难怪和帝对窦氏下手前,先从南宫"幸北宫章德殿";顺帝对阎氏下手前,先从北宫"到南宫,登云台",都是为了跳出外戚的控制范围。太后"临朝"不可能持久,"少帝"成年便应亲政。但当权的外戚总想"久专国政",不肯主动退出,致使最高权力每次从"西宫"回归"东宫",都会发生流血政变,都会使一个外戚家族及众多依附于该家族的宦官、大臣、亲信、宾客等受到诛杀、流放、禁锢,从而使东汉统治集团一再从内部遭到削弱。此其二。

"少帝"在外戚的控制下,"内外臣僚,莫由亲接,所与居者,唯阉宦而已",[2]要从外戚手中夺回权力,也得依靠宦官。这为宦官势力的膨胀提供了更重要的推力。宦官郑众参与了和帝推翻窦氏的政变,因此得到和帝信任,"常与议事",史称"中官用权,自众始焉"。[3]顺帝被废为济阴王后,几无还手之力,全靠孙程等十九名宦官发动政变才得以即位。事后顺帝封程等为列侯,使宦官向宫中政治势力的演变又进了一大步。桓帝诛梁冀时已即位十二年,梁太后早就死了,但他仍小心谨慎。史称:"帝逼畏久,恒怀不平,恐言泄,不敢谋之。"后"因如厕",独与宦官唐衡商议,又吸收单超、左悺、徐璜、具瑗,并"齿超臂出血为盟"。事后五人皆封列侯,"自是权归宦官,朝廷日乱矣"。[4]自梁氏覆灭后,宦官的势力已强大到足以掌控桓、灵两代成年皇帝,也足以压制窦氏、何氏两

---

[1] 《后汉书》卷三四《梁统传附梁冀传》,第1183、1179页。
[2] 同上书,卷七八《宦者传序》,第2509页。
[3] 同上书,卷七八《宦者郑众传》,第2512页。
[4] 同上书,卷七八《宦者单超传》,第2520页。

家外戚,遂使东汉政治进入最黑暗时期。此其三。

东汉外戚、宦官干政局面的形成有着复杂的原因,"东西宫"格局的存在是其中之一。何进被杀后,外戚和宦官同归于尽,董卓又放火烧了洛阳城,南北两宫皆毁。曹魏建立后,在东汉北宫旧址上重建洛阳宫。《三国志》卷三《明帝纪》青龙三年(235年)条:"是时,大治洛阳宫,起昭阳、太极殿。"[1]同书卷二《文帝纪》裴松之案:"明帝时,始于南宫崇德殿处起太极、昭阳诸殿。"[2]曹植《毁鄄城故殿令》称:"大魏龙兴……平德阳而建泰极。"[3]综合这些记载可知,曹魏"平"了德阳殿,在崇德殿故处兴建太极殿和昭阳殿,东、西宫并立的格局被彻底改变。曹魏吸取东汉的教训,对外戚、宦官控制极严,对宫室格局的改造或许也与此有关。

原载《中研院历史语言研究所集刊》第 89 本第 3 分

---

[1]《三国志》,第 104 页。
[2] 同上书,第 76 页。
[3] 罗国威整理:《文馆词林校证》,北京,中华书局,2001 年,第 425 页。曹植于黄初二年封鄄城侯,三年立为鄄城王,四年徙封雍丘王。此令主旨是要拆掉鄄城内一座汉武帝时所建旧殿,应是曹植为鄄城侯和鄄城王期间所作。曹植死于太和六年,比明帝"大治洛阳宫"早三四年。安田二郎据此认为,"黄初三、四年间,在后汉洛阳宫城的北宫基础上建曹魏宫城的全部计划,包括建立宫殿、门阙的名称和配置等内容的基本蓝图可能已经决定了。"其说可参。见氏撰:《曹魏明帝の"宮室修治"をめぐって》,《東方学》,第 111 辑,2006 年,第 7 页。

东汉的"殿中"和"禁中"

西汉皇宫中,有称作"宫""殿""省"的三个区域。"宫"指整个皇宫,"殿"指皇帝及其辅助官员的办公区,"省"指皇帝的生活区。[1]东汉皇宫也有类似的区域划分,但与西汉不尽相同。东汉史籍常见"宫中""殿中""禁中""省中"等概念,所指显然是皇宫中的不同区域。不同区域有不同的机构,人员进出也有不同权限。此事对研究东汉宫禁制度和宫廷政治有重要意义,但资料稀少,记载模糊,有关研究成果不多,也不够深入。笔者近年对西汉未央宫和东汉南、北宫的宫禁制度进行研究,认识上有所推进。本文以此为基础,再对南、北宫中"殿中"的范围和主要机构以及"禁中""省中"概念试做考证,并就其对东汉政治的影响略做分析。

一 "殿中"的门

贾谊《新书·等齐篇》:"天子宫门曰司马,阑入者为城旦;诸侯宫门曰司马,阑入者为城旦。殿门俱为殿门,阑入之罪亦俱弃市。"[2]西汉的未央宫就是这样,最外有宫墙,门称"司马门",宫墙之内有殿墙,门称"殿门",宫城整体呈"回"形。东汉的南、北宫与之类似,外有司马门,内有殿门。《续汉书·百官志二》:

---

[1] 参本书《未央宫"殿中"考》。
[2] 阎振益、钟夏:《新书校注》,北京,中华书局,2000年,第47页。

"卫尉，卿一人。"本注曰："掌宫门卫士，宫中徼循事。""左右都候各一人。"本注曰："主剑戟士，徼循宫。""宫掖门，每门司马一人。"本注曰："凡居宫中者，皆有口籍于门之所属，宫名两字为铁印文符，案省符乃内之。"[1]是"宫中"区域由卫尉负责，宫门司马领卫士守宫门，左右都候领剑戟士在宫中徼循。同书又载："光禄勋，卿一人。"本注曰："掌宿卫宫殿门户，典谒署郎更直执戟，宿卫门户。""典谒署郎"一句恐有脱误，"宫殿门户"也语义模糊。宫门守卫既由卫尉负责，光禄勋所掌"宫殿门户"应理解为宫内殿中区域的门户。"五官中郎将"条说得较明白："凡郎官皆主更直执戟，宿卫诸殿门，出充车骑。唯议郎不在直中。"[2]是"殿门"由"郎官"负责守卫。此处"郎官"指三署郎，即五官、左、右中郎将统领的中郎、侍郎和郎中。但南北两宫整体呈"日"形，西侧宫墙和殿墙是一道墙，【参图一六、图一七】故两宫西侧无"司马门"，直接由"殿门"出入。[3]

北宫最显赫的建筑是明帝所建德阳殿，殿前有崇贤门。德阳殿西有崇德殿，可能是北宫原来的前殿，殿前有金商门。德阳殿和崇德殿东西并列。以德阳殿为"前殿"的建筑群被称为"东宫"。与之对应，以崇德殿为前殿的建筑群应是"西宫"。崇贤门和金商门外还有所谓"殿门"，见于记载的有端门、云龙门和神虎门。张衡《东京赋》及薛综注对此有清晰的描述。《赋》曰："既新崇德，遂作德阳。启南端之特闱，立应门之将将；昭仁惠于崇贤，抗义声于金商。飞云龙于春路，屯神虎于秋方。"注曰："端门，南方正门……德阳殿东门称云龙门，德阳殿西门称神虎门。"[4]又，《后汉书》卷四〇《班彪传附班固传下》注引戴延之《西征记》曰："端

---

[1]《后汉书》，北京，中华书局，1965年，第3579、3580页。
[2] 同上书，第3574、3575页。
[3] 参本书《东汉的南宫和北宫》。
[4]《宋刊明州本六臣注文选》，北京，人民文学出版社，2008年，第57页上栏。

门东有崇贤门，次外有云龙门。"[1]这意味着崇贤门在端门北偏东处。由此可知，端门正对金商门，而斜对崇贤门。南宫有云台殿，光武帝将其改建为"南宫前殿"。云台殿西有嘉德殿，可能是南宫原来的前殿。嘉德殿前有九龙门，云台殿前应亦有一门，但未见记载。云台殿和嘉德殿东西并立，以之为前殿的两个建筑群也被称作"东、西宫"。九龙门外也有"殿门"，见于记载的有端门、白虎门，还应有苍（青）龙门与白虎门相对，亦未见记载。《北堂书钞》卷一〇八引《东观汉记》有"嘉德端门"之文，[2]可能意味着南宫端门正对嘉德殿，而斜对云台殿。南北两宫端门及神（白）虎、云（苍）龙等门内便是所谓"殿中"。[3]

"殿门"又称"止车门"。《续汉书·礼仪志下》载"大丧"之礼有太尉奉谥一节：柩车出宫前，"太常上启奠。夜漏二十刻，太尉……乘高车，诣殿止车门外。使者到，南向立，太尉进，伏拜受诏。太尉诣南郊。未尽九刻，大鸿卢设九宾随立，群臣入位，太尉行礼……太祝令跪读谥策，太尉再拜稽首。治礼告事毕，太尉奉谥策，还诣殿端门。太常上祖奠"，太尉在柩车旁"读谥策"。[4]从上下文看，主持此礼的太常和柩车都在"殿止车门"内，"太尉进，伏拜受诏"，应是进"殿止车门"向使者伏拜受诏，然后前往南郊参加大鸿卢主持的定谥礼，取得"谥策"后"还诣殿端门"，在太常主持下"读谥策"。在这一过程中，"殿止车门"和"殿端门"应是一码事。所谓"止车门"就是不得乘车进入的门。《后汉书》卷四一《宋均传附宋意传》："肃宗性宽仁，而亲亲之恩笃，故叔父济南、中山二王每数入朝，特加恩宠……车入殿门，即席

---

[1]《后汉书》，第1367页。
[2] 南海孔氏三十有三万卷堂本，《续修四库全书》，上海古籍出版社，2002年，第1212册，第500页下栏。
[3] 参本书《东汉的"东宫"和"西宫"》。
[4]《后汉书》，页3145页。

不拜。"[1]此事表明,在一般情况下,"殿门"就是不得乘车进入的门。《三国志》卷四《三少帝纪》:"高贵乡公……将左右出云龙门,雷战鼓,躬自拔刃。"裴注引《魏氏春秋》作:"帝……拔剑升辇,帅殿中宿卫苍头官僮击战鼓,出云龙门。"又引《汉晋春秋》曰:"帝遂帅僮仆数百,鼓噪而出。文王弟屯骑校尉伷入,遇帝于东止车门,左右呵之,伷众奔走。"[2]这三条史料说的是一件事,其中"东止车门"应该就是"云龙门"。曹魏此制当是承袭东汉而来。

除端门、神(白)虎、云(苍)龙等门外,"殿中"区域可能还有其他门。如《后汉书》卷六六《陈蕃传》载:宦官曹节等发动政变诛杀外戚窦武时,蕃"闻难作,将官属诸生八十余人,并拔刃突入承明门……王甫时出,与蕃相迕,适闻其言……遂令收蕃"。[3]《后汉纪》载此事作:"太傅陈蕃闻起兵,将官属诸生八十余人到承明门,使者不内,曰:'公未被诏召,何得勒兵入宫?'……有使者出,开门,蕃到尚书门……黄门王甫……使剑士收蕃。"[4]灵帝当时居北宫。据《续汉书·百官志二》,北宫有四座宫门,公车司马令掌南阙门,朱爵司马主南掖门,东明司马主东门,朔平司马主北门。[5]案《后汉书》卷七八《宦者孙程传》:孙程发动政变拥立顺帝时,阎太后"诏召越骑校尉冯诗、虎贲中郎将阎崇屯朔平门,以御程等"。[6]此朔平门应即朔平司马所主北宫北门。依此例,东明司马所主北宫东门应称东明门。总之,陈蕃所入承明门不是北宫宫门。综合上引《陈蕃传》和《后汉纪》的信息,陈蕃"突入承明门"后,在"尚书门"前被收,而尚书门在"殿中"(详见下)。由

---

[1]《后汉书》,页1414页。
[2]《三国志》,北京,中华书局,1959年,页144、145页。
[3]《后汉书》,第2170页。
[4] 袁宏:《后汉纪》,张烈点校,北京,中华书局,2002年,第444页。
[5]《后汉书》,第3579、3580页。
[6] 同上书,第2515页。

此可知，承明门应是"殿门"。《宦者孙程传》又载：卫尉阎景"遽从省中还外府，[1]收兵至盛德门。程传召诸尚书使收景。尚书郭镇时卧病，闻之，即率直宿羽林出南止车门，逢景从吏士……遂禽之"。[2]卫尉府在司马门内。阎景从卫尉府"收兵"后"至盛德门"，应是打算返回"省中"，而尚书郭镇率羽林出南止车门（即端门）后与阎景相遇，故盛德门应该也是"殿门"。

二 朝堂和尚书

汉人认为"前殿"就是"路寝"。而儒家礼书说路寝是天子、诸侯"治事"之处，路寝前有"路门"，路门之外有"应门"，两门之间为"内朝"，是卿大夫们"治事"之处。《礼记·玉藻》："诸侯……朝服以日视朝于内朝。朝辨色始入，君日出而视之，退适路寝听政。使人视大夫，大夫退，然后适小寝释服。"郑玄注："此内朝，路寝门外之正朝也。"[3]《周礼·天官·宫人》"掌王之六寝之修"句贾公彦疏引《玉藻》之文并逐句释曰："群臣昧爽至门外，辨色始入应门……（君）日出始出路门而视朝……路门外朝罢，乃退适路寝以听政……朝罢，君退适路寝之时，大夫各乡（向）治事之处。君使人视大夫，大夫退还舍，君然后适小寝，释去朝服。"[4]

东汉南、北宫的"殿中"区域与此大致相同。德阳、崇德、云台、嘉德诸殿相当于"路寝"，崇贤、金商、九龙诸门相当于"路门"，端门则相当于"应门"。上引《东京赋》"启南端之特闱，立应门之将将"，便将端门比作应门。《周礼·夏官·太仆》："建路鼓于大寝之门外而掌其政。"郑玄注："大寝，路寝也。其门外则内

---

[1] 袁宏《后汉纪》作"阎景归卫府"（第337页）。
[2] 《后汉书》，第2515页。
[3] 《十三经注疏》，台北，艺文印书馆，2001年，第5册，第545页下栏。
[4] 同上书，第3册，第91页下栏。

朝之中，如今宫殿端门下矣。"同书《冬官·匠人》："外有九室，九卿朝焉。"郑玄注："外，路门之表也。九室，如今朝堂诸曹治事处。"[1] 由郑玄此言可知，东汉宫中的"朝堂诸曹治事处"在"路门之表""殿端门下"，也就是崇贤、金商、九龙等门之外，端门、神（白）虎、云（苍）龙等门之内。

东汉殿中机构

东汉殿中机构	朝堂
	尚书台
	侍中寺
	符节台
	兰台
	谒者台
	光禄勋
	五官中郎将
	左中郎将
	右中郎将
	虎贲中郎将
	羽林中郎将
	太官

朝堂是殿中议政的重要场所。东汉皇帝或临朝称制的太后遇重大疑难问题，常召公卿百官会议朝堂，为其决策提供建议。如灵帝时，车骑将军皇甫嵩西讨边章、韩遂，因兵力不足，"请发乌桓三千人"。北军中候邹靖以为"乌桓众弱，宜开募鲜卑。"大将军掾韩卓支持邹靖，车骑将军掾应劭驳之，双方"相难反复"。灵帝不知所从，"于是诏召百官大会朝堂"。结果，百官"皆从劭议"。[2]

---

[1]《十三经注疏》，第3册，第476页上栏、第644页下栏。
[2]《后汉书》卷四八《应劭传》，第1609、1610页。

又如安帝时，敦煌太守"请出兵五千人击匈奴"，邓太后召熟悉西域事务的班勇"诣朝堂会议"；勇先"上议"，提出自己的主张；既而"尚书问勇曰……勇对曰……长乐卫尉镡显、廷尉綦母参、司隶校尉崔据难曰……勇对曰……太尉属毛轸难曰……勇对曰……于是从勇议"。[1]经反复辩难，最终达成一致。有时，大臣欲谏阻皇帝或太后的错误决策，也会集体至朝堂上书。《后汉书》卷四五《袁安传》："为司徒。和帝即位，窦太后临朝，后兄车骑将军宪北击匈奴。安与太尉宋由、司空任隗及九卿诣朝堂上书谏。"太后不听，"宋由惧，不敢复署议，而诸卿稍自引止。唯安独与任隗守正不移，至免冠朝堂固争者十上。"[2]西汉也有公卿百官会议朝堂之制，故班固《西都赋》描述未央宫曰："左右庭中，朝堂百僚之位，萧、曹、魏、邴，谋谟乎其上。"[3]武帝以后则常命诸将军、光禄勋、太仆及大夫、博士加给事中等"中朝臣"于朝堂议事。[4]东汉无中朝臣制度，[5]而公卿百官至朝堂议事似更多见。这意味着殿中朝堂更加开放，宫外大臣有更多机会参与殿中决策。

郑玄所谓"诸曹治事处"应指尚书台等殿中机构。《续汉书·百官志三》："尚书令一人，千石。本注曰……掌凡选署及奏下尚书曹文书众事。尚书仆射一人，六百石……尚书六人，六百石。本注曰……凡六曹。左右丞各一人，四百石……侍郎三十六人，四百石……令史十八人，二百石。本注曰：曹有三，主书。后

---

[1]《后汉书》卷四七《班勇传》，第1587—1589页。
[2] 同上书，第1519页。
[3]《宋刊明州本六臣注文选》，北京，人民文学出版社，2008年，页27页上栏。
[4] 参阅本书《未央宫"殿中"考》。
[5]《后汉书》卷六一《黄琼传》："桓帝欲褒崇大将军梁冀，使中朝二千石以上会议其礼。"（第2035页）"中朝二千石以上"字面上可理解为"中朝臣"，但这只是孤证。袁宏《后汉纪》载此事作"上欲封大将军梁冀，使公卿会议其礼"（第401页），实际参加此次会议的则有司空、特进、太常、司隶校尉、太中大夫等，而司空肯定不是"中朝臣"。

增剧曹三人，合二十一人。"[1]据此，东汉尚书台有六十七名官员，令和仆射是正副长官，尚书、郎、令史则分曹治事。《后汉书》卷四一《药崧传》："太官赐尚书以下朝夕餐，给帷被皂袍，及侍史二人。"注引《汉官仪》曰："尚书郎入直台中，官供新青缣白绫被或锦被……伯使一人，女侍史二人，皆选端正者。伯使从至止车门还，女侍史……从入台中。"[2]止车门即殿门。此证尚书台确在"殿中"。古人所谓"台"指夯土筑成的建筑基础。《释名·释宫室》："台，持也，筑土坚高，能自胜持也。"[3]东汉尚书既称"台"，应是高于地面的台式建筑，故《续汉书·百官志三》尚书条注引蔡质《汉仪》曰："鸡鸣，卫士踵丞、郎趋严上台"；[4]《后汉书》卷二九《郅寿传》载："为尚书仆射……坐于台上，与诸尚书论击匈奴"。[5]尚书台又自有院落，故有"尚书门"或"尚书闼"。《后汉纪》灵帝建宁元年（168年）九月："太傅陈蕃闻起兵，将官属诸生八十余人……到尚书门。"[6]《后汉书》卷六九《何进传》："大将军兵反，烧宫，攻尚书闼。"[7]

和尚书有关的还有所谓"建礼门"。《初学记》卷一一"起草"条引应劭《汉官仪》曰："尚书郎主作文书起草，昼夜更直五日于建礼门内。"[8]《宋书》卷三九《百官志上》尚书条亦载东汉之制曰："尚书寺居建礼门内。"[9]据此，尚书门似即建礼门。《太平御览》卷一三八《居处部》引蔡质《汉官仪》曰："宫北朱雀阙至止

---

[1]《后汉书》，第3596、3597页。
[2] 同上书，第1411页。
[3] 王先谦：《释名疏证补》，上海古籍出版社影印清光绪二十二年本，1984年，第279页。
[4]《后汉书》，第3598页。
[5] 同上书，第1033页。
[6] 袁宏：《后汉纪》，第444页。
[7]《后汉书》，第2252页。
[8]《初学记》，北京，中华书局，1962年，第269、270页。
[9]《宋书》，北京，中华书局，1974年，第1236页。

车门,内崇贤门,内建礼门。"[1]《玉海》卷一六九所引同。此文语气不顺,必有脱误,但大意可解,即朱雀阙内有止车门,止车门内有崇贤门,崇贤门内有建礼门。朱雀阙是北宫南面正门,其内为端门,即南止车门,端门北偏东则有崇贤门。是上引蔡质之说大致不错。但"内建礼门"一句显然有误。郑玄说"诸曹治事处"在"路门之表",而崇贤门相当于"路门",则建礼门不应在崇贤门内。疑此句之"内"应作"外",承上"内"字致讹。这条材料还提示我们,尚书台在崇贤门附近,因而可能也在端门内东侧。

三 符节台和兰台

除朝堂、尚书台外,殿中还有符节台和兰台。《续汉书·五行志二》:中平二年(185年),"南宫云台灾……延及白虎、威兴门、尚书、符节、兰台。"[2]是符节台和兰台也在尚书台附近。同书《百官志三》:"符节令一人,六百石。本注曰:为符节台率,主符节事。"属官有尚符玺郎中和符节令史。[3]《后汉书》卷三四《梁冀传》载桓帝灭梁冀事曰:"帝……御前殿,召诸尚书入,发其事,使尚书令尹勋持节勒丞、郎以下皆操兵守省阁,敛诸符节送省中。"[4]桓帝时居北宫,[5]所御"前殿"应是德阳殿。"阁"应作"阖",指德阳殿前之崇贤门。当时事发仓促,桓帝至前殿,立刻令尚书官员守省阖,符节台将所有符节送省中。此事可证,符节台确与尚书台一样也在殿中崇贤门外。

---

〔1〕《太平御览》,北京,中华书局,1960年,第889页上栏。
〔2〕《后汉书》,第3297页。
〔3〕同上书,第3599页。
〔4〕同上书,第1186页。
〔5〕桓帝一生大部分时间居北宫,只有建和二年五月至和平元年三月的近两年间居南宫,而诛梁冀在延熹二年八月。参本书《东汉的南宫和北宫》。

兰台是殿中藏书之处，由御史中丞掌管。《汉书》卷一九《百官公卿表上》："御史大夫……有两丞，秩千石。一曰中丞，在殿中兰台，掌图籍秘书，外督部刺史，内领侍御史员十五人，受公卿奏事，举劾按章。"[1]据此，中丞似在兰台办公，"掌图籍秘书"则是其首要职责。《宋书》卷四〇《百官志下》"御史中丞"条几乎照抄《百官公卿表》，且曰"殿中兰台，秘书图籍在焉，而中丞居之"，[2]进一步坐实了中丞居兰台之说。然而从史传所载实例看，中丞的首要职责不是"掌图籍秘书"，而是"外督部刺史，内领侍御史"。《初学记》卷一二《职官部》"兰台"条引《汉官仪》载西汉之制曰："御史中丞……别在殿中，兼典兰台秘书，外督部刺史，内领侍御史，受公卿章奏，纠察百僚。"[3]《汉官仪》乃东汉应劭所作，东汉蔡质所作《汉官典职仪式选用》有时也简称《汉官仪》，两书的史料价值都很高，而中丞"兼典兰台秘书"之说，也更符合史实。两相比较，疑《百官公卿表》"在殿中"后脱"兼典"二字。若有此二字，相关内容可点作"一曰中丞，在殿中，兼典兰台，掌图籍秘书"，语气和文意都更加顺畅。据笔者考证，西汉皇帝在未央宫中的日常办公之处是承明殿，中丞及侍御史的办公场所应在该殿外院之"廷中"，而兰台应是高于地面的台式建筑，面积也不会太小，可能不在"廷中"。[4]这是西汉之制。东汉的情形有所不同。《续汉书·百官志三》："御史中丞……旧别监御史在殿中，密举非法。及御史大夫转为司空，因别留中，为御史台率。"[5]所谓"留中"指未随御史大夫迁出未央宫，[6]仍留宫中。《晋书》卷二四《职

---

[1]《汉书》，北京，中华书局，1962年，第725页。
[2]《宋书》，北京，中华书局，1974年，第1250页。
[3]《初学记》，第291页。
[4] 参本书《未央宫"殿中"考》。
[5]《后汉书》，第3599页。
[6] 东汉卫宏《汉旧仪》明言："御史大夫寺在司马门内。"见《初学记》卷一二《御史大夫》"署梓"条，第289页。

官志》言之较详:"成帝绥和元年,更名御史大夫为大司空,置长史,而中丞官职如故。哀帝建平二年,复为御史大夫。元寿二年,又为大司空,而中丞出外为御史台主。历汉东京至晋因其制,以中丞为台主。"[1]《宋书》卷四〇《百官志下》载此事亦曰:"中丞出外为御史台主。"[2] 所谓"出外"指迁至殿外御史台。[3]

中丞属官有侍御史十五人,职掌和西汉时大致相同。《续汉书·百官志三》侍御史条本注曰:"掌察举非法,受公卿群吏奏事,有违失举劾之,凡郊庙之祠及大朝会、大封拜,则二人监威仪,有违失则劾奏。"[4]《晋书》卷二四《职官志》:"侍御史,案二汉所掌凡有五曹:一曰令曹,掌律令;二曰印曹,掌刻印;三曰供曹,掌斋祠;四曰尉马曹,掌厩马;五曰乘曹,掌护驾。"[5]《宋书》卷四〇《百官志下》所载与此同。东汉侍御史的设置和职掌既与西汉相同,应仍在"殿中"。《汉书·百官公卿表》说御史中丞"外督部刺史,内领侍御史……举劾按章",《续汉书·百官志三》注引蔡质《汉仪》则曰"内掌兰台,督诸州刺史,纠察百僚",[6]《北堂书钞》卷六二"御史中丞"条引《东观记》亦曰"御史中丞……职典兰台,外营州牧,举劾按章。"[7] 两相比较,"内领侍御史"变成了"内掌兰台""职典兰台"。这不仅表明东汉中丞虽"出外为御史台主",仍兼典殿中兰台,也意味着侍御史已迁入兰台办公。中丞属下还有治书侍御史二人,"凡天下诸谳疑事,掌以法律当其是

---

[1]《晋书》,北京,中华书局,1974年,第738页。
[2]《宋书》,第1250页。
[3] 前人不知"殿中"区域的存在,故对中丞"留中"和"出外"存在各种误解。参祝总斌:《关于汉代御史中丞的"出外"、"留中"问题》,《材不材斋文集》下编,西安,三秦出版社,2006年,第172—176页。
[4]《后汉书》,第3599页。
[5]《晋书》,第738页。
[6]《后汉书》,第3600页。
[7]《续修四库全书》,第1212册,第296页下栏。原文作:"马严拜御史中丞,赐官帻衣服车马,严为司马,职典兰台,外营州牧……""严为司马"四字疑衍。

非"。[1]《后汉书》卷六〇下《蔡邕传下》:"举高第,补侍御史,又转持书御史,迁尚书。三日之间,周历三台。"[2]《后汉纪》载此事作:"举高第,补御史,又转治书御史、尚书。三月之间,周历三台。"[3]《初学记》卷一一引谢承《后汉书》亦作"三月"。[4]三日之间迁转三次,不大可能,当以"三月"为是。此事证明,尚书、侍御史、治书侍御史各在一台。已知尚书在尚书台,侍御史在兰台,则治书侍御史当在御史台。

御史中丞属官还有兰台令史,也在兰台办公。《续汉书·百官志三》:"兰台令史,六百石。本注曰:掌奏及印工文书。"[5]东汉三公令史皆秩百石,尚书和符节令史二百石,兰台令史不可能为六百石。《后汉书》卷四〇上《班固传》注引《汉官仪》曰:"兰台令史六人,秩百石,掌书劾奏。"[6]《通典》卷三六《职官》"后汉官秩差次"条,将兰台令史列于"百石"。王永兴先生校勘记曰:"《百官志》云:'兰台令史六百石。'彼'六'为衍文,《通典》是。"[7]今案《后汉书》卷四七《班超传》注引《续汉志》曰:"兰台令史六人,秩百石,掌书劾奏及印主文书。"[8]是《续汉志》此条本有"人秩"二字,今本脱,而"六"字非衍文。[9]至于兰台令史的职掌,综合上述三种记载,应是"掌书劾奏及印工、文书"。"书劾奏"即书写侍御史举劾公卿奏事违失者的奏章,"印工"即刻印之事,"文书"则指兰台所掌图籍秘书。

---

[1]《后汉书》,第3599页。
[2] 同上书,第2005页。
[3] 袁宏:《后汉纪》,第518页。
[4]《初学记》,第264页。
[5]《后汉书》,第3600页。
[6] 同上书,第1334页。
[7]《通典》,北京,中华书局,1988年,第990、1001页。
[8]《后汉书》,第1572页。
[9] 同上书,卷五四《杨赐传》载:"使侍御史持节送丧,兰台令史十人发羽林骑轻车介士……送至旧茔。"(第1785页)"十"或为"六"字之讹。

东汉初年，兰台令史有"典校秘书"之职。王充《论衡·别通》："兰台令史，职校书定字……典国道藏"。同书《对作》："圣人作经，贤者传记……汉立兰台之官，校审其书，以考其言。"[1]又有以郎官校书于兰台者，称校书郎。《后汉书》卷四八《杨终传》："显宗时，征诣兰台，拜校书郎。"卷四〇上《班固传》："显宗甚奇之，召诣校书部，除兰台令史……迁为郎，典校秘书。"[2]但章、和以后，兰台藏书似迁至南宫东观。《后汉书》卷三五《曹褒传》：章帝章和元年，奉命"于南宫东观尽心集作"，成《汉礼》百五十篇。卷四《和帝纪》：永元十三年正月，"帝幸东观，览书林，阅篇籍，博选术艺之士以充其官"。卷八四《列女班昭传》："兄固著《汉书》，其八表及《天文志》未及竟而卒，和帝诏昭就东观藏书阁踵而成之。"卷二三《窦章传》：安帝时，"学者称东观为老氏藏室，道家蓬莱山"。李贤注曰："言东观经籍多也。"[3]校书郎则称"东观郎"，在东观校书。《后汉书》卷七九上《儒林孔僖传》：章帝元和二年，"拜僖郎中……使校书东观。"卷八〇《文苑李尤传》："尤同郡李胜……为东观郎"。卷二三《窦章传》："章入东观为校书郎。"卷六〇《马融传》："拜为校书郎中，诣东观典校秘书。"[4]

刘知几《史通·外篇·史官建置》曰："汉氏中兴，明帝以班固为兰台令史，诏撰《光武本纪》及诸列传、载记。又杨子山为郡上计吏，献所作《哀牢传》，为帝所异，征诣兰台。斯则兰台之职者，盖当时著述之所也。自章、和以后，图籍盛于东观，凡撰《汉记》，相继在乎其中。"[5]其意是说，东汉"著述之所"初在兰台，

---

[1] 黄晖：《论衡校释》，北京，中华书局，1990年，第603、1177、1178页。
[2] 《后汉书》，第1597、1334页。
[3] 同上书，第1203、188、2784、821、822页。
[4] 同上书，第2562、2616、821、1954页。
[5] 赵吕甫：《史通新校注》，重庆出版社，1990年，第643页。

章、和以后转入东观。这一变化正是藏书迁移的结果。李尤《东观赋》:"东观之艺,孽孽洋洋,上承重阁,下属周廊……前望云台,后匝德阳。"[1] 由此可知,东观位于南宫北部。而兰台在端门之内,应随皇帝所居或在南宫或在北宫。[2] 二者不在一处,但在功能和制度上又密切相关。东观不见于《续汉书·百官志》,恐非独立机构。《后汉书》卷七八《宦者吕强传》:桓帝时,宦者李巡以为"诸博士试甲乙科,争弟高下,更相告言,至有行赂定兰台漆书经字以合其私文者"。[3] 所谓"兰台漆书经"以理解为兰台所藏漆书经为顺,但章、和以后儒家经传章句也移入东观了。《后汉书》卷六五《张奂传》载,奂减《欧阳尚书》牟氏章句为九万言,"上书桓帝,奏其章句,诏下东观",[4] 是其证。因此,"兰台漆书经"云云,可能意味着经书虽已迁至东观,但仍归兰台令史掌管。换言之,东观可能从属于兰台,是兰台的藏书之所。《初学记》卷一一《尚书令》引司马彪《续汉书》曰:西汉尚书"分为四曹,通掌图书秘记章奏,各有曹任"。[5] 此尚书"通掌"之"图书秘记"应即御史中丞"兼典"之"图籍秘书"。这是因为尚书官员常需至兰台查阅资料。[6] 但东汉章、和以后,查阅"图书秘记"便要前往东观了。《后汉书》卷三三《郑弘传》:章帝时,为尚书令,"前后所陈有补益者,皆著之南宫,以为故事。"[7] 章帝居北宫。所谓"著之南宫",当指收藏于南宫之东观。同书卷五四《杨震传附杨赐传》:为司徒时,上书言张角事,"会去位,事留中。后帝徙南宫,阅录故事,

――――――――――

[1]《艺文类聚》卷六三《居处部三》,北京,中华书局,1965年,第1135页。
[2] 参本书《东汉的"南宫"和"北宫"》。
[3]《后汉书》,第2533页。
[4] 同上书,第2138页。
[5]《初学记》,第259、260页。
[6] 参本书《未央宫"殿中"考》。
[7]《后汉书》,第1155页。

得赐所上张角奏及前侍讲注籍，乃感悟"。[1]灵帝在南宫阅录故事之处应当也是东观。《文选》李善注引谢承《后汉书》曰："谢承父婴为尚书侍郎，每读高祖及光武之后将相名臣策文通训，条在南宫，秘于省阁，唯台郎升复道取急，因得开览。"[2]案《三国志》卷五〇《妃嫔传》：谢承"父㬎，汉尚书郎"。[3]文中"南宫"之"省阁"当指东观藏书阁。

四 殿中其他重要机构

南、北宫"殿中"的重要机构，可考者还有光禄勋及所领诸郎署、侍中寺和谒者台。

西汉未央宫"殿门"之内还有金马、长秋等门，将"殿中"分为内外两部分，其内是办公区，其外可能是生活服务区。西汉光禄勋属下有五官、左、右中郎将，秩比二千石，所领中郎秩比六百石；又有郎中车、户、骑三将，秩比千石，所领郎中秩比三百石。郎中的主要职责是守卫"殿门""出充车骑"及殿中生活服务区的宿卫，驻于殿门之内。中郎则负责"陛戟殿前""补过拾遗"及殿中办公区的宿卫，驻于金马、长秋等门内。[4]东汉南北二宫的"殿中"区域比未央宫的小，似不分办公区和生活服务区。因而东汉"省车、户、骑凡三将"，[5]中郎、郎中都由三中郎将统领，负责守卫"殿门"和宿卫"殿中"。

光禄勋属下还有虎贲中郎将和羽林中郎将，皆秩比二千石，"掌宿卫侍从"。前者"主虎贲宿卫"，领虎贲中郎、虎贲侍郎、虎

---

[1]《后汉书》，第1784页。
[2]《宋刊明州本六臣注文选》，第372页上栏、下栏。
[3]《三国志》，第1196页。
[4] 参本书《未央宫"殿中"考》。
[5]《续汉书·百官志二》，《后汉书》，第3578页。

贲郎中、节从虎贲，后者"主羽林郎"。虎贲中郎将下有"左右仆射、左右陛长各一人"。左右仆射"主虎贲郎习射"，左右陛长"主直虎贲，朝会在殿中"。[1]《续汉书·礼仪志中》注引蔡质《汉仪》曰："正月旦，天子幸德阳殿，临轩。公、卿、将、大夫、百官各陪位朝贺……虎贲、羽林张弓挟矢，陛戟左右。"[2]是朝会时，虎贲、羽林皆在殿前陛戟，而所持兵器不同。司马彪《续汉书》："（朱）穆举高第，拜侍御史。桓帝临辟雍，行礼毕，公卿出，虎贲置弓阶上，公卿下阶皆避弓。穆过，呵虎贲曰：'执天子器，何故投于地？'虎贲怖，皆摄弓。穆劾奏虎贲抵罪。"[3]可见东汉虎贲皆挟弓矢，故有左右仆射主其"习射"。《后汉书》卷七八《宦者传》：尚书郭镇"率直宿羽林"收阎景，"镇引剑击景堕车，左右以戟叉其匈，遂禽之"。[4]"左右"当指羽林。是羽林郎皆执戟。同书卷三三《虞延传》：光武帝至洛阳狱"亲录囚徒"，洛阳令虞延"陈其狱状可论者在东，无理者居西"。外戚阴氏宾客马成"欲趋东，延前执之……成大呼称枉，陛戟郎以戟刺延，叱使置之"。[5]此处"陛戟郎"应亦为羽林郎。

《续汉书·百官志二》光禄勋条注引蔡质《汉仪》曰：五官中郎将，"其府对太学"；左中郎将，"其府次五官府"；虎贲中郎将，"次右将府"；羽林中郎将，"府次虎贲府"。[6]文中显然脱了右中郎将"府次左将府"一条。据此，诸郎署依次排列，都在"太学"对

---

[1]《续汉书·百官志二》，《后汉书》，第3575、3576页。

[2]《后汉书》，第3131页。

[3] 同上书，卷四三《朱穆传》李贤注引，第1463页。《太平御览》卷三四七引谢承《后汉书》亦载此事："朱穆为尚书，岁初百官朝贺，有虎贲当阶置弓于地，谓群僚曰：'此天子弓，谁敢干越！'百僚皆避之。穆呵之曰：'天子之弓，当戴之于首上，何敢置地，大不敬。'即收虎贲，付狱治罪。"（第1598页上栏）

[4]《后汉书》，第2515页。

[5] 同上书，第1152页。

[6] 同上书，第3575、3576页。

面。案《后汉书》卷一上《光武帝纪上》：建武五年十月，"初起太学"。注引陆机《洛阳记》曰："太学在洛阳城故开阳门外，去宫八里。"[1]太学在洛阳城南郊，远离皇宫，而光禄勋所领诸郎署不可能在皇宫之外。疑上引《汉仪》"太学"之文乃"太官"之误。《后汉书》卷一六《邓训传》："显宗即位初，以为郎中。"注引《东观记》曰："太医皮巡从猎上林还，暮宿殿门下，寒疝病发。时训直事，闻巡声，起往问之。巡曰：'冀得火以熨背。'训身至太官门为求火，不得，乃以口嘘其背，复呼同庐郎共更嘘，至朝遂愈也。"[2]由前引郑玄所言"朝堂诸曹治事处"在"路门之表""殿端门下"可知，"殿门下"即殿门内。故此，"太官门"应在殿中，因而五官、左、右、虎贲、羽林中郎将府亦在殿中。邓训以郎中"直事"，即在殿中值宿。"同庐郎"云云，证明殿中有供郎官值宿的庐舍。前引尚书郭镇"率直宿羽林出南止车门"一事，则表明羽林郎也在殿中值宿。光禄勋所领诸郎署既然都在殿中，光禄寺应当也在殿中。《宋书》卷三九《百官志上》追述东汉之制曰："光禄勋居禁中如御史，有狱在殿门外，谓之光禄外部。"又曰："魏、晋以来，光禄勋不复居禁中。"[3]光禄勋不可能"居禁中"（说详下），文中"禁"当作"殿"。如前述，东汉侍御史在殿中兰台办公。光禄勋既"如御史"，当然也应"居殿中"。

《后汉书》卷八《灵帝纪》光和元年四月，"侍中寺雌鸡化为雄"。《续汉书·五行志一》载此事作："南宫侍中寺雌鸡欲化雄，一身毛皆似雄，但头冠尚未变。"[4]灵帝此时居北宫，[5]侍中寺官员当然也在北宫。南宫侍中寺可能处于闲置状态，故有人在寺中养

---

[1]《后汉书》，第40页。
[2]同上书，第608页。
[3]《宋书》，第1229页。
[4]《后汉书》，第341、3273页。
[5]参本书《东汉的南宫和北宫》。

鸡。侍中寺在宫中何处，不见明确记载。《续汉书·百官志三》侍中条本注曰："掌侍左右，赞导众事，顾问应对。"[1]这是本职。除此之外，侍中还有"省尚书事"之职。《后汉书》卷四三《朱穆传》："汉家旧典，置侍中、中常侍各一人，省尚书事。"[2]由于侍中须"省尚书事"，故常与尚书并提。如《后汉书》卷一〇《皇后纪上》：邓太后"寝病渐笃，乃乘辇于前殿，见侍中、尚书"。卷六三《李固传》载固对策曰："诏书所以禁侍中、尚书中臣子弟不得为吏察孝廉者，以其秉威权，容请托故也。而中常侍在日月之侧……今可为设常禁，同之中臣。"[3]李固所谓"中臣"显然指侍中和尚书。据此推测，侍中寺当和尚书台一样，也在殿中。

《续汉书·百官志二》：光禄勋属官有谒者仆射一人，"为谒者台率"；常侍谒者五人，"主殿上时节威仪"；谒者三十人，"掌宾赞受事，及上章报问"。[4]谒者的工作主要在"殿上"，谒者台当在"殿中"。同书《礼仪志中》载冬至夏至礼曰："侍中、尚书、御史、谒者皆陛。"载大傩之仪曰："朝臣会，侍中、尚书、御史、谒者、虎贲、羽林郎将执事，皆赤帻陛卫。"[5]在皇帝亲临前殿的礼仪场合，谒者也要在殿前"陛卫"，表明他们与侍中、尚书、御史一样，也是"殿中"近臣。《礼仪志中》又载"飨遣故卫士仪"曰："百官会，位定，谒者持节引故卫士入自端门。"同书《百官志一》将军条注引《梁冀别传》曰："元嘉二年，又加冀礼仪。大将军朝，到端门若龙门，谒者将引。"[6]此时桓帝居北宫，"龙门"当指云龙门。故卫士和大将军由谒者引入殿门，也显示谒者台是殿中机构。

---

[1]《后汉书》，第3593页。
[2] 同上书，第1472页。
[3] 同上书，第429、2975页。
[4] 同上书，第3578页。
[5] 同上书，第3126页。
[6] 同上书，第3130、3564页。

五 "禁中"和"省中"

南北宫的"殿中"是以德阳、崇德、云台、嘉德等殿为中心形成的区域,"禁中"则是"殿中"深处禁卫等级更高的另一个区域。蔡邕《独断》:"禁中者,门户有禁,非侍御者不得入,故曰禁中。"[1]解释得不够清楚。从实际情形看,"禁中"的意义集中体现在侍中、中常侍、给事黄门侍郎和小黄门的职责分工中。《续汉书·百官志三》少府条载:

> 侍中……掌侍左右,赞导众事,顾问应对。
> 中常侍……掌侍左右,从入内宫,赞导内众事,顾问应对。
> 给事黄门侍郎……掌侍从左右,给事中,关通中外。
> 小黄门……掌侍左右,受尚书事。上在内宫,关通中外。[2]

稍加比较便可看出,侍中和中常侍的职掌基本相同,给事黄门侍郎和小黄门的职掌也基本相同,区别在于中常侍、小黄门可"从入内宫"。这意味着当"上在内宫"时,侍中、给事黄门侍郎便不能"侍左右",只能由中常侍、小黄门负责"顾问应对""关通中外"。《史记》卷八七《李斯传》:秦二世"不坐朝廷见大臣,居禁中",李斯抱怨说:"上不坐朝廷,上居深宫,吾有所言者,不可传也,欲见无闲。"[3]《续汉志》所谓"内宫"和李斯所言"深宫"同义,皆指"禁中"。

《续汉志》刘昭注引蔡质《汉仪》曰:"侍中旧与中官俱止禁中,武帝时,侍中莽何罗挟刃谋逆,由是侍中出禁外,有事乃入,

---

[1] 蔡邕:《独断》卷上,上海古籍出版社,1990年,第3页上栏。
[2] 《后汉书》,第3593、3594页。
[3] 《史记》,北京,中华书局,1959年,第2558页。

毕即出。王莽秉政，侍中复入，与中官共止。章帝元和中，侍中郭举与后宫通，拔佩刀惊上，举伏诛，侍中由是复出外。"[1]案《后汉书》卷一〇《皇后纪上》载外戚郭氏事曰："永元初，璜为长乐少府，子举为侍中，兼射声校尉。及大将军窦宪被诛，举以宪女婿谋逆，故父子俱下狱死。"[2]是郭举任侍中及被诛在和帝永元年间，章帝元和中"拔佩刀惊上"的侍中或另有其人。刘昭注又引《献帝起居注》曰："旧侍中、黄门侍郎以在中宫者，不与近密交政。诛黄门后，侍中、侍郎出入禁闱，机事颇露。"[3]案："以在中宫"费解，"以"当为"不"之讹。"中宫"与"内宫"同义，亦指"禁中"。"闱"，《说文》门部："宫中之门也。"[4]"禁闱"也称"禁门"。《后汉书》卷六九《窦武传》："帝拔剑踊跃，使乳母赵娆等拥卫左右，取棨信，闭诸禁门。"[5]"禁闱"或"禁门"就是出入禁中之门。《汉仪》所谓"止禁中"，意指在禁中值宿。《献帝起居注》所谓"出入禁闱"，则指在禁中值宿者可随时出入禁门。东汉初年，侍中"止禁中"，故得随时出入禁门。章帝元和以后，侍中"出禁外"，便只能"有事乃入，毕即出"了。《汉仪》载此事，只及侍中，未及黄门侍郎，《献帝起居注》则侍中、黄门侍郎并提。黄门侍郎的职掌是配合侍中的，章帝时当与侍中一样也经历了从"止禁中"到"出禁外"的变化。《续汉志》所载侍中、中常侍、给事黄门侍郎和小黄门的职掌，正是章帝以后的制度。[6]

《后汉书》卷六《顺帝纪》载中黄门孙程、王康、苗光等，杀

---

[1]《后汉书》，第 3593 页。
[2] 同上书，第 404 页。
[3] 同上书，第 3594 页。
[4]《说文解字》，北京，中华书局，1963 年，第 247 页下栏。
[5]《后汉书》，第 2243 页。
[6] 四库全书本《东观汉记》卷四《百官表》校语曰："司马彪之《志》本之胡广所注王隆《汉官篇》，多顺帝以后所更改。"《文渊阁四库全书》，台北，台湾商务印书馆，1986 年，第 370 册，第 93 页上栏。

中常侍江京、黄门令刘安、钩盾令陈达，胁迫中常侍李闰拥立顺帝之事：

> 十一月丁巳……夜，中黄门孙程等十九人共斩江京、刘安、陈达等，迎济阴王，于德阳殿西钟下即皇帝位。

同书卷七八《宦者孙程传》载之较详：

> 四日夜，程等共会崇德殿上，因入章台门。时江京、刘安及李闰、陈达等俱坐省门下。程与王康共就斩京、安、达，以李闰权执积为省内所服，欲引为主，因举刃胁闰……俱于西钟下迎济阴王立之，是为顺帝。

李贤注引《东观记》还描述了苗光参与此事的具体情节：

> 程赋枣脯，又分与光，曰："以为信，今暮其当著矣。"漏尽，光为尚席，直事通灯，解剑置外，持灯入章台门。程等适入，光走出门，欲取剑，王康呼还，光不应。光得剑，欲还入，门已闭。光便守宜秋门，会李闰来出，光因与俱迎济阴王……诏书录功臣，令康疏名，康诈疏光入章台门……光心不自安，诣黄门令自告。有司奏康、光欺诈主上，诏书勿问。[1]

综合三条记载可知，孙程等人于崇德殿集合，然后进入章台门，至"省门下"，杀江京、刘安、陈达，胁迫李闰出宜秋门，至德阳殿，于西钟下立顺帝。刘安是黄门令，"主省中诸宦者"。[2]而东汉黄门

---

[1]《后汉书》，第249、2515—2517页。
[2]《续汉书·百官志三》，《后汉书》，第3594页。

令所主之"省",是皇帝生活起居和日常办公之处,在北宫便是以章德殿为主的一个建筑群。[1]因此,刘安等人被杀之处应是章德殿前外院门内。北宫有章台殿,但孙程等所入"章台门"显然不是章台殿之门,而是介于崇德、德阳二殿与章德殿之间的一道宫墙的门。孙程等由章台门入,由宜秋门出,可见宜秋门是这道墙的另一座门。苗光知道事发当在"今暮",但不知具体时间,也未在崇德殿与孙程等会合。汉代制度:昼漏尽,夜漏起,"省中用火",[2]即点灯。苗光于"漏尽"时入章台门,正是履行"直事通灯"的职责入省点"灯"。值得注意的是,他在入门前"留剑置外",见孙程等携刃而来,才返回取剑。这一细节表明,章台、宜秋等门禁卫等级甚高,正常情况下连"给事禁中"的中黄门也不能带剑进入。苗光"得剑,欲还入,门已闭",只得到宜秋门外等候。章台、宜秋等门被关闭,可能是孙程等人为封锁消息、控制局面而采取的措施。事后顺帝论功行赏,入没入章台门也是条件之一。可见这道门的重要性非同一般。由此推测,章台、宜秋等门可能是"禁门",其内便是"禁中"。南宫的情形无从考证,依情理推之,在云台、嘉德二殿和玉堂殿之间,应该也有一道"禁门"。

《太平御览》卷二四一引《东观汉记》曰:"明德太后姊子夏寿等,私呼虎贲张鸣与敖戏争斗。上特诏曰:'尔虎贲将军,蒙国厚恩,位在中臣,宿卫禁门……今者反于殿中交通轻薄。虎贲,兰内所使,至命欲相杀于殿下,不避门内……此皆生于不学之门所致也。'"[3]"夏"应为"贾"之讹。虎贲将军即虎贲中郎将。[4]马太后

---

[1] 参本书《东汉的"东宫"和"西宫"》。
[2] 《文选》卷五六陆佐公《新漏刻铭》李善注引卫宏《汉旧仪》曰:"昼夜漏起,省中用火。""昼"下脱"漏尽"二字。《宋刊明州本六臣注文选》,第851页上栏。
[3] 《太平御览》,第1141页下栏。
[4] 《后汉书》卷四一《第五伦传》载伦上疏曰:"虎贲中郎将窦宪,椒房之亲,典司禁兵,出入省闼。"(第1400页)《后汉纪》卷一一《章帝纪上》载此疏作"虎贲将军窦宪"。(第215页)

东汉的"殿中"和"禁中"

为明帝贵人时,其"前母姊女贾氏亦以选入,生肃宗"。[1]贾寿应是章帝生母贾氏的兄弟,以外戚任虎贲中郎将。章帝称其"位在中臣,宿卫禁门",又斥其欲使虎贲"相杀于殿下"。这透露出虎贲不仅在朝会时负责"殿中"陛卫,还要"宿卫禁门"。《后汉书》卷七《桓帝纪》:延熹五年(162年)四月戊辰,"虎贲掖门火"。[2]所谓"虎贲掖门",应指由虎贲守卫的门,可能也是一座"禁门"。不过,虎贲守卫"禁门"应限于门外,门内的宿卫当由宦官负责。《续汉书·百官志三》少府条:"中黄门冗从仆射一人,六百石。本注曰:宦者。主中黄门冗从,居则宿卫,直守门户。"[3]中黄门冗从所"直守"的便是"禁中"门户,应包括"禁门"。

东汉史籍中还常见"省中"概念。综合相关记载,"省"似指以"某某殿"为中心构成的院落。此类院落通常有内外两个庭院,外院大门多称"省门""省户",内院小门则称"省阁""省闼"。[4]南北宫"禁中"区域内供皇帝、后妃、太后等居住的院落都称"省"。前引《续汉志》所言黄门令"主省中诸宦者",即指皇帝之"省"。《后汉书》卷三四《梁统传附梁冀传》:桓帝谋诛冀,冀"乃使中黄门张恽入省宿,以防其变"。卷五五《清河王庆传》:和帝"特亲爱庆",帝居北宫章德殿,"庆得入省宿止"。[5]张恽、刘庆入宿的都是皇帝之"省"。同书卷六九《何进传》:"进入长乐白太后",宦官疑其"欻入省,此意何为"。卷七八《宦者孙程传》:程等发动政变,拥立顺帝,"阎显时在禁中",欲"以太后诏召越骑校尉冯诗",于是"诱诗入省",阎景则"遽从省中还外府,

---

[1]《后汉书》卷一〇上《皇后纪上》,第409页。
[2] 同上书,第309页。
[3] 同上书,第3594页。
[4] 参本书《说"殿"》。
[5]《后汉书》,第1186、1800页。

收兵"。[1]何进、冯诗所入，阎景所出，都是太后之"省"。同书卷一〇《皇后纪上》：邓贵人有疾，和帝令其"母兄弟入视医药，不限以日数"，邓氏推辞曰："宫禁至重"，不宜"使外舍久在内省"。[2]贵人所居当然是后妃之"省"。

此外，南北两宫的德阳、崇德、嘉德诸殿位于"禁外"，但也称"省"。《何进传》：宦官"诈以太后诏召进，入坐省闼……斩进于嘉德殿前"。《续汉书·五行志一》："何进谋尽诛中官，中官觉，于省中杀进。"[3]张衡《东京赋》："九龙之内，寔曰嘉德。"[4]是嘉德殿所在院落为"省"，殿前的九龙门称"省闼"。[5]同书《五行志五》刘昭注引干宝《搜神记》："桓帝即位，有大蛇见德阳殿上，洛阳市令淳于冀曰：'蛇有鳞，甲兵之象也。见于省中，将有椒房大臣受甲兵之诛也。'"[6]是德阳殿在"省中"。《后汉书》卷三六《张霸传附张陵传》："官至尚书。元嘉中，岁首朝贺，大将军梁冀带剑入省，陵呵叱令出，敕羽林、虎贲夺冀剑。"[7]桓帝此时居北宫，岁首朝贺当在德阳前殿。是梁冀所入之"省"乃德阳前殿。《后汉书》卷六《顺帝纪》：顺帝即位后，"遣使者入省，夺得玺绶……收阎显及其弟城门校尉耀、执金吾晏，并下狱诛。"[8]《后汉纪》载此事

---

[1]《后汉书》，第2251、2515页。
[2]同上书，第419页。
[3]同上书，第2251、3260页。
[4]《宋刊明州本六臣注文选》，第57页下栏。
[5]《后汉书》卷六九《何进传》："（袁）术烧南宫九龙门"（第2252页）。袁宏《后汉纪》载此事作"袁术烧南宫青琐门。"（第496页）《三国志》卷六《袁绍传》作"术将虎贲烧南宫嘉德殿青琐门。"（第189页）据此，九龙门就是青琐门。《汉书》卷九八《元后传》："曲阳侯根骄奢僭上，赤墀青琐。"注引孟康曰："以青画户边镂中，天子制也。"又引如淳曰："门楣格再重，如人衣领再重，里者青，名曰青琐，天子门制也。"师古曰："孟说是。青琐者，刻为连环文，而青涂之也。"（第4026页）既是天子门制，当不限于九龙门，大概天子殿前内院正门都是青琐门。
[6]《后汉书》，第3344页。
[7]同上书，第1243页。
[8]同上书，第250页。

作:"使御史诣崇德殿,收显等亲族下狱诛。"[1]是崇德殿所在院落亦称"省"。云台殿应当也在"省"中,唯未见其例。《续汉书·礼仪志中》载"大傩"逐疫之仪曰:"中黄门行之,冗从仆射将之,以逐恶鬼于禁中。夜漏上水,朝臣会,侍中、尚书、御史、谒者、虎贲、羽林郎将执事,皆赤帻陛卫。乘舆御前殿……因作方相与十二兽儛。嚾呼,周遍前、后省三过,持炬火,送疫出端门。"[2]仪式所及区域包括"禁中"和"前殿",则"前、后省"当分指禁外、禁中之"省"。

值得注意的是,"省"中事务皆由宦官负责。《后汉书》卷六九《何进传》载何太后曰:"中官统领禁省,自古及今,汉家故事,不可废也。"同卷《窦武传》载武曰:"故事,黄门、常侍但当给事省内,典门户,主近署财物耳。"同书卷五四《杨震传附杨秉传》载秉奏曰:"臣案国旧典,宦竖之官,本在给使省闼,司昏守夜。"[3]故东汉人有时以"省内"指称宦官。《何进传》:进谋诛宦官,其弟何苗劝阻曰:"始共从南阳来,俱以贫贱,依省内以致富贵……宜深思之,且与省内和也。"卷七四上《袁绍传》:绍"爱士养名……内官皆恶之,中常侍赵忠言于省内曰……不知此儿终欲何作。"[4]文中"省内"皆指宦官。

六 上述布局对政治的影响

东汉的尚书台,与西汉相比,人员更多,权力更大,已成为皇帝与公卿百官及天下吏民之间的信息中枢。上传皇帝的信息大多要通过尚书的审查、筛选和处理。皇帝的命令或意旨向下贯彻,照

---

[1] 袁宏:《后汉纪》,第337页。
[2] 《后汉书》,第3127、3128页。
[3] 同上书,第2249、2242、1774页。
[4] 同上书,第2250、2373页。

例也要通过尚书。对皇帝而言，尚书是他行使权力的工具；[1]而在臣民眼中，尚书是皇帝的"喉舌"，发出的都是"王命"。[2]东汉的"殿中"，以尚书台为中心，加上朝堂、侍中寺、兰台、谒者台等机构，使中央的权力进一步集中于皇帝手中。但皇帝生活起居和日常办公都在"禁中"，与尚书台等"殿中"机构相距较远，中间还隔着一道"禁门"。这又为皇帝同"殿中"官员及公卿大臣的沟通带来不便，而为宦官介入其间创造了条件。

东汉初年，皇帝身边便常见宦官的身影，但光武、明帝勤于政事，其弊端尚未暴露出来。史载：光武"每旦视朝，日仄乃罢，数引公、卿、郎将讲论经理，夜分乃寐"；明帝亦"日晏坐朝，幽枉必达"，"公卿数朝会，每辄延谋政事，判折狱讼"。[3]二帝对尚书的掌控也很严。光武甚至直接干预尚书台内部的工作安排。如尚书郎冯勤"以图议军粮，在事精勤，遂见亲识"，又"使典诸侯封事……莫不厌服"，光武"益以为能，尚书众事，皆令总录之"。[4]明帝则常常亲至尚书，甚至"夜入台"。[5]尚书令宋均"尝删剪疑事"，明帝"以为有奸，大怒，收郎缚格之。诸尚书惶恐，皆叩头谢罪"。[6]皇帝每日"视朝"，经常"朝会"，与尚书等殿中官员和公卿大臣共同处理政务，宦官便无从插手。章帝以后，情况逐渐发生变化。不仅侍中、黄门侍郎"出禁外"，朝会也减少了。蔡邕曾问胡广"群臣朝见之仪"，广曰："旧仪，公卿以下每月常朝，先帝

---

[1] 参祝总斌：《两汉魏晋南北朝宰相制度研究》，第96—99页。
[2] 《后汉书》卷六三《李固传》："尚书亦为陛下喉舌……出纳王命，赋政四海。"第2076页。
[3] 《后汉书》卷一下《光武帝纪下》，第85页；卷二《明帝纪》，第124页；卷二六《牟融传》，第916页。
[4] 《后汉书》卷二六《冯勤传》，第909—910页。
[5] 同上书，卷四一《钟离意传》，第1411页。
[6] 同上书，卷四一《宋均传》，第1413页。

东汉的"殿中"和"禁中"

以其频,故省,唯六月、十月朔朝。后复以六月朔盛暑,省之。"[1] 蔡邕曾"师事太傅胡广",胡广"为太傅"则在灵帝初,[2]故胡广说这番话的时间应在灵帝时。然胡广于安帝时入仕,"历事六帝",[3]所称"先帝"难以确定指谁。"少博学"的蔡邕向胡广问及此事,说明上述变化发生较早,只有胡广这样的老人才知道。

事实上,自和帝以降,连续出现少帝即位、太后临朝的局面。太后常与外戚在"禁中"制定决策。如和帝初,窦太后临朝,窦宪"内干机密,出宣诰命";和帝崩后,邓太后临朝,"(邓)骘兄弟常居禁中";安帝崩后,阎太后临朝,"与(阎)显等定策禁中",立少帝;桓帝崩,窦太后临朝,"拜(窦)武为大将军,常居禁中"。[4]同时,太后"以女主临政",不便与殿中官员和公卿大臣同堂议事,又"不得不委用刑人"。[5]于是,能在禁中"顾问应对"和"关通中外"的中常侍、小黄门便派上了用场。桓帝时,尚书朱穆说:"自和熹太后以女主称制,不接公卿,乃以阉人为常侍,小黄门通命两宫。"[6]久而久之,形成禁中决策机制。《后汉书》卷六《顺帝纪》:永建元年(126年)九月,"初令三公、尚书入奏事"。[7]卷三七《桓荣传附桓焉传》:"顺帝即位,拜太傅……入授经禁中,因燕见,建言宜引三公、尚书入省事,帝从之。"[8]尚书本在殿中,"入奏事"或"入省事"当然是入"禁中"。顺帝一朝无当权外戚,但禁中决策机制已成,故令三公、尚书入禁中参预决策。顺帝崩后,外戚、宦官当政,此令肯定废止了。故桓帝时,太尉陈

---

[1]《续汉书·礼仪志中》刘昭注引蔡邕曰,《后汉书》,第3131页。
[2]《后汉书》卷六〇下《蔡邕传》,第1980页;卷八《灵帝纪》,第329页。
[3] 同上书,卷四四《胡广传》,第1510页。
[4] 同上书,卷二三《窦融传附窦宪传》,第813页;卷一六《邓禹传附邓骘传》,第612页;卷六九《窦武传》,第2241页。
[5]《后汉书》卷七八《宦者传序》,第2509页。
[6] 同上书,卷四三《朱晖传附朱穆传》,第1472页。
[7] 同上书,第251页。
[8] 同上书,第1257页。

蕃上疏曰："陛下深宜割塞近习豫政之源，引纳尚书朝省之事，公卿大官，五日壹朝。"[1]袁宏《后汉纪》载此事，亦有"引纳尚书朝省之事"一句，[2]其意似指像顺帝那样引尚书入禁中处理政务。

少帝与宦官的关系更加紧密，所谓"内外臣僚，莫由亲接，所与居者，唯阉宦而已"。[3]在和、顺、桓诸帝从外戚手中夺回权力的政变中，宦官都发挥了重要作用。这进一步增加了皇帝对宦官的依赖，使宦官在禁中决策中的发言权越来越大。和帝亲政后，宦官郑众"常与议事"。史称："中官用权，自众始焉。"顺帝、桓帝时，曹腾"为小黄门，迁中常侍"，"用事省闼三十余年……其所进达，皆海内名人"。及单超等人助桓帝诛外戚梁氏后，宦官权势更盛。史称："自是权归宦官，朝廷日乱矣。"[4]灵帝初年，宦官打败了外戚窦氏。其后，宦官与外戚何氏角力时也占据上风。可见，宦官已成为影响皇帝和禁中决策的主要势力。其中"给事省闼"的中常侍、小黄门尤为重要。《后汉书》卷二八下《冯衍传附冯豹传》："拜尚书郎，忠勤不懈。每奏事未报，常俯伏省阁，或从昏至明。肃宗闻而嘉之，使黄门持被覆豹，敕令勿惊。"[5]《太平御览》卷一八五引《汉官典职》曰："阁下大屏称曰丹屏，尚书郎含鸡舌香伏其下奏事。"[6]"阁"应作"闼"。是尚书郎向皇帝奏事只能到"省闼"下。省闼之内，则由小黄门负责传递，中常侍协助处理。《后汉书》卷六九《何进传》曰："黄门、常侍权重日久"；"中官在省闼者或数十年，封侯贵宠，胶固内外"[7]。中常侍、小黄门正是因为"给事省闼"，介于尚书和皇帝之间，所以权重。

---

[1]《后汉书》卷六六《陈蕃传》，第2165页。
[2] 袁宏：《后汉纪》，第426页。
[3]《后汉书》卷七八《宦者传序》，第2509页。
[4] 同上书，卷七八《宦者传》，第2512、2513、2519、2520页。
[5] 同上书，第1004页。
[6]《太平御览》，第900页下栏。
[7]《后汉书》，第2248、2249页。

有鉴于此，何进、袁绍谋诛宦官时，打算"尽诛诸常侍以下，选三署郎入守宦官庐"，[1]并令虎贲中郎将袁术"选温厚虎贲二百人，当入禁中，代持兵黄门陛守门户"。[2]其后，宦官被诛，献帝即位，果然用郎官取代了宦官。《后汉书》卷九《献帝纪》："初令侍中、给事黄门侍郎，员各六人。赐公卿以下至黄门侍郎家一人为郎，以补宦官所领诸署。"《献帝起居注》所载更详："诸奄人官，悉以议郎、郎中称，秩如故"，又"置侍中、给事黄门侍郎，员各六人，出入禁中，近侍帷幄，省尚书事"。侍中、给事黄门侍郎一度接替了原来中常侍、小黄门的职掌。不久，由于"侍中、侍郎出入禁闼，机事颇露"，司徒王允"乃奏比尚书，不得出入，不通宾客"。[3]但这只是暂时的反复，不久便出现了士人出任的散骑之职。《三国志》卷二《文帝纪》：延康元年（220年），曹丕即魏王位后立刻下令："置散骑常侍、侍郎各四人，其宦人为官者不得过诸署令。为金策著令，藏之石室。"[4]此令专门针对宦官问题，且异常郑重其事。《晋书》卷二四《职官志》："魏文帝黄初初，置散骑合之于中常侍……魏、晋散骑常侍、侍郎，与侍中、黄门侍郎共平尚书奏事。"[5]《宋书》卷四〇《百官志下》所载同。"置散骑合之于中常侍"一句，提供了重要信息，表明新设的散骑常侍、散骑侍郎，是用来取代中常侍、小黄门的。故任散骑者可能仍值宿禁中，职掌也仍与侍中、黄门侍郎有所重叠。[6]

原载《中华文史论丛》2018年第1期

---

[1]《后汉书》卷六九《何进传》，第2251页。
[2]《三国志》卷六《袁绍传》，第189页。
[3]《续汉书·百官志三》注引《献帝起居注》，《后汉书》，第3594页。
[4]《三国志》，第58页。
[5]《晋书》，第733页。
[6] 参本书《魏晋洛阳宫主要行政机构的分布》。

中篇小结

东汉的皇宫有南北二宫，分别位于洛阳城南部和北部。皇帝或居南宫，或居北宫。二宫整体皆呈"日"形，南、东、北三面，外有宫墙，内有殿墙。宫门共有八座。南宫有南门、东门、北门和玄武门。北宫有北门、东门、南掖门和南阙门。玄武门和南阙门是两宫的正门。皇帝所居之宫的正门设有公车机构，由公车司马令掌管。其余七门皆由宫门司马守卫。南宫南屯司马除南宫南门外还兼掌洛阳平城门。二宫西面的宫墙和殿墙是一道墙，无宫门，由殿门出入。北宫的殿门有南面的端门，西面的神虎门，东面的云龙门。南宫殿中的南门亦称端门，西门称白虎门，东门失载，应为青（苍）龙门。殿门由五官并左、右中郎将所领三署郎守卫。虎贲中郎将、羽林中郎将领虎贲郎、羽林郎负责殿中宿卫和陛戟。

南北二宫的殿中，各有"东宫"和"西宫"。北宫的"东宫"以德阳殿为前殿，殿前有崇贤门。"西宫"以崇德殿为前殿，殿前有金商门。由此构成两个独立的内院，其外是由端门、神虎门、云龙门构成的外院。南宫的"东宫"以云台殿为前殿，殿前之门失载。"西宫"以嘉德殿为前殿，殿前有九龙门。也构成两个独立的内院，其外是由端门、白虎门和名称失载的东门构成的外院。朝堂、尚书台、侍中寺、兰台、符节台、谒者台等殿中机构及光禄勋所属诸郎署皆在外院。北宫德阳殿后有章德殿等建筑，南宫云台殿后有玉堂殿等建筑，北宫崇德殿后和南宫嘉德殿后也有其他建筑。

章德、玉堂等殿与前殿之间有墙相隔，墙内是"禁中"，由章台门、宜秋门等"禁门"出入。

东汉皇帝例居"东宫"，皇太后皆居"西宫"。东汉前期，光武、明、章三帝年富力强，大权独揽，太后不曾临朝，外戚也无由干政。但和帝即位时，年仅十岁，不能亲理朝政，遂由窦太后临朝称制，代和帝行使权力。窦氏居"西宫"，与和帝所居"东宫"比肩相邻，可十分方便地实现最高权力的切换，继续通过殿中的尚书、侍中等机构管理朝廷政务。其后，东汉不断有小皇帝即位，太后居"西宫"临朝称制之事遂反复出现。太后依靠父兄处理政务，并大量任用子弟亲属担任要职，由此形成外戚专权局面。当权外戚大多张狂跋扈，并干预朝廷选举，四处安插宾客党羽，对朝政和吏治造成破坏。"东宫"近在咫尺，外戚很容易对小皇帝严加看管，使之处于软禁状态。当小皇帝成年应当亲政之时，外戚又不肯主动退出，致使皇权每次向"东宫"回归，都会发生流血政变。

太后不便与士人接触，常深居"禁中"，不得不更多地依靠中常侍和小黄门处理政务和传递信息，致使宦官权力逐渐膨胀。小皇帝更加依赖宦官。他们在"禁中"长大，又受到外戚的严密控制，很少接触外面的官员，可以依靠和信任者只有身边的宦官。因此，在推翻当权外戚的政变中，宦官总是主要角色。皇帝靠宦官夺回权力，自然要论功行赏。于是，宦官得以封侯，并参与政事。随着此类事件反复发生，宦官的权势越来越大，逐渐发展成为一种政治势力。桓、灵二帝时，宦官牢牢控制了两位成年皇帝，先后击败了窦氏、何氏两家外戚，又两次发动党锢之狱，沉重打击了反对他们的官僚士大夫集团。宦官滥用权力，更甚于外戚。他们大多出身微贱，当权后大肆搜刮财富，到处安插亲旧党羽，"父兄、子弟、婚亲、宾客，典据州郡，辜榷财利，侵掠百姓"，终于使东汉王朝陷入无可挽回的境地。

下篇
魏晋的洛阳宫

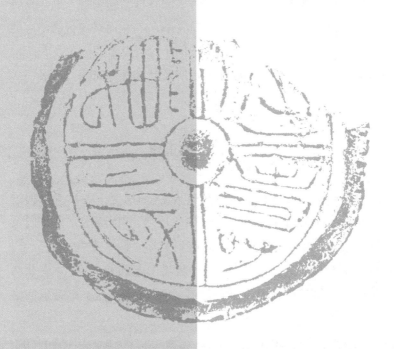

魏晋洛阳宫的形制与格局

魏晋的洛阳宫是在东汉北宫的废墟上重建的，其形制和格局与东汉有同也有异。学界对此有所研究，但许多环节还没弄清，整体认识仍较模糊。笔者基于之前对两汉宫禁制度的研究，顺藤摸瓜，又仔细搜集和梳理了与魏晋洛阳宫有关的各种文献史料，也认真研究了近年公布的一系列考古勘探发掘成果，[1]从而对魏晋洛阳宫的形成过程，宫门、殿门、中华门、上阁等门禁设施的位置及其所构成的宫内格局，皇帝办公和居住的场所及其变迁等问题，形成一些新的看法。现详述于下，供大家参考。

一 洛阳宫的重建

洛阳原有南、北宫，汉末毁于战火。《后汉书》卷六九《何进传》载：宦官杀何进于南宫，袁术领兵攻之，"因烧南宫九龙门及东、西宫"。[2]南宫主体建筑因此遭到破坏。同书卷九《献帝纪》载：董卓逼献帝"迁都长安"，并"焚洛阳宫庙及人家"。南北两宫及整个洛阳城都被烧毁。建安元年（196年）七月，献帝返回洛

---

[1] 2017年5月，笔者和几位同事及研究生前往汉魏洛阳故城遗址参观，得到中国社会科学院考古研究所研究员钱国祥、徐龙国等先生的热情接待。现场摆放的沙盘、示意图和钱先生的详细讲解，使大家获益良多，也为笔者的研究和本文的写作提供了许多重要信息。特此致谢！
[2] 《后汉书》，北京，中华书局，1965年，第2252页。

魏晋洛阳宫的形制与格局

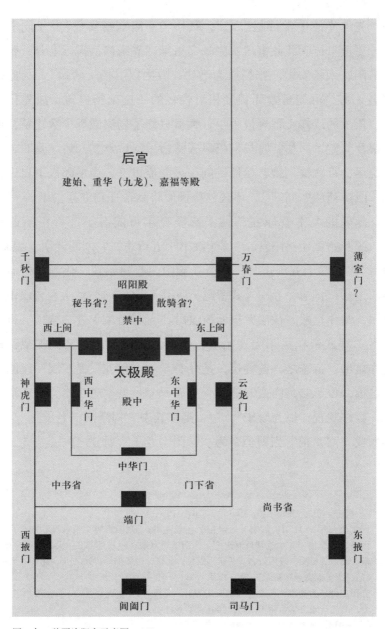

图一九　魏晋洛阳宫示意图　自绘

阳，先"幸故中常侍赵忠宅"，又移"幸南宫杨安殿"。[1]同书卷七二《董卓传》载此事曰：张杨命董承"先缮修洛宫。七月，帝还至洛阳，幸杨安殿。张杨以为己功，故因以'杨'名殿"。[2]此殿原名无考，可能是毁坏程度相对较轻的一座南宫建筑，故先行修复。董承的缮修工程规模很小，大概只修了杨安殿等少数建筑，供献帝及其妃嫔居住。官员们仍风餐露宿。《献帝纪》曰："是时，宫室烧尽，百官披荆棘，依墙壁间……群僚饥乏，尚书郎以下自出采稆，或饥死墙壁间。"[3]不久，曹操便将献帝迁到许县去了。

曹魏的大本营原在邺城。曹操晚年可能有了迁都洛阳的打算，遂开始重建洛阳宫。[4]《续汉书·五行志二》刘昭注引《魏志》曰："建安二十五年正月，曹公在雒阳，起建始殿，伐濯龙树而血出。"[5]《三国志》卷一《武帝纪》注引《世语》曰："太祖自汉中至洛阳，起建始殿，伐濯龙祠而树血出。"[6]《晋书》卷二八《五行志中》："魏武帝在洛阳起建始殿，伐濯龙树而血出，又掘徙梨，根伤亦血出。帝恶之，遂寝疾，是月崩。"[7]"濯龙"是东汉一座园林的名称，位于北宫内西北部。[8]明帝马皇后曾"置织室，蚕于濯龙中，数往观视，以为娱乐"，桓帝则在其中"祠浮图、老子"。[9]曹操所伐"濯龙祠"当即桓帝为"浮图、老子"所立之祠。案《三国

---

[1]《后汉书》卷九《献帝纪》，第369、370、379页。
[2] 同上书，第2341页。袁宏《后汉纪》亦载此事："张阳自野王迎乘舆，赈给百官。丙辰，行至洛阳，幸故常侍赵忠宅。张阳治缮宫殿……八月辛丑，天子入南宫杨安殿。阳以为己功，故因以名。"（张烈点校，北京，中华书局，2002年，第552页）
[3]《后汉书》卷九《献帝纪》，第379页。
[4] 安田二郎认为定都洛阳是曹操的既定方针。见氏著：《曹魏明帝の「宫室修治」をめぐって》，《東方学》第111辑，2006年，第5页。
[5]《后汉书》，第3300页。
[6]《三国志》，北京，中华书局，1959年，第53页。
[7]《晋书》，北京，中华书局，1974年，第858页。
[8] 参本书《东汉的南宫和北宫》。
[9]《后汉书》卷一〇上《皇后纪》，第413页；卷七《桓帝纪》，第320页。

志·武帝纪》，曹操于建安二十四年（219年）五月自汉中"引军还长安"，十月"军还洛阳"，次年正月"至洛阳"，当月庚子"崩于洛阳"。[1]建始殿工程是曹操"至洛阳"后才开始的，在他死前当然不可能完成。同书卷一七《张辽传》："黄初二年，辽朝洛阳宫，文帝引辽会建始殿。"[2]但月份不详。同书卷二《文帝纪》：黄初二年（221年）"六月庚子，初祀五岳四渎，咸秩群祀"。注引《魏书》："甲辰，以京师宗庙未成，帝亲祠武皇帝于建始殿。"[3]案《二十史朔闰表》，黄初二年六月庚子朔，甲辰为初五。是该殿完工最晚在黄初二年六月前，工程耗时仅一年半左右，可见此殿规模不大。

史家记述皇宫始建，通常只提用于朝会的标志性建筑"前殿"。如《史记》卷八《高祖本纪》："萧丞相营作未央宫，立东阙、北阙、前殿、武库、太仓。"[4]宫内建筑只提到"前殿"。《后汉书》卷一《光武帝纪》：建武十四年（38年）春正月"起南宫前殿"。[5]宫内其他建筑也未提及。工程可能是从"前殿"开始的，但规划中一定还有其他配套建筑。上引《魏志》亦如此。所谓"起建始殿"意味着洛阳宫重建工程开始了。《三国志·文帝纪》：黄初七年（226年）五月，"帝崩于嘉福殿"。注引《魏书》曰："殡于崇华前殿。"[6]崇华、嘉福二殿始建于何时，不见记载。作为重要性仅次于建始殿的两座建筑，应当也是曹操时着手或计划兴建的。二殿建成后，嘉福殿成为文帝的寝殿，故其最终崩于此殿。崇华殿是文帝日常理事之所，故临终见司马懿、曹真、陈群等"于崇华殿之南堂"，命其"辅政"，[7]死后则殡于此殿。

---

[1]《三国志》，第52、53页。
[2] 同上书，第520页。
[3] 同上书，第78页。
[4]《史记》，北京，中华书局，1959年，第385页。
[5]《后汉书》，第63页。
[6]《三国志》，第86页。
[7]《晋书》卷一《宣帝纪》，第4页。

《三国志·文帝纪》：黄初元年十二月，"初营洛阳宫"。裴松之案："诸书记是时帝居北宫，以建始殿朝群臣……至明帝时，始于汉南宫崇德殿处起太极、昭阳诸殿。"[1] 裴氏此注提供了重要信息，但也存在明显错误，并曾误导一些学者。魏晋洛阳宫确实也有南、北宫之分。郦道元《水经·穀水注》："魏明帝上法太极，于洛阳南宫起太极殿于汉崇德殿之故处。"[2]《三国志》卷四《三少帝纪》注引《魏书》：曹芳宠幸张美人，"皇太后还北宫，杀张美人"。[3]《晋书》卷一〇二《刘聪载记》：王弥、呼延晏攻入洛阳，"入于南宫，升太极前殿"。[4] 有学者根据此类记载，特别是裴松之和郦道元之说，认为魏晋沿用了东汉的南宫和北宫，而魏明帝所建太极、昭阳诸殿皆在南宫。[5] 但东汉史籍中有确凿证据表明，崇德殿在北宫，不在南宫。[6] 近年，考古工作者对汉魏洛阳城中的太极殿遗址进行了发掘，证明"其始建年代可上溯至曹魏初年，历经西晋、北魏等时期的修补、沿用"，[7] 而其位置正在"汉代北宫故地"。[8] 现有证据足以证明裴氏所言"汉南宫"有误，实为魏南宫或汉北宫。也可能"汉南宫崇德殿"原作"南宫汉崇德殿"，传抄者误倒。郦氏所言"洛阳南宫"则应理解为魏洛阳南宫，而不能理解为汉洛阳南宫。如今，学界已基本达成以下共识：魏晋洛阳宫建于东汉北宫

---

[1]《三国志》，第76页。
[2] 郦道元注，杨守敬、熊会贞疏：《水经注疏》，第1408—1409页。
[3]《三国志》，第130页。
[4]《晋书》，第2659页。
[5] 见王仲殊：《中国古代都城概说》，《考古》1982年第5期，第509页；杨宽：《中国古代都城制度史研究》，上海古籍出版社，1993年，第138、139页；佐川英治：《中国古代都城の設計と思想》，東京，勉誠出版（株），2016年，第126页。
[6] 参外村中：《魏晋洛陽都城制度攷》，京都大学人文科学研究所《人文学报》第99号，2010年，第7页；本书《东汉的"东宫"和"西宫"》。
[7] 中国社会科学院考古研究所洛阳汉魏故城队：《河南洛阳市汉魏故城发现北魏宫城四号建筑遗址》，《考古》2014年第8期，第6页；《河南洛阳市汉魏故城发现北魏宫城太极东堂遗址》，《考古》2015年第10期，第5页。
[8] 钱国祥：《由阊阖门谈汉魏洛阳城宫城形制》，《考古》2003年第7期，第60页。

旧址之上，魏晋史籍所谓"南宫"和"北宫"指其南半部和北半部。[1]魏文帝"营洛阳宫"，除了继续完成曹操启动的建始殿等工程外，还兴建了陵云台、灵芝池、天渊池、九华台等建筑。据《三国志·文帝纪》载：黄初二年"筑陵云台"，三年"穿灵芝池"，五年"穿天渊池"，七年三月"筑九华台"。[2]建始殿、崇华殿、嘉福殿、陵云台、灵芝池在北宫，天渊池、九华台则在北宫后面的芳林园中。[3]

明帝即位后，仍居嘉福殿，在崇华殿办公，以建始殿朝群臣。青龙三年（235年）七月，"崇华殿灾"，明帝"命有司复崇华，改名九龙殿"。最后，他也和文帝一样，"崩于嘉福殿"，"殡于九龙前殿"。[4]此外，明帝又大兴土木，加快了洛阳宫的建造进程。《三国志》卷三《明帝纪》青龙三年三月条："是时，大治洛阳宫，起昭阳、太极殿，筑总章观。"注引《魏略》曰："又于芳林园中起陂池，楫棹越歌；又于列殿之北立八坊，诸才人以次序处其中……通引穀水过九龙殿前，为玉井绮栏，蟾蜍含受，神龙吐出……筑阊阖诸门阙外罘罳。"[5]同书卷二五《高堂隆传》："帝愈增崇宫殿，雕饰观阁，凿太行之石英，采谷城之文石，起景阳山于芳林之园……饰金墉、陵云台、陵霄阙。"[6]除才人所居八坊和九龙殿前的水渠

---

[1] 参钱国祥：《由阊阖门谈汉魏洛阳城宫城形制》，第57页；向井佑介：《曹魏洛陽の宮城をめぐる近年の議論》，《史林》第95卷第1号，2012年，第254—256页；田中一輝：《西晉時代の都城と政治》，京都，朋友書店，2017年，第27页；佐川英治：《中国古代都城の設計と思想》，東京，勉誠出版（株），2016年，第127页。
[2]《三国志》，第78、82、84页。
[3]《洛阳伽蓝记》卷一"瑶光寺"条载："千秋门内道北有西游园，园中有凌云台，即是魏文帝所筑者……台东有宣慈观……观东有灵芝钓台……钓台南有宣光殿，北有嘉福殿，西有九龙殿。"（范祥雍：《洛阳伽蓝记校注》，上海古籍出版社，1978年，第46页）参钱国祥：《由阊阖门谈汉魏洛阳城宫城形制》，第57页。
[4]《三国志》卷三《明帝纪》，第106、114页。
[5] 同上书，第104、105页。
[6] 同上书，第712页。

外，明帝所兴工程主要在南宫和芳林园中。其中，以太极殿、昭阳殿为中心的南宫建筑群，工程量最大。同书卷一三《王朗传》载朗谏明帝曰："且先成阊阖之象魏，使足用列远人之朝贡者，修城池，使足用绝逾越，成国险。其余一切，且须丰年。"[1]《晋书》卷四〇《杨骏传》：贾后谋诛骏，或劝骏"烧云龙门以示威"，骏曰："魏明帝造此大功，奈何烧之！"[2]阊阖门是宫城正门，云龙门是殿墙东门（详下）。可见，修复宫墙、殿墙及诸门阙也是明帝时的一项重大工程。

综上，魏晋洛阳宫的重建是遵循先易后难的原则展开的。先在北宫兴建建始、嘉福、崇华诸殿，以满足皇帝居住、办公、朝会等基本需要。至明帝晚年，天下局势相对安定，曹魏国力有所增强，才大兴土木，完成太极殿、昭阳殿、阊阖门、云龙门等建筑。曹植《毁鄄城故殿令》称："大魏龙兴……夷朱雀而树阊阖，平德阳而建泰极。"[3]此令主旨是要拆掉鄄城内一座汉武帝时所建旧殿，应是曹植为鄄城侯或鄄城王期间所作。据《三国志》卷一九《陈思王植传》，曹植于黄初二年（221年）"封鄄城侯"，三年"立为鄄城王"，四年"徙封雍丘王"。[4]赵幼文认为，曹植为鄄城王比明帝兴建太极殿早十三年，故"令文所述之泰极，是指曹丕建修洛阳宫之正殿，与曹睿扩建洛阳宫当属两事"。[5]安田二郎则认为，"黄初三、四年间，在后汉洛阳宫城的北宫基础上建设曹魏宫城的全部计划，包括建立宫殿、门阙的名称和配置等内容的基本蓝图可能已经决定了。"[6]笔者以为安田说是。整个洛阳宫的重建规划应在文帝甚至曹

---

[1]《三国志》，第413页。
[2]《晋书》，第1179页。
[3] 罗国威整理：《文馆词林校证》，北京，中华书局，2001年，第425页。
[4]《三国志》，第561、562页。
[5] 赵幼文：《曹植集校注》，北京，人民文学出版社，1984年，第250页。
[6] 安田二郎：《曹魏明帝の「宫室修治」をめぐって》，《東方学》第111辑，第7页。

操时就已形成并逐步落实，明帝只是大大加快了工程进度。

太极、昭阳诸殿何时落成也不见记载。[1]明帝崩于嘉福殿，殡于九龙殿，说明太极、昭阳诸殿在他生前尚未投入使用。从青龙三年（235年）三月开工，到景初三年（239年）正月明帝崩，其间不足四年。《三国志》卷一三《王朗传附王肃传》载："景初间，宫室盛兴，民失农业"，肃上疏谏曰："今见作者三四万人，九龙可以安圣体，其内足以列六宫，显阳之殿，又向将毕，惟泰极已前，功夫尚大，方向盛寒，疾疢或作。诚愿陛下发德音，下明诏，深愍役夫之疲劳。"[2]"显阳"即"昭阳"，晋避司马昭讳改。明帝于景初元年（237年）三月改元，三年正月崩，故王肃于"方向盛寒"之时上疏，只能是景初元年冬或二年冬。此时，昭阳殿"将毕"，而"泰极已前，功夫尚大"，不能在景初三年正月前完工。《晋书》卷一《宣帝纪》：正始元年（240年），"初，魏明帝好修宫室，制度靡丽，百姓苦之。帝自辽东还，役者犹万余人，雕玩之物动以千计。至是皆奏罢之，节用务农，天下欣赖焉。"[3]案：司马懿从辽东回到洛阳的日子是景初三年正月丁亥，明帝同日崩。[4]洛阳宫中此时尚有万余人在施工，可见工程尚未完成。正始元年，司马懿"奏罢"民工，应在农忙季节，以示"节用务农"。工程不会就此停止，但会拖延更长时间。《三国志》卷二五《高堂隆传》："陵霄阙始构，有鹊巢其上"，明帝问隆，对曰："此宫室未成身不得居之象也。"[5]无论是高堂隆的先见之明，还是史家的后见之明，明帝"大治殿舍"却"身不得居"，确是事实。

---

[1] 安田二郎认为，二殿于景初元年五月前后竣工，并无实据。见氏著：《曹魏明帝の「宫室修治」をめぐって》，《東方学》第111辑，2006年，第10页。
[2] 《三国志》，第416页。
[3] 《晋书》，第13、14页。
[4] 《三国志》卷三《明帝纪》，第114页。
[5] 同上书，第710页。

《三国志》卷四《三少帝纪》嘉平六年（254年）九月条注引《魏略》曰：曹芳被废，"与太后别，垂涕，始从太极殿南出，群臣送者数十人"。[1]这是目前所见太极殿投入使用的最早记载。太极殿没在明帝生前完工，但也不至拖到嘉平年间。《晋书》卷二九《五行志下》："魏齐王正始九年十一月，大风数十日，发屋折树。十二月戊午晦尤甚，动太极东阁。嘉平元年正月壬辰朔，西北大风，发屋折树木，昏尘蔽天……后逾旬而爽等诛灭。"[2]《艺文类聚》卷四"元正"条引《魏略》亦载此事："正始元年，商风大起数十日，发屋折树，动太极殿东阁，正旦大会又甚，倾床案。曹休将诛之征也。"[3]案：曹休于太和二年（228年）九月因"痈发背薨"，[4]与正始年间的这场风灾无关，而曹爽被诛确在嘉平元年正月风灾后不久。[5]故《魏略》之"曹休"乃"曹爽"之误，[6]"元年"乃"九年"之误。但"东阁"应从《魏略》作"东阁"（说详下）。史家记录此事特别提及"太极殿东阁"，透露出此次"正旦大会"可能是在太极殿举行的。太极殿在正始年间投入使用，也合乎情理。

　　曹芳以后，直至魏亡，洛阳宫内未见兴动新的工程。西晋一代，则基本沿用曹魏的洛阳宫。永嘉五年（311年），刘曜、王弥攻入洛阳，"纵兵大掠""焚烧而去"，[7]洛阳又一次被毁。后来，北魏孝文帝"幸洛阳，周巡故宫基址"，叹曰："晋德不修，早倾宗祀，荒毁至此，用伤朕怀。"[8]从曹芳正始年间（240—248）至怀

---

[1]《三国志》，第130页。
[2]《晋书》，第885页。
[3]《艺文类聚》，北京，中华书局，1965年，第58页。
[4]见《三国志》卷三《明帝纪》，第94页；卷九《曹休传》，280页。
[5]见《三国志》卷四《三少帝纪》，第123页。
[6]杭世骏：《三国志补注》引《魏略》此文作"曹爽"。见《二十五史三编》，长沙，岳麓书社，1994年，第4分册，第612页下栏。
[7]《晋书》卷一〇〇《王弥传》，第2611页。
[8]《魏书》卷七下《高祖纪下》，北京，中华书局，1974年，第173页。

帝永嘉五年只有六七十年，故相关历史记载中涉及洛阳宫的信息不多。好在还有北魏洛阳宫、北齐邺宫和东晋南朝建康宫的材料可作旁证。西晋灭亡一百七十多年后，模仿魏晋洛阳宫建造北魏皇宫，成为孝文帝汉化改革的重要内容。太和十六年（492年），孝文帝于平城"坏太华殿，经始太极"，[1]将原来的太华殿改建为太极殿，为此还特地派人"诣洛，量准魏晋基址"。[2]太和十七年，孝文帝决意迁都洛阳，遂"诏征司空穆亮与尚书李冲、将作大匠董爵经始洛京"，[3]开始了重建洛阳宫的工程。当时，中书侍郎韩显宗上书曰："今洛阳基址，魏明帝所营，取讥前代。伏愿陛下损之又损。"[4]他劝孝文帝不要完全恢复魏晋洛阳宫的规模，以免奢侈之讥。这透露出孝文帝是打算按魏晋基址重建洛阳宫的。事实上，北魏洛阳宫主要建筑的规模、位置、名称等都和魏晋洛阳宫一样。[5]此外，东晋南朝的建康宫也是模仿魏晋洛阳宫建造的。北齐邺宫则如陈寅恪所言，"即将洛阳全部移徙于邺是也"。[6]故建康宫和邺宫的许多制度也和洛阳宫相似。这些间接史料都可为我们认识魏晋洛阳宫提供参考。

二 宫门和殿门

魏晋史籍对洛阳宫城的门没有系统记载，有关信息散见各处。如：
《三国志》卷三《明帝纪》注引《魏略》："大发铜铸作铜人二，号曰翁仲，列坐于司马门外。"

---

[1]《魏书》卷七下《高祖纪下》，第169页。
[2] 同上书，卷九一《术艺蒋少游传》，第1971页。
[3] 同上书，卷七下《高祖纪下》，第173页。
[4] 同上书，卷六〇《韩麒麟传附弟显宗传》，第1338页。
[5] 参钱国祥：《由阊阖门谈汉魏洛阳城宫城形制》，《考古》2003年第7期，第54页。
[6] 陈寅恪：《隋唐制度渊源略论稿》，北京，中华书局，1963年，第72页。

同书卷四《三少帝纪》："高贵乡公……入于洛阳，群臣迎拜西掖门南，公……答拜，至止车门下舆。"[1]

《晋书》卷三九《荀勖传》："高贵乡公欲为变，时大将军掾孙佑等守阊阖门。帝弟安阳侯榦闻难欲入，佑谓榦曰：'未有入者，可从东掖门。'"

同书卷五《怀帝纪》："帝步出西掖门，至铜驼街，为盗所掠，不得进而还。"

同书卷三三《石苞传》："泰始八年薨……车驾临送于东掖门外。"

同书卷五九《齐王冏传》："长沙王乂……放火烧诸观阁及千秋、神武门。"[2]

文中提到的阊阖门、司马门、西掖门、东掖门、神武门、[3]千秋门，都是洛阳宫城的门。郦道元在《水经·穀水注》中提到北魏洛阳宫西、南两面的门。其文如下：

> 渠水又东，历故金市南，直千秋门，古宫门也[4]……其一水自千秋门南流，径神虎门下……又南，径通门、掖门西。又南流，东转，径阊阖门南……渠水自铜驼街东，径司马门南。魏明帝始筑阙，崩，压杀数百人，遂不复筑，故无阙。门南屏中旧有置铜翁仲处，金狄既沦，故处亦褫，惟坏石存焉。[5]

据此，北魏洛阳宫南面有阊阖门和司马门，西面有千秋门、神虎门、通门和掖门，而这些门大多是魏晋就有的。

阊阖门是魏晋洛阳宫正门。考古工作者在北魏宫城南墙中部偏

---

[1]《三国志》，第110、131页。
[2]《晋书》，第1152、123、1003、1610页。
[3]"武"，原文应作"虎"，唐人避李虎讳改。
[4]"古"，或作"右"，亦通。
[5]《水经注疏》，第1406—1416页。

西处发现一座城门遗址,并进行了布方发掘,证明此门就是北魏宫城的阊阖门,而且"是在曹魏初期建造的洛阳宫阊阖门基础上修补沿用的"。[1] 此门两侧有高耸的双阙,故又称"南阙"。[2] 据前引曹植"夷朱雀而树阊阖"之语判断,其前身应是东汉北宫的朱雀阙门。[3] 宫城正门又称"大司马门"。《晋书》卷三四《羊祜传》:"祜丧既引,帝于大司马门南临送。"卷五九《汝南王亮传》:晋武帝崩,杨骏辅政,居太极殿,"亮惧骏疑己,辞疾不入,于大司马门外叙哀而已"。[4] 文中"大司马门"皆指阊阖门。[5]

上引《魏略》所谓"司马门",前身是东汉北宫朱爵司马所主"南掖门",也称"南司马门"或"朱雀掖门"。[6] 考古勘探发现,在洛阳宫内约略东西居中位置,"有一条贯穿宫城南半部的南北向道路,其南端接近宫城南墙而中断"。钱国祥推测这里可能就是"司马门"的位置。[7] 新近发布的《北魏洛阳宫城宫门位置图》【图一八】标出了该门址,显然已有勘探结果。据上引《水经注》,魏明帝曾在此门"筑阙",后因失败而放弃。陈桥驿著《水经注校释》将有关文字点作:"渠水自铜驼街东径司马门南,魏明帝始筑,阙崩,压杀数百人,遂不复筑,故无阙门。"[8] 照此理解,明帝筑阙失败后便放弃了这座门。这与史实不符。《魏略》所载明帝铸铜翁仲"列坐于司马门外",证明他放弃的只是"阙",而不是"门"。《晋

---

[1] 中国社会科学院考古研究所洛阳汉魏故城队:《河南洛阳汉魏故城北魏宫城阊阖门遗址》,《考古》2003年第7期,第40页。
[2] 《三国志》卷四《三少帝纪》注引《汉晋春秋》:"中护军贾充又逆帝战于南阙下。"(第144页)
[3] 参本书《东汉的南宫和北宫》。
[4] 《晋书》,第1021、1592页。
[5] 《资治通鉴》卷八二胡三省注曰:"亮……不敢入宫临丧,而哭于大司马府门外。"(北京,中华书局,1956年,第2600页)将"大司马门"理解为"大司马府门",误。
[6] 参本书《东汉的南宫和北宫》。
[7] 钱国祥:《由阊阖门谈汉魏洛阳城宫城形制》,《考古》2003年第7期,第59页。
[8] 陈桥驿:《水经注校释》,第294页。

书》卷一《宣帝纪》嘉平元年（249年）所载司马师"为中护军，将兵屯司马门"，[1]也可证明该门的存在。《晋书》卷五九《赵王伦传》：将军王舆"率营兵七百余人自南掖门入，敕宫中兵各守卫诸门"。[2]既称"南掖门"，当在洛阳宫南面，相对于正门而称掖门，显然亦指"司马门"。可见，魏晋此门仍有"南掖门"之称。

考古工作者尚未对洛阳宫西面的几座门进行全面发掘，但对宫城西墙以探沟方式进行了解剖。根据考古报告，魏晋时期的宫墙"由东、西相连的两块夯土构成"，东面一块宽4.6米，西面一块宽3.4—3.7米，则该墙厚8米左右。墙西有一条"河渠遗迹"，上口宽29米，底宽20.4米，距宫墙约4米。北魏时期的宫墙建于魏晋宫墙西侧，相距1.7—2米，墙厚5.8米。[3]北魏宫城的西墙未沿用魏晋原有的墙，但只是稍稍西移。北魏西墙之门应大致还在魏晋各门的位置上。

西墙四门中，位置最明确的是千秋门。据《水经·穀水注》，阳渠水从洛阳城西的阊阖门"入城"，东至千秋门，转而"南流"，但有一条"枝流"由此"入石逗，伏流注灵芝、九龙池"。逗，通窦，意为穴，[4]石逗就是石砌的暗渠。这条暗渠是魏晋就有的，从千秋门入宫，通向灵芝池和九龙池。北魏重建洛阳宫时，对这条暗渠进行了检查，"发石视之，曾无毁坏，又石工细密，非今之拟，亦可为精至也，遂因用之"。[5]由此可知，魏晋和北魏的千秋门基本在同一位置。考古勘探证明，北魏洛阳城的"建春门和阊阖门之间"，有一条"横贯全城的东西向大街"，"从宫城的东门和西门穿

---

[1]《晋书》，第17页。
[2] 同上书，第1604页。
[3] 中国社会科学院考古研究所与日本奈良文化财研究所联合考古队：《河南洛阳市汉魏故城魏晋时期宫城西墙与河渠遗迹》，《考古》2013年第5期，第4—6页。
[4]《水经注疏·淇水》："又东南流，历土军东北，得旧石洇，故五水分流，世号五穴口。"杨守敬《疏》引赵一清曰："洇，与逗同……义与石窦通。"（第859页）
[5]《水经注疏》，第1407页。

过,将宫城分隔为南北两半"。[1] 魏晋的"南宫"和"北宫"便以此为界。这条大道与宫城西墙相交之处,就是千秋门的位置。[2]

据上引《水经注》,西墙四门中距南墙最近的是"掖门"。杨守敬认为此门就是"西掖门",[3]其说是。据考古勘探,在阊阖门北,二号建筑遗址南,有一条东西向道路。"该道路在勘察区内东西残长约180米,并向东、西延伸,路面宽约10米,属宫城内东西向主干道。经解剖确认,该道路残存上、下两层路面,时代均不晚于北魏时期"。钱国祥曾推测,西掖门应在这条道路西端的宫城西墙上,[4]其近年刊布的《北魏洛阳宫城宫门位置图》[5]则标出了该门的位置。而这条道路的"下层路面"有可能是魏晋时期通往西掖门的路。

神虎门位于千秋门南。2017年,考古工作者已经发现了这座门。据钱国祥披露,该门面阔5间,进深2间,有三个门道,门前两侧有"曲尺形双向子母阙"。[6]《北魏洛阳宫城宫门位置图》也标出了该门的位置。

通门不见于其他文献,故赵一清曰:"通门疑。"[7] 据《水经注》,该门位于神虎门和西掖门之间。《发掘报告》称:二号遗址北侧也有一条东西向道路,"南距门址夯土台基北边缘约40米。据钻探,该道路东西残长120米,路面宽约10米。"通门若存在,应在该

---

[1] 王仲殊:《中国古代都城概说》,第510页。
[2] 参钱国祥:《由阊阖门谈汉魏洛阳城宫城形制》,图三《魏晋、北魏洛阳宫城平面布局勘探复原示意图》,《考古》2003年第7期,第59页。
[3] 《水经注疏》,第1408页。
[4] 钱国祥:《由阊阖门谈汉魏洛阳城宫城形制》,第59页;《汉魏洛阳城城门与宫院门的考察研究》,第11页。
[5] 钱国祥:《汉魏洛阳城城门与宫院门的考察研究》,《华夏考古》2018年第6期,第11页。
[6] 同上书,第12页。
[7] 《水经注疏》"通门"句下《疏》曰:"全(祖望)本引赵(一清)曰,通门疑。"(第1408页)

道路西端与宫城西墙相交处，但考古勘探未在此处发现缺口。钱国祥将"通门掖门"连读，认为"应是指该西掖门与东掖门直通"。[1] 其说可参。

东掖门不见于上引《水经注》，应在洛阳宫东面。钱国祥认为，东掖门应与西掖门相对，位于阊阖门北那条东西大道东端的宫城东墙上。[2] 其说可参。上文提到的洛阳城建春门和阊阖门之间那条东西向大道，与宫城西墙相交处有千秋门，与宫城东墙相交处应另有一门。《文选》卷二四陆士衡《赠冯文罴迁斥丘令一首》李善注引陆机《洛阳记》曰："太子宫在太宫东薄室门外。"[3] 太宫，即大宫，指皇宫。钱国祥推测"这座宫门可能就是魏晋时的薄室门"。[4] 其说亦可参。

东汉北宫北面有"朔平司马"负责守卫的"北门"，也称"朔平门"。[5] 魏晋洛阳宫北面与华林园相连，其间似无宫城门。《南齐书》卷一九《五行志》："永元二年八月，宫内火，烧西斋璿仪殿及昭阳、显阳等殿，北至华林墙。"[6]《晋书》卷八三《王雅传》：东晋孝武帝"起清暑殿于后宫，开北上阁，出华林园，与美人张氏同游止"。[7] 是建康宫城北有"华林墙"与华林园相隔，由"北上阁"出入。上阁是禁中区域之门，"北上阁"则是禁中区域的北门。洛阳宫当亦如此。《晋书》卷五九《赵王伦传》：赵王伦篡位，入居洛

---

[1] 钱国祥：《北魏洛阳宫城的空间格局复原研究——北魏洛阳城遗址复原研究之三》，《华夏考古》2020年第5期，第89页。
[2] 钱国祥：《由阊阖门谈汉魏洛阳宫城形制》，《考古》2003年第7期，第59页。
[3]《宋刊明州本六臣注文选》，北京，人民文学出版社，2008年，第370页上栏。
[4] 钱国祥《北魏洛阳宫城的空间格局复原研究——北魏洛阳城遗址复原研究之三》，第89页。
[5] 见《续汉书·百官志二》，《后汉书》，第3580页；《后汉书》卷七八《宦者传》，第2515页。
[6]《南齐书》，北京，中华书局，1972年，第375页。
[7]《晋书》，第2179页。

阳宫,后兵败退位,"自华林东门出……还汶阳里第"。[1]同书卷五《怀帝纪》:"刘曜、王弥入京师,帝开华林园门,出河阴藕池,欲幸长安。"[2]赵王伦和怀帝皆从华林园门离开皇宫,可见此园是皇宫的一部分,其门也是出入皇宫的门。[3]

东汉南、北宫都有内外两道墙,整体呈"曰"形。[4]魏晋洛阳宫与之相似,南面和东面宫墙之内还有一道墙,其内为"殿中"和"禁中",由"殿门"或"禁门"出入,整体似呈"邑"形。端门是"殿中"区域的正门,神虎门和云龙门分别是该区域的西门和东门。《水经·穀水注》:阳渠水"径神虎门下,东对云龙门"。[5]前已述及,神虎门在太极殿前西侧。云龙门既与之相对,应在太极殿前东东侧。钱国祥称:"神虎门发现以后,根据文献与勘探资料,与神虎门相对的太极殿宫院东面的云龙门也可基本确认。"[6]【参图一八】看来已有勘探数据。

端门肯定位于闾阖门和太极殿之间。而据考古报告,太极殿和闾阖门之间有两座建筑遗址,都是大型门址。其中二号遗址"位于闾阖门址以北95米处","是宫城内主要建筑轴线上的第二道宫门",[7]三号遗址在二号遗址北,"距二号建筑遗址的夯土台基约80米"。[8]这两座门址,哪一座是端门?《水经·穀水注》:"案礼:王

---

[1]《晋书》,第1604页。
[2] 同上书,第123页。
[3] 参外村中:《魏晋洛陽都城制度攷》,第10—11页。
[4] 参本书《东汉的南宫和北宫》。
[5]《水经注疏》,第1407页。
[6] 钱国祥:《汉魏洛阳城城门与宫院门的考察研究》,《华夏考古》2018年第6期,第12页。
[7] 中国社会科学院考古研究所、日本独立行政法人国立文化财机构奈良文化财研究所联合考古队:《河南洛阳市汉魏故城新发现北魏宫城二号建筑遗址》,《考古》2009年第5期,第3、6页。
[8] 中国社会科学院考古研究所、日本独立行政法人国立文化财机构奈良文化财研究所联合考古队:《河南洛阳市汉魏故城发现北魏宫城三号建筑遗址》,《考古》2010年第6期,第3页。

有五门，谓皋门、库门、雉门、应门、路门……魏明帝上法太极，于洛阳南宫起太极殿于汉崇德殿之故处，改雉门为阊阖门。"[1]所谓"王有五门"，是儒家礼书的说法，而非东汉的制度。郦道元所谓"改雉门为阊阖门"，应理解为阊阖门相当于礼书之雉门。张衡《东京赋》"启南端之特闱，立应门之将将"，[2]则将端门比作应门。天子五门中，应门在雉门内。既然阊阖门相当于雉门，端门相当于应门，端门的位置便应在阊阖门内。因此，二号遗址应是端门。

端门是殿中正门，其规模当仅次于阊阖门。《洛阳伽蓝记·永宁寺》："四面各开一门，南门楼三重，通三道，去地二十丈，形制似今端门。"[3]据研究，北魏中期一尺合今 27.974 厘米，北魏后期一尺合今 29.591 厘米，[4]二十丈则分别合今 55.948 米、59.182 米。由此可知，端门的确是座高大建筑。而二号遗址的夯土台基，"东西长约 44.5、南北宽约 24 米"，有三个门道，"均面阔一间，东西宽约 4 米"，门与门之间的夯土墩台"宽约 7—7.4 米"，"其布局结构、规模大小均与阊阖门址相似"。[5]这些数据也可支持二号遗址是端门的结论。

据勘探，洛阳宫内正对南墙司马门的南北向大道西侧有一道墙，其南端与二号遗址（端门）东墙相接，北端延至太极殿一线以北。此墙应是殿中区域的东墙，云龙门则是这道墙上的殿门。和云龙门情况相似的还有万春门。《晋书》卷三五《裴秀传附裴𬱟传》：

---

[1] 《水经注疏》，第 1408、1409 页。
[2] 《宋刊明州本六臣注文选》，第 57 页上栏。
[3] 范祥雍：《洛阳伽蓝记校注》，第 3 页。
[4] 参丘光明等：《中国科学技术史》度量衡卷，北京，北京科学出版社，2001 年，第 283 页。郭正忠认为，这些推算出来的数字是否准确，尚有疑问。见氏著：《三至十四世纪中国的权衡度量》，中国社会科学出版社，1993 年，第 234 页。
[5] 中国社会科学院考古研究所、日本独立行政法人国立文化财机构奈良文化财研究所联合考古队：《河南洛阳市汉魏故城新发现北魏宫城二号建筑遗址》，《考古》2009 年第 5 期，第 4 页。

"杨骏将诛也，骏党左军将军刘豫陈兵在门……寻而诏颁代豫领左军将军，屯万春门。"颁代豫后屯万春门，豫之前所屯应该也是万春门。同书卷四〇《杨骏传》：贾后谋诛骏，骏主簿朱振说骏："宜烧云龙门以示威，索造事者首，开万春门，引东宫及外营兵，公自拥翼皇太子，入宫取奸人。殿内震惧，必斩送之。"[1]刘豫、裴颁先后屯守之万春门应在宫内。朱振劝杨骏"烧云龙门""开万春门"，都是为了向"殿内"的惠帝施加压力，表明二者都是出入"殿内"之门。从名称看，万春门应与千秋门东西相对，类似云龙门同神虎门的关系。千秋门既在神虎门北，万春门亦应在云龙门北。《隋书》卷八《礼仪志三》载北齐讲武之礼曰："二军兵马，右入千秋门，左入万岁门，并至永巷南下，至昭阳殿北，二军交。"[2]北齐万岁门相当于魏晋万春门。门内是昭阳殿北之永巷，属禁中区域。因此，万春门和千秋门都是禁中之门。前引《北魏洛阳宫城宫门位置图》，在宫城东墙中段以西二百余米处绘有一道南北走向的墙，该墙与千秋门内大道相交处则标有"万岁门？"字样。笔者赞同这一推测。

【140 页图一八】

和"殿门"有关的还有所谓"止车门"。《三国志》卷四《三少帝纪》载高贵乡公即位事曰：从西掖门入宫，"至止车门下舆。左右曰：'旧乘舆入。'公曰：'吾被皇太后征，未知所为。'遂步至太极东堂，见于太后。其日即皇帝位于太极前殿"。[3]可见止车门在宫城之内、太极殿前，是群臣不得乘车进入的门。有材料显示曹魏邺城宫的止车门在端门之外，但不确凿。李善注本《文选·魏都赋》注："文昌殿前值端门，端门之前，南当南止车门，又有东西止车门。"[4]据《宋刊明州本六臣注文选·魏都赋》，此非李善注，而

---

[1]《晋书》，第 1042、1179 页。
[2]《隋书》，北京，中华书局，1973 年，第 165 页。
[3]《三国志》，第 131、132 页。
[4]《文选》，北京，中华书局，1977 年，第 99 页上栏。

是五臣之刘良注。其文也有所不同，作："文昌殿前值端门，之前南当南上东门，又有东西上东门。"[1]今本李善注是从六臣注中辑录出来的。[2]因此，李善注本之"止车门"有可能是"上东门"之讹。又顾炎武《历代宅京记》卷一二《邺下》邺都南城"止车门"条："《邺中记》云：止车门内，次至端门，端门之内，次至阊阖门。"[3]《邺中记》早佚，部分条目散见于各种类书古注，清人有辑本。但顾氏所引此条，笔者遍找不得，不知从何而来。所言阊阖门在端门之内，明显不合魏晋南朝及北魏之制。《太平御览》卷八七一"庭燎"条引《石虎邺中记》曰："石虎正会，殿庭中、端门外及阊阖门前，设庭燎各二，合六处。"[4]此条言石虎设庭燎的三个场所，显然是由内及外的。据此，后赵邺城宫的阊阖门也在端门外。顾氏所引《邺中记》的这条材料看来也不足采信。

洛阳宫和建康宫的"止车门"，材料稍多，但仍很模糊。笔者仔细研读，感觉它们和"殿门"是一码事，故史籍或称殿门或称止车门。《晋书》卷三五《陈骞传》："转大司马……给乘舆辇，出入殿中，加鼓吹，如汉萧何故事。"[5]陈骞可乘舆辇"出入殿中"，是一种特殊待遇。可见魏晋同东汉一样，大臣非经特许不得乘车"出入殿中"。《后汉书》卷四一《宋均传附宋意传》："肃宗性宽仁，而亲亲之恩笃，故叔父济南、中山二王每数入朝，特加恩宠……车入殿门，即席不拜。"[6]《魏书》卷九四《刘腾传》："为司空公……受诏乘步挽出入殿门。"[7]步挽也是一种车。[8]这表明"殿门"就是

---

[1]《宋刊明州本六臣注文选》，第103页下栏。
[2] 参《文选·出版说明》，北京，中华书局，1977年，第2页。
[3] 顾炎武：《历代宅京记》，北京，中华书局，1984年，第182页。
[4]《太平御览》，北京，中华书局，1960年，第3859页上栏。
[5]《晋书》，第1036页。
[6]《后汉书》，第1414页。
[7]《魏书》，第2028页。
[8] 同上书，卷一〇八《礼志四》："步挽：天子小驾游宴所乘，亦为副乘。"（第2812页）

非经特许不得乘车进入的门。若止车门是殿门外的另一道门,车辆已被挡在止车门外,殿门便不应有此功能。《续汉书·礼仪志下》载"大丧"礼:柩车出宫前,"太尉……乘高车,诣殿止车门外",受诏诣南郊奉谥策,"还诣殿端门"。[1]所谓"殿止车门",透露出它是殿中区域的门,从礼仪过程看,应当就是"殿端门"。[2]《晋书》卷三七《彭城王权传附曾孙纮传》:"乘车突入端门,至太极殿前",遭御史中丞弹劾。[3]端门就是南止车门,所以群臣不得乘车进入。《三国志》卷四《三少帝纪》载太后述高贵乡公被杀事曰:"此儿便将左右出云龙门,雷战鼓,躬自拔刃。"注引《汉晋春秋》载此事曰:"帝遂帅僮仆数百,鼓噪而出。文王弟屯骑校尉伷入,遇帝于东止车门。"[4]两书所记是同一件事。其中"东止车门"当即"云龙门"。《南史》卷三五《刘湛传》:"湛初入朝,委任甚重……每入云龙门,御者便解驾,左右及羽仪随意分散,不夕不出,以此为常。"[5]刘湛入云龙门,其车不得入,故御者在门外解驾等候。此亦可证云龙门即止车门。《晋书》卷五九《赵王伦传》:伦入宫废贾后时,"坐端门,屯兵北向"。卷四《惠帝纪》:长沙王乂攻齐王冏时,"奉乘舆屯南止车门"。[6]此南止车门当即端门。同书卷七七《何充传》:成帝时诏"以甲杖五十人至止车门",穆帝时诏"可以甲杖百人入殿"。[7]在这样的语境中,止车门和殿门似可互换。同书卷八一《毛宝传附毛安之传》:"孝武即位,妖贼卢悚突入殿廷。安之闻难,率众直入云龙门,手自奋击。既而左卫将军殷康、领

---

[1]《后汉书》,页3145。
[2] 参本书《东汉的"殿中"和"禁中"》。
[3]《晋书》,第1093页。
[4]《三国志》,第144、145页。
[5]《南史》,北京,中华书局,1975年,第909页。
[6]《晋书》,第1599、100页。
[7] 同上书,第2029、2030页。

军将军桓秘等至，与安之并力，悚因剿灭。"[1]《魏书》卷九六《司马睿传》载此事更详："徐州小吏卢悚与其妖众男女二百……由万春、[2]云龙门入殿……游击将军毛安之先入云龙门讨悚，中领军桓秘、将军殷康止车门入，会兵攻之，斩五十六级，捕获余党，死者数百人。"[3]是卢悚等人突入殿中后，毛安之从云龙门入，桓秘、殷康从止车门入，共同将其剿灭。此处的"止车门"和云龙门一样，也是出入殿中的门。皇帝和群臣出入殿中主要经由端门和云龙门，故"南止车门"和"东止车门"每每见诸史传。

三　中华门和上阁

太极、昭阳诸殿投入使用后，形成洛阳宫中新的核心区域，与之有关的门禁设施则有"东西中华门"和"东西上阁"。

前已述及，据考古发掘，二号遗址（端门）北、太极殿遗址南还有一处三号遗址。按"天子五门"之说，太极殿相当于"路寝"，此门则相当于"路门"。《三国志》卷四《三少帝纪》注引《魏略》载：曹芳被废，"从太极殿南出"，就西宫。既曰"南出"，必然经过此门。《三少帝纪》载：高贵乡公经西掖门入宫，"至止车门下舆……步至太极东堂，见于太后，其日即皇帝位于太极前殿"。[4]既是入宫即位，应入端门，即南止车门，再入此门，至太极东堂。《晋书》卷五九《赵王伦传》载："伦从兵五千人，入自端门，登太极殿……僭即帝位。"[5]从端门到太极殿，也应经过此门。遗憾的

---

[1] 《晋书》，第2128页。
[2] 《宋书》卷五《文帝纪》：元嘉二十年正月，"于台城东西开万春、千秋二门"。（第90页）据此，东晋台城尚无万春门。卢悚所入应是台城东面的东掖门。
[3] 《魏书》，第2103页。
[4] 《三国志》，第130、132页。
[5] 《晋书》，第1601页。

是，此类记载都略去了这一环节，致使该门在魏晋史籍中竟未留下名称。

《酉阳杂俎》前集卷一《礼异》载北朝使臣参加梁朝元会之事，有如下内容：

> 梁正旦，使北使乘车至阙下，入端门，其门上层题曰"朱明观"。次曰"应门"，门下有一大画鼓。次曰"太阳门"，左有高楼，悬一大钟，门右有朝堂。[1]

案：梁朝将宫城南掖门改称端门，故梁之端门是宫城南面东侧门。[2]《梁书》卷二《武帝纪中》：天监七年（508年）正月，"作神龙、仁虎阙于端门、大司马门外"。[3]是梁端门和大司马门外都有阙。《南史》卷九《陈本纪上》：绍泰二年（556）五月，陈霸先"率宗室王侯及朝臣，于大司马门外白虎阙下，刑牲告天"。[4]《建康实录》卷一七《梁上》载此事作："霸先自率宗室王侯朝臣等，立坛于司马门外仁虎阙下，刑牲告天。"[5]仁虎阙既在大司马门外，神龙阙当在端门外。这与前者在西、后者在东正相符合。使臣"乘车至阙下，入端门"，当指至神龙阙下车，由端门入宫。"次曰应门"则指端门之内殿中正门为"应门"。如前述，汉晋以来的端门相当于"天子五门"中的应门。梁既将南掖门改称为端门，原端门不能仍称端门，因而改称为"应门"。"次曰太阳门"一句，则指应门之内、太极殿前有一座太阳门。《梁书》卷五五《武陵王纪传》："初，天监

---

[1] 许逸民：《酉阳杂俎校笺》，北京，中华书局，2015年，第60页。本文标点与原书略有不同。

[2] 参本书《东晋南朝建康宫"第三重宫墙"考》。

[3] 《梁书》，北京，中华书局，1973年，第46页。

[4] 《南史》，北京，中华书局，1975年，第263页。

[5] 许嵩：《建康实录》，张忱石点校，北京，中华书局，1986年，第695—696页。

中,震太阳门,成字曰'绍宗梁位唯武王'。"[1]是梁朝确有太阳门。又同书卷二九《邵陵王纶传附子坚传》载:"侯景围城,坚屯太阳门,终日蒲饮,不抚军政……书佐董勋华、白昙朗等以绳引贼登楼,城遂陷,坚遇害。"[2]案同书卷五六《侯景传》:"景于是百道攻城,持火炬烧大司马、东西华诸门。"[3]侯景围攻的是建康宫城,所烧诸门都是宫城门,则萧坚所屯应当也是宫城门。但《隋书》卷一二《礼仪志七》载梁朝侍卫之制曰:"东西掖、端、大司马、东西华、承明、大通等门,又各二队,及防殿三队,虽行幸不从。"[4]此文详举梁宫城四面各门而未及太阳门,则萧坚所屯应非太阳门,疑史家误记。梁太阳门应如《酉阳杂俎》所载,在太极殿前。

除太阳门外,与三号遗址有关的还有中华门。《晋书》卷二一《礼志下》载西晋元会仪曰:"群臣……从云龙、东中华门入。"[5]元旦朝会在太极殿举行,群臣入云龙门后,再入"东中华门",才能到太极殿前。与"东中华门"相对的是"西中华门"。《隋书》卷一三《音乐志上》载萧梁朝会用乐之制曰:"皇太子发西中华门,奏《胤雅》。"[6]东、西中华门当位于太极殿前东、西两侧,在云龙门和神虎门之内,而三号遗址在太极殿正南,不可能是东、西中华门。《宋书》卷一四《礼志一》载皇帝临轩仪曰:"漏上二刻……虎贲中郎将、羽林监分陛端门内。侍御史、谒者各一人监端门。廷尉监、平分陛东、西中华门。漏上三刻,殿中侍御史奏开殿之殿门、南止车门、宣阳城门。"[7]此文提到端门之内有中华门,但似只有东、西两座门。宣阳门是建康城南面正门,南止车门则是端门,

---

[1]《梁书》,第826页。
[2]同上书,第436页。
[3]同上书,第845页。
[4]《隋书》,第280页。
[5]《晋书》,第649页。
[6]《隋书》,第302页。
[7]《宋书》,第341页。

二者和太极殿在一条中轴线上。在此语境下，所谓"殿之殿门"应当也在同一中轴线上，且在端门之内。可惜，"殿之殿门"四字费解，疑有讹误。《隋书》卷二六《百官志上》载萧梁之制曰："廷尉……有正、监、平三人。元会，廷尉三官与建康三官，皆法冠玄衣朝服，以监东、西、中华门。"[1]两相比较，上引《宋志》所载较略，可能还脱了"正"字。《隋志》所载较详，可信度也较高。"东西中华门"既由廷尉三官和建康三官分"监"，便可解为三门，故中华书局校点本断为"东、西、中华门"。据此，中华门似有三座，即东中华门、西中华门、中华门，正南一座应是"中华门"。《南齐书》卷三七《刘悛传》："初，苍梧废，太祖集议中华门。"[2]此"中华门"不冠"东""西"，有可能指太极殿前正南之门。[3]前述梁朝的太阳门或由此门改名而来。清人史学海《六朝故城图考》曰："中华门亦有东、西、南之别。史有但称中华门者，盖南中华门，梁时所称太阳门者是也。"[4]其说可从。

三座中华门的存在，意味着太极殿前有个经此三门出入的庭院。《晋书》卷二一《礼志下》载元会仪曰：群臣在朝会开始前，先"从云龙、东中华门入，诣东阁下便座"等候。[5]从字面上看，"东阁"应是一座门。据考古发掘，太极前殿和东堂之间也确有一座门。但此门宽4.2米，两侧的廊道各长3.6米，[6]这么小的空间容不下足够的"便座"供群臣等候。故此处"阁"字应为"阁"之误。当时皇宫内的墙垣有建成"阁"式者。《汉书》卷九九《王莽传下》："榆树大十围，东僵，击东阁，阁即东永巷之西垣也。"同

---

[1]《隋书》，第725页。
[2]《南齐书》，第650页。
[3] 参本书《东晋南朝建康宫"第三重宫墙"考》。
[4] 见《金陵全书》乙编，南京出版社，2011年，第481—482页。
[5]《晋书》，第649页。
[6] 中国社会科学院考古研究所洛阳汉魏故城队：《河南洛阳市汉魏故城发现北魏宫城四号建筑遗址》，《考古》2014年第8期，第5页。

书卷六六《杨敞传附杨恽传》:"恽上观西阁上画人,指桀纣画谓乐昌侯王武曰:'天子过此,一二闻其过,可以得师矣。'"[1]文中"东阁""西阁"都是宫中的墙。《太平御览》卷五六八引《石虎邺中记》曰:"虎大会,礼乐既陈,虎缴两阁上窗幌,宫人数千陪列看坐……又于阁上作女妓数百。"[2]石虎大会应在太武前殿,"两阁"便是殿前两侧的墙。这种墙通常分上下两层。上层是阁道,可通行或坐人,壁上有绘画供人观赏。下层则是廊或庑,可设"便座"。前面提到,《晋书·五行志下》载魏正始九年十二月,西北风"动太极东阁",而《魏略》作"太极殿东阁"。同太极前殿与东堂之间的门相比,太极殿前东侧的墙受风面积大得多,更易被西北风所"动"。故此处亦以作"阁"为是。"太极东阁"是太极殿前东侧的墙,东中华门则是出入该墙的门。朝会前,群臣进入此门后,便在"东阁下便座"等候。既有"东阁",当然也有"西阁"。"西中华门"便是出入"西阁"的门。

中华门是出入太极殿前庭院的门,上阁则是出入"禁中"的门。"上阁"之名始见于东汉。《后汉书》卷六九《何进传》:何进与袁绍谋诛宦官,"蹇硕疑不自安,与中常侍赵忠等书曰:'……今宜共闭上阁,急捕诛之。'"[3]此"上阁"应指由宦官掌管的"禁中"之门。[4]魏晋以后,"上阁"常见诸史传。《隋书》卷八《礼仪志三》载北齐大傩之仪:"傩者鼓噪……遍于禁内,分出二上阁,作方相与十二兽舞戏,喧呼周遍,前后鼓噪,出殿南门。"[5]傩者先于"禁内"鼓噪驱鬼,再"出二上阁"于殿中驱鬼,然后"出殿南门"。同书卷九《礼仪志四》:载北齐皇帝纳后之礼:皇帝坐禁中

---

[1]《汉书》,北京,中华书局,1962年,第4159、2891页。
[2]《太平御览》,第2569页下栏。
[3]《后汉书》,第2248页。
[4] 参本书《东汉的"殿中"和"禁中"》。
[5]《隋书》,第169页。

昭阳殿，"皇后入门，大卤簿在门外，小卤簿入。到东上阁，施步障，降车，席道以入昭阳殿。"[1]此证"上阁"内便是禁中。《晋书》卷五九《赵王伦传》：伦"迎帝幸东堂，遂废贾后为庶人，幽之于建始殿……明日，伦坐端门，屯兵北向，遣尚书和郁持节送贾庶人于金墉。"同书卷三一《后妃传上》：贾后出宫途中"至上阁，遥呼帝曰：'陛下有妇，使人废之，亦行自废。'"[2]此时惠帝应在太极殿中。同书卷七七《褚翜传》：成帝时爆发苏峻之乱，"司徒王导谓翜曰：'至尊当御正殿，君可启令速出。'翜即入上阁，躬自抱帝登太极前殿"。[3]可见魏晋时的"上阁"在太极殿附近。《宋书》卷六《孝武帝纪》："初置殿门及上阁屯兵。"卷一五《礼志二》载宋元嘉十七年（440年）元皇后丧礼："神虎门设凶门柏历至西上阁。"[4]《唐律疏议》卷七《禁卫律》："诸阑入宫门，徒二年。殿门，徒二年半。持杖者，各加二等。入上阁内者，绞；若持杖及至御所在者，斩。"[5]此类记载则显示，"上阁"是宫门、殿门之内的第三道重要门禁。

上阁在太极殿附近，但具体位置不明。如前述，考古工作者在太极前殿与东堂之间发现一座门，并推测前殿和西堂之间也有一座门。[6]南宋周应合所纂《景定建康志》卷二一古宫殿条引《旧志》曰："太极殿，建康宫内正殿也。晋初造，以十二间象十二月……次东有太极东堂七间，次西有太极西堂七间……更有东西二上阁，在堂殿之间。"[7]据此，这两座门应是"东西二上阁"了。但如果是这

---

[1]《隋书》，第178页。
[2]《晋书》，第966、1600页。
[3] 同上书，第2032页。
[4]《宋书》，第111、394—395页。
[5]《唐律疏议》，北京，中华书局，1983年，第150、151页。
[6] 参中国社会科学院考古研究所洛阳汉魏故城队：《河南洛阳市汉魏故城太极殿遗址的发掘》，第66页。
[7]《宋元方志丛刊》之《景定建康志》，北京，中华书局，1990年，影印清嘉庆六年金陵孙忠愍祠刻本，第1638页下栏。

样，群臣日常出入禁中便须穿过太极殿前庭院，当太极前殿有礼仪活动或皇帝在东堂听政时，出入东、西上阁势必受到影响。这显然不合情理。而且，现存魏晋南北朝史籍中，也没有材料能证明东、西上阁在太极前殿和东、西堂之间。

带着这样的疑问，笔者深入查考了《景定建康志》所谓"东西二上阁"的确切含义。值得注意的是，该条下文《考证》引北宋庞元英所撰《文昌杂录》云："东晋太极殿东西阁，天子间以听政。"又引北宋张洎奏曰："今之崇德即唐之紫宸也，在周为内朝，在汉为宣室，在唐曰上阁，即只日常朝之殿也。东晋太极殿有东西阁，唐制紫宸上阁，法此制也。"〔1〕所言"东晋太极殿东西阁"，都是天子"听政"之所，而非出入禁中之门。《文昌杂录》原文说得更清楚：

> 文德殿东西有上阁门而无上阁。按：大唐宣政殿，周之中朝也，是谓正衙。紫宸殿直其北，是谓上阁。盖自晋太极殿有东西阁，天子坐以听政，阁之名起于此……文德殿东西但有上阁二门，未审以何殿为上阁。谓宜参详典故，正上阁之名，以复有唐盛事焉。〔2〕

《续资治通鉴长编》载张洎奏，除上引文外，还有：

> 只日御紫宸上阁之时，先于宣政殿前立黄麾金吾仗，俟契勘毕，唤仗即自东、西阁门入，故谓之"入阁"。今朝廷且以文德正衙权宜为上阁，甚非宪度……窃见长春殿正与文德殿南北相对，伏请改创此殿，以为上阁，作只日立仗视朝之所。〔3〕

---

〔1〕《宋元方志丛刊》之《景定建康志》，第1639页上、下栏。
〔2〕《文渊阁四库全书》，台北，台湾商务印书馆，1986年，第862册，庞元英撰《文昌杂录》，第701页下栏—702页上栏。
〔3〕《续资治通鉴长编》卷三二太宗淳化二年九月，北京，中华书局，2004年，第725—726页。

显然，宋人所谓"上阁"是皇帝单日听政的殿，"上阁门"则是出入该殿的门，而东晋太极殿之"东西阁"便是上阁殿的前身。在此语境下，《旧志》所谓"东西二上阁"也应指殿，而非门。

还可注意的是，上引《景定建康志》是清嘉庆六年金陵孙忠愍祠刻本，而在《四库全书》本中，"阁"皆作"阁"。[1]据《四库全书总目》著录，四库本为"两淮马裕家藏本"。[2]《上海图书馆地方志目录》"景定建康志"条有"明影宋抄本，二十四册"，并注明："此书系《四库全书》底本。"[3]笔者前往上海图书馆查阅该本，上引文中的"阁"字确实皆作"阁"。[4]日本静嘉堂文库还有一部王鸣盛旧藏影宋抄本《景定建康志》，陆心源《皕宋楼书目》有著录。[5]该本"语涉宋帝皆提行，系摹写宋刊本"，[6]而上引"阁"字亦皆作"阁"。[7]此外，南宋陈均撰《九朝编年备要》淳化二年（991）十二月条载张泊此奏，皆作"阁"。同书卷一、卷一○、卷一八提到"东西上阁门""东西阁门""入阁仪"等，亦皆作"阁"。[8]因此，《景定建康志》中的"东西二上阁""东西阁"，在宋

---

[1] 见《文渊阁四库全书》，第489册，第130页上、下栏，131页下栏；《文津阁四库全书》，北京，商务印书馆，2005年，第488册，第359页上、下栏，360页上、下栏。
[2] 《四库全书总目》，北京，中华书局，1965年，第600页中栏。
[3] 《上海图书馆地方志目录》，上海图书馆，1979年，第176页。
[4] 《上海图书馆地方志目录》著录此书藏书号为"463727—50"，但书库工作人员查无此书。该馆另有一部抄本《景定建康志》，前有咸丰年间所作的跋，故被著录为清抄本，且已制作电子版。经古籍部专家反复查验，最终确认此书就是"明影宋抄本"，清人的跋是后加的。该书《序》首页有翰林院典籍厅印，书中还有四库馆臣的勾画及写给抄手的"此页在后""顶格"等提示语，证明确是《四库全书》本的底本。此事颇费周折，承蒙该馆张晓翔女士多方联系，方得以解决。特此致谢！
[5] 关于该本的版本价值，可参阅郑利锋：《〈景定建康志〉版本流传考略》，《山东图书馆季刊》2008年第3期，第88、89页。
[6] 严绍璗：《日藏汉籍善本书录》，北京，中华书局，2007年，第570页。
[7] 承桥本秀美教授亲至静嘉堂文库查阅，特此致谢！
[8] 陈均：《九朝编年备要》，《文渊阁四库全书》，第328册，第110页下栏—111页下栏；21页上栏、下栏；261页上栏；476页上栏。

本原文中很可能是"东西二上阁""东西阁"。"阖""阁"二字极易相混。但此处既指听政之殿，则以作"阁"为是。不过，魏晋史籍中常见天子于东堂听政的例子，却未见于"东西二上阁"或"东西阁"听政的记载。宋人此说不知从何而来。

唐长安太极宫也有太极殿，两侧各有一座上阁门。《唐六典》"工部郎中员外郎"条注："武德元年（618）改曰太极殿，有东上、西上二阁门。"[1]《太平御览》引韦述《西京新记》："太极殿旁，东上、西上阁门。"[2]《唐律疏议·禁卫律》："入上阁内者，绞。"疏议曰："上阁之内，谓太极殿东为左上阁，殿西为右上阁。"[3]但唐太极殿无东、西堂，[4]不能据此逆推魏晋南北朝之制。

前引《隋书·礼仪志三》载北齐讲武礼：二军兵马从千秋门和万岁门入禁中后，"一军从西上阁，一军从东上阁，并从端门南出阊阖门。"[5]这条材料详细记载了二军经过的四道门，而未提及中华门。可见，从东、西上阁至端门，其间不经东、西中华门。前引《宋书·礼志二》所载"神虎门设凶门柏历至西上阁"，[6]也未提及西中华门。又《魏书》卷一二《孝静帝纪》载其禅位之事曰："与夫人妃嫔已下诀……直长赵德以故犊车一乘候于东上阁，帝上车……出云龙门，王公百僚衣冠拜辞。"[7]孝静帝从东上阁到云龙门，其间未经东中华门。《北齐书》卷六《孝昭帝纪》载孝昭帝夺

---

[1]《唐六典》卷七，陈仲夫点校，北京，中华书局，1992年，第217页。
[2]《太平御览》卷一七五，第890页下栏。
[3]《唐律疏议》卷七，北京，中华书局，1983年，第151页。
[4] 参辛德勇：《隋唐两京丛考》，三秦出版社，2006年，第104、105页；妹尾达彦：《从太极宫到大明宫：唐代宫城空间的变迁与都城社会构造的转型》图3《唐长安城的宫城与皇城——7世纪～8世纪》，黄海静翻译，《跨越想象的边界：族群·礼法·社会——中国史国际学术研讨会论文集》，台北：秀威资讯科技股份有限公司，2018年，第404页。
[5]《隋书》，第165页。
[6]《宋书》，第394—395页。
[7]《魏书》，第314页。

废帝之权事曰："帝戎服……入自云龙门，于中书省前遇散骑常侍郑子默，又执之，同斩于御府之内。帝至东阁门，都督成休宁抽刃呵帝。帝令高归彦喻之……帝入至昭阳殿，幼主、太皇太后、皇太后并出临御坐。"[1]文中"东阁门"应即"东上阁"。孝昭帝先入云龙门，又入"东阁门"，其间亦未经东中华门。《南史》卷五《齐本纪下》载萧衍杀废帝东昏侯事曰："（王）珍国、张稷惧祸，乃谋应萧衍……密令游荡主崔叔智夜开云龙门，稷及珍国勒兵入殿，分军又从西上阁入后宫。"[2]王珍国、张稷率军由云龙门入殿中，又分军从西上阁入禁中，同样未提及中华门。从这些事例看，东、西上阁应不在太极殿前庭院内，往来殿门和东、西上阁之间，不须通过中华门。上述事例都发生在东魏、北齐邺城宫和南朝建康宫。二宫皆仿洛阳宫，故洛阳宫当亦如此。笔者推测，在云龙门和东中华门、神虎门和西中华门之间，应各有一条南北向通道，东、西上阁应在这两条通道的北端。考古勘探在"太极东堂和西堂外侧"，发现"略呈方形的殿堂，殿前设一个踏道"。[3]笔者怀疑它们是东、西上阁的遗迹。

四　太极殿等核心建筑

所谓太极殿是一组建筑，主要由前殿、东堂、西堂组成。前殿在文献记载中有时称"太极前殿"，有时称"太极殿"，主要用于朝会、皇帝即位、读时令、拜皇后、拜三公、冠皇太子、拜蕃王等重大礼仪场合。《宋书》卷一四《礼志一》："凡遣大使拜皇后、三公及冠皇太子，及拜蕃王，帝皆……服衮冕之服，升太极殿，临轩南

---

[1]《北齐书》，北京，中华书局，1972年，第81页。
[2]《南史》，第157页。
[3] 钱国祥《北魏洛阳宫城的空间格局复原研究——北魏洛阳城遗址复原研究之三》，《华夏考古》2020年第5期，第91页。

面。"[1]此处"太极殿"无疑指太极前殿。《晋书》卷二一《礼志下》载晋武帝所定元会仪,曰"其陛卫者如临轩仪","太常导皇帝升御坐",群臣在谒者、掌礼郎等引导下,或"上殿",或"下殿",[2]其场所肯定也是太极前殿。《三国志》卷四《三少帝纪》:高贵乡公"即皇帝位于太极前殿,百僚陪位者欣欣焉"。[3]《晋书》卷三《武帝纪》:武帝即位,先于南郊"柴燎告类于上帝",然后"即洛阳宫幸太极前殿",宣布大赦、改元。[4]同书卷五《怀帝纪》:怀帝即位后,"遵旧制,临太极殿,使尚书郎读时令,又于东堂听政"。[5]文中"太极殿"无疑亦指前殿。

西堂不见于曹魏和西晋时期的记载,故用途不明。东堂则是皇帝日常听政之所。《晋书》卷二八《五行志中》:"赵王伦篡位,有鹑入太极殿,雉集东堂。天戒若曰,太极、东堂皆朝享、听政之所,而鹑、雉同日集之者,赵王伦不当居此位也。"[6]意指太极前殿用于朝享,东堂用于听政。同书卷五《怀帝纪》:"及即位,始遵旧制……于东堂听政。"黄门侍郎傅宣叹曰:"今日复见武帝之世矣!"[7]同书卷四〇《贾充传》:"(武)帝闻充当诣阙,豫幸东堂以待之。"[8]可见这确是西晋一代的制度。西晋此制又沿自曹魏。《三国志》卷四《三少帝纪》注引《魏氏春秋》曰:高贵乡公"宴群臣于太极东堂,与侍中荀𫖮、尚书崔赞、袁亮、钟毓、给事中中书令虞松等,并讲述礼典"。又引傅畅《晋诸公赞》曰:高贵乡公"常与中护军司马望、侍中王沈、散骑常侍裴秀、黄门侍郎钟会等讲宴

---

[1] 《宋书》,第341页。
[2] 《晋书》,第650页。
[3] 《三国志》,第132页。
[4] 《晋书》,第50—51页。
[5] 同上书,第125页。
[6] 同上书,第863页。
[7] 同上书,第125页。
[8] 同上书,第1170页。

于东堂,并属文论"。[1]《晋书》卷三九《王沈传》:"魏高贵乡公好学有文才,召沈及裴秀数于东堂讲燕属文。"[2]三少帝中,高贵乡公最为勤政,且"好书疏文章",[3]故其在东堂的活动屡屡见诸史传。案本《纪》载其入宫即位事曰:"至止车门下舆……步至太极东堂,见于太后。"[4]此时曹芳已被废黜,太后临时主持政务,故于东堂召见高贵乡公。由此推测,东堂应在曹芳时便是皇帝听政之所了。

据发掘报告,东堂的北侧还有两个东西并列的院落。西侧的院落较小,"东西宽约20、南北残长13米。主要由北面中间的正房和东、西、南三面的廊庑围合着中间的天井院落","北面正房宽约9米"。东侧的院落较大,"发掘区域内东西宽40、南北长15米。已发现西侧连廊三间、南侧连廊9间",北侧发掘区外是否有正房,不得而知。报告称:二院落与东堂间"有一条东西向的御道","路面铺砖残损严重,局部以垫土补平,系利用早期(曹魏时期)铺砖道路继续修补沿用"。又称:"在上述院落的相关遗迹下还发现多处早期(曹魏时期)修建的柱础、铺砖、拦边条石等。"[5]证明这两个院落在曹魏西晋时已经存在了。这处建筑紧邻东堂,应是太极殿的一部分。西堂尚未发掘,其北侧可能也有类似的院落。《晋书》卷四○《杨骏传》:晋武帝临终命骏辅政,可"止宿殿中",及武帝崩,"骏遂当寄托之重,居太极殿"。[6]杨骏所居不大可能是前殿和东、西堂,倒有可能是东堂或西堂后的院落。《魏书》卷九《肃宗纪》:"诏太保、高阳王雍入居西柏堂,决庶政。"同书卷二一上

---

[1]《三国志》,第134、138页。
[2]《晋书》,第1143页。
[3]《三国志》卷四《三少帝纪》,第143页。
[4] 同上书,第131、132页。
[5] 中国社会科学院考古研究所洛阳汉魏故城队:《河南洛阳市汉魏故城发现北魏宫城太极东堂遗址》,《考古》2015年第10期,第5—6页。
[6]《晋书》,第1177—1178页。

《高阳王雍传》："肃宗初，诏雍入居太极西柏堂，谘决大政。"[1]既称"太极西柏堂"，应是太极殿的附属建筑。《北齐书》卷三《文襄纪》：孝静帝时，高澄"居北城东柏堂莅政"。[2]元雍和高澄皆居"柏堂"辅政，情形与杨骏居太极殿辅政相似。或许东、西堂北侧的院落就是东、西柏堂。

太极殿前有"马道"。《晋书》卷五九《赵王伦传》："伦又矫诏开门夜入，陈兵道南……召中书监、侍中、黄门侍郎、八坐皆夜入殿，执张华、裴頠、解结、杜斌等，于殿前杀之。"[3]同书卷三六《张华传》载此事曰："害之于前殿马道南。"[4]据此，赵王伦陈兵之处应该也是马道南。既曰"道南"，则该"马道"应是东西向，很可能在东、西中华门之间，横贯太极殿前庭院。赵王伦于此道之南陈兵并杀张华等，说明殿前庭院的这一空间相当宽阔。殿前西侧还有"钟"。《晋书》卷四〇《贾充传附贾谧传》："及赵王伦废后，以诏召谧于殿前，将戮之。走入西钟下……乃就斩之。"[5]同书卷五九《赵王伦传》："时有雉入殿中，自太极东阶上殿，驱之，更飞西钟下。"[6]

《酉阳杂俎·礼异》也提到太极殿前的"马道"和"钟"：

> 次曰太阳门……北使入门，击钟磬，至马道北，悬钟内道西北立。引其宣城王等数人后入，击磬，道东北面立。其钟悬外东西厢，皆有陛臣。马道南，近道东有茹茹、昆崙客，道西近道有高句丽、百济客，及其升殿之官三千许人。位定，梁

---

[1]《魏书》，第221、554页。
[2]《北齐书》，第37页。
[3]《晋书》，第1599页。
[4] 同上书，第1074页。
[5] 同上书，第1074页。
[6] 同上书，第1602页。

主从东堂中出，云斋在外宿，故不由上阁来。击磬鼓，乘舆警跸，侍从升东阶，南面幄内坐……坐定，梁诸臣从西门入……初入，二人在前导引，次二人并行，次一人擎牙箱班剑箱，别二十人具省服，从者百余人。至宣城王前数步，北面有重席为位，再拜，便次出。引王公登献玉，梁主不为兴。[1]

文中"道西北立"，参考下文"道东北面立"，应为"道西北面立"。意指"北使"和宣城王等进入太阳门后，来到马道北侧，分别于"道西"和"道东"北向而立。既曰"道西""道东"，则马道和太极前殿之间还有南北向的"道"。参考汉长安城桂宫二号建筑遗址【图六】和汉墓画像石"谒见图"【图三】，此道应有两条，分别自殿前东、西二阶向南延伸至马道。"北使"在西道之西，宣城王等在东道之东，"夹陛"而立，将两阶之间的场地空出。前殿两侧的东、西堂也各有东、西阶，阶前应亦有"道"延伸至"马道"。"马道南"的场地容纳了更多的人。"近道东"有茹茹、崑崙客，"道西近道"有高句丽、百济客。所谓"近道"应指紧邻马道。"升殿之官三千许人"也立于马道南，可能在茹茹、高句丽等藩客后面。"位定"之后，"梁主"从东堂出，应是从东侧的阼阶下殿，"乘舆"从阶前之"道"至马道，再转入前殿"东阶"之前的"道"，由"东阶"上殿坐于幄中。朝会开始后，"梁诸臣"先从"西门"即西中华门入，至前殿两阶之间"宣城王前数步"的位置，依次北面再拜而出。然后诸王公登殿献玉，其余"升殿之官"当亦依次上殿行礼。"悬钟内"云云则透露出，殿前的"西钟"悬于马道北、前殿西阶前"道"西。[2]由此，我们大致看出了太极殿前庭

---

[1] 许逸民：《酉阳杂俎校笺》，第60—61页。
[2]《景定建康志》卷二一《考证》引《宫苑记》曰："太极殿前东西有二大钟，宋武帝平洛所获，并汉魏旧器。"（南京出版社，2009年，第505—506页）据此，太极殿前东侧也有一钟。但史传中未见"东钟"之例。

院的格局。

昭阳殿在太极前殿北。《三国志》卷二五《高堂隆传》载：魏明帝"建昭阳殿于太极之北"。[1]据勘探发掘，太极前殿北确有一较大的夯土基址，[2]《北魏洛阳宫城宫门位置图》将其标为"二号宫殿"。【图一八】从位置看，这应是昭阳殿。《太平御览》卷一七五《居处部三》引《舆地志》云："洛阳昭阳殿，魏明帝所治，在太极之北，铸黄龙高四丈、凤皇二丈置殿前。"[3]《三国志》卷三《明帝纪》景初元年注引《魏略》曰："是岁……铸黄龙、凤皇各一，龙高四丈，凤高三丈余，置内殿前。"[4]两处记载略有出入，但所言显然是一件事。由此可知，昭阳殿为"内殿"。《晋书》卷五九《八王传序》曰：八王之乱"使昭阳兴废有甚弈棋，乘舆幽絷更同羑里"。[5]文中"昭阳""乘舆"皆指惠帝。称惠帝为"昭阳"，当是因其居于昭阳殿。同书卷四《惠帝纪》："帝崩于显（昭）阳殿。"[6]依曹魏皇帝崩于寝殿之例，昭阳殿应是惠帝的寝殿。

昭阳殿近旁，还有含章、徽音二殿。《初学记》卷二四"含章"条引《洛阳宫殿簿》曰："太极殿近含章殿。"又曰：有"徽音殿"。[7]《晋书》卷三《武帝纪》：太康十年十一月，"含章殿鞠室火"。[8]这是现存史料中关于含章殿的最早记载。此殿建于何时，史无明文，应是魏明帝"起昭阳、太极殿"工程的一部分。

---

[1]《三国志》，第712页。
[2] 见中国社会科学院考古研究所洛阳汉魏故城队：《河南洛阳市汉魏故城太极殿遗址的发掘》，第64页。
[3]《太平御览》，第856页上栏。
[4]《三国志》，第110页。
[5]《晋书》，第1590页。
[6] 同上书，第107页。
[7]《初学记》，北京，中华书局，1962年，第571页。
[8]《晋书》，第79页。

《武帝纪》又载：太熙元年四月，"帝崩于含章殿"。[1]此证，含章殿也是皇帝寝殿。同书卷二八《五行志中》："魏时起安世殿，武帝后居之。安世，武帝字也。"[2]《宋书》卷三一《五行志二》所载同。由此推测，含章殿可能原名安世殿，入晋后改名。《艺文类聚》卷八一"芸香"条引《洛阳宫殿簿》曰："显阳殿前芸香一株，徽音殿前芸香二株，含章殿前芸香二株。"[3]其意似谓徽音殿与显阳、含章二殿相邻。山谦之《丹阳记》载建康之制曰："皇后正殿曰显阳，东曰含章，西曰徽音，又洛宫之旧也。"[4]既曰"洛宫之旧"，曹魏、西晋当同。但东晋南朝的徽音、昭阳、含章等殿在后宫，是后妃之殿。《晋书》卷三二《后妃传下》：东晋安帝王皇后，"义熙八年崩于徽音殿"。[5]是其证。北魏的徽音殿则是皇帝寝殿。《魏书》卷一六《元叉传》："肃宗徙御徽音殿，叉亦入居殿右。"[6]曹魏、西晋之制当与北魏同，徽音殿和昭阳、含章二殿一样，也是皇帝寝殿。

又《三国志》卷四《三少帝纪》齐王曹芳嘉平六年注引《魏书》曰："太后令帝常在式乾殿上讲学。"[7]《晋书》卷三六《张华传》："帝会群臣于式乾殿"，议废太子。同书卷三一《后妃传上》："武元杨皇后……泰始十年，崩于明光殿，绝于帝膝。"[8]《艺文类聚》卷八七《菓部下》"杏"条引《晋宫关（阁）记》曰："明

---

[1]《晋书》，第80页。
[2] 同上书，第835页。
[3]《艺文类聚》，北京，中华书局，1965年，第1395页。
[4]《太平御览》卷一七五《居处部三》引，第855页上栏。
[5]《晋书》，第983页。
[6]《魏书》，第404页。
[7]《三国志》，第130页。
[8]《晋书》，第1073、953页。《太平御览》卷一三八引《晋书》作"光明殿"（第672页上栏）。其文与唐修《晋书》不同，疑为王隐《晋书》。参汤球辑，杨朝明校补：《九家旧晋书辑本》，郑州，中州古籍出版社，1991年，第210页。

光殿,杏八株。"[1]是曹魏、西晋还有式乾殿和明光殿。式乾殿亦见于北魏。《魏书》卷八《世宗纪》:正始三年(506年)十一月,"帝为京兆王愉、清河王怿、广平王怀、汝南王悦讲《孝经》于式乾殿"。延昌四年(515年)正月,"帝不豫……崩于式乾殿"。同书卷七九《冯元兴传》:"尚书贾思伯为侍讲,授肃宗杜氏《春秋》于式乾殿。"[2]可见此殿也是皇帝寝殿,并常用于讲学和会见群臣。明光殿,据上引《晋书·后妃传》不易判断所在位置。但《魏书》卷一〇《孝庄帝纪》曰:"九月辛卯,天柱大将军尔朱荣、上党王天穆自晋阳来朝。戊戌,帝杀荣、天穆于明光殿。"同书卷七四《尔朱荣传》载其事曰:"帝伏兵于明光殿东廊,引荣及荣长子菩提、天穆等俱入……帝先横刀膝下,遂手刃之。"[3]明光殿既可用于接见大臣,当与式乾殿相似,也在昭阳殿附近。北魏如此,曹魏、西晋当同。《太平御览》卷九八二《香部二》引《晋宫阁名》曰:"太极殿前芸香四畦,式乾殿前芸香八畦,徽音殿前芸香杂花十一畦,明光殿前芸香杂花八畦,显阳殿前芸香二畦。"[4]这条材料记录的是太极、昭阳诸殿前栽种芸香的情况。式乾殿和明光殿既在其中,很可能与昭阳、徽音、含章殿同属一个建筑群,也在太极殿后。儒家礼书有天子六寝之说。《周礼·天官·宫人》:"掌王之六寝之脩。"郑玄注:"六寝者,路寝一,小寝五……路寝以治事,小寝以时燕息焉。"[5]魏晋太极殿相当于"路寝",昭阳、含章、徽音、式乾、明光五殿应相当于"小寝"。汉末魏初"郑玄之学独盛",[6]洛阳宫的重建方案有可能受到此说影响。

---

[1]《艺文类聚》,第1487页。
[2]《魏书》,第203、215页。
[3] 同上书,第265、1655页。
[4]《太平御览》,第4350页上栏。
[5]《十三经注疏》,第3册,第91页下栏。
[6] 马宗霍语。见马宗霍、马巨著:《经学通论》,北京,中华书局,2011年,第254页。

据最新勘探发掘结果，昭阳殿所在的区域"有东、中、西三组院落，院落之间以两条南北向廊道分隔"。昭阳殿位于中间院落，东、西院落"皆南北长170米，东西宽94米，自南向北各发现有三组宫院，院中各有一座大型殿基"。[1] 含章、徽音、式乾、明光四殿应该就在其中，具体位置尚难确定。

太极、昭阳诸殿落成并启用后，宫中格局发生了变化。《三国志》卷三《明帝纪》青龙三年条注引《魏略》曰："是年起太极诸殿……又于列殿之北立八坊，诸才人以次序处其中，贵人、夫人以上转南附焉，其秩石拟百官之数。帝常游宴在内，乃选女子知书可付信者六人，以为女尚书，使典省外奏事。"[2] 文中"列殿"应指皇帝所居九龙、嘉福诸殿，后妃所居在其北。曹魏兴建太极、昭阳等殿时，又在原后妃居住区兴建八坊。工程完成后，皇帝移居昭阳等殿，诸才人入住"八坊"，贵人、夫人以上"转南附"，应是移居九龙、嘉福诸殿。《三国志》卷四《三少帝纪》注引《魏书》曰：少帝曹芳"耽淫内宠，沉漫女色……日延小优郭怀、袁信等于建始、芙蓉殿前裸袒游戏，使与保林、女尚等为乱，亲将后宫瞻观"。[3] 是曹芳时建始殿已属后宫。《魏书》卷一○八《礼志四》："太后更无别宫，所居嘉福，去太极不为大远。"卷八三《外戚传下》：灵太后父胡国珍"寝疾，灵太后亲侍药膳"，国珍薨，"太后还宫，成服于九龙殿，遂居九龙寝室"。[4] 可见北魏嘉福、九龙二殿皆属太后宫。同书卷一六《元叉传》载元叉、刘腾杀清河王元怿事曰："灵太后时在嘉福，未御前殿"，腾诬怿谋反，"肃宗闻而信之，乃御显

---

[1] 钱国祥：《北魏洛阳宫城的空间格局复原研究——北魏洛阳城遗址复原研究之三》，《华夏考古》2020年第5期，第91页。
[2] 《三国志》，第104、105页。
[3] 同上书，第129页。
[4] 《魏书》，第2809、1834页。

阳殿。腾闭永巷门，灵太后不得出"，怪入，被擒。[1] 此证，嘉福殿在后宫永巷门内。曹魏、西晋很可能也是这样。观上引《魏略》语气，所言种种变化似乎发生在魏明帝时。但明帝生前太极、昭阳诸殿尚未完工，这些变化应是曹芳以后的事。

原载《考古学报》2021年第3期

---

[1]《魏书》，第404页。

魏晋洛阳宫禁军制度的变迁

和东汉相比,魏晋的宫中禁军制度有很大变化。学人对此已有相当全面深入的研究,[1]但仍有进一步挖掘和解释的空间。东汉的宫中宿卫,由少府、卫尉和光禄勋等分掌。进入魏晋后,少府的许多职掌归了光禄勋,原由光禄勋负责的殿中宿卫和由卫尉负责的宫中宿卫,逐步改由新的"中军"系统承担。学人对这一环节似未充分留意。魏晋的"中军"又分"殿中兵"和"宫中兵"两部分。《晋书》卷四〇《杨骏传》:惠帝"遣使奉诏废骏……东安公繇率殿中四百人随其后以讨骏……寻而殿中兵出,烧骏府"。[2]司马繇所率"殿中四百人"就是"殿中兵"。同书卷五九《赵王伦传》:将军王舆率兵入宫后,"敕宫中兵各守卫诸门,三部司马为应于内"。[3]三部司马属于"殿中兵","为应于内"就是响应王舆于殿中。"宫中兵"则是宿卫宫中的兵,只能"守卫诸门",不能进入殿中。前人研究这一问题,因对"殿中"和"禁中"概念认识模糊,只能笼统地视宫中禁军为"中军"。本文基于对魏晋洛阳宫内部格局的最新研究,[4]重新审视相关史料并详加考证,尝试对宫内禁军制度及其变迁做出更具体的描述。不当之处,尚望指正。

---

[1] 参何兹全:《魏晋的中军》,《读史集》,上海人民出版社,1982年,第242—268页;张金龙:《魏晋南北朝禁卫武官制度研究》,北京,中华书局,2004年,有关章节。
[2] 《晋书》,北京,中华书局,1974年,第1179页。
[3] 同上书,第1604页。
[4] 参本书《魏晋洛阳宫的形制与格局》。

一　少府和光禄勋

　　《晋书》卷二四《职官志》载晋少府职掌曰："统材官校尉、中左右三尚方、中黄左右藏、左校、甄官、平准、奚官等令，左校坊、邺中黄左右藏、油官等丞。"[1]与《续汉书·百官志》所载东汉之制相较，"中左右三尚方"当由原"尚方"发展而来。"中黄左右藏""邺中黄左右藏"当由原"中藏府"发展而来。二者原皆属少府。平准令原属大司农。左校原属将作大匠。可见，魏晋少府所掌已非宫中事务，而是各种工程、作坊等。少府寺也不在宫中了。《文选》卷六《魏都赋》刘良注："当司马门南出，道西最北东向相国府，第二南行御史大夫府，第三少府卿寺……"[2]这是魏国邺都之制，少府在宫外。洛都之制当与此同。《三国志》卷一三《王朗传附王肃传》：明帝青龙年间（233—236 年），"以常侍领秘书监"。[3]当时秘书省属少府，《太平御览》卷二三三引王肃《论秘书不应属少府表》曰："今欲使臣编名于驺隶，言事于外府，不亦隳朝章而辱国典乎！"[4]王肃称少府为"外府"，其寺应在宫外。《三国志》卷二三《常林传》："文帝践阼，迁少府。"注引《魏略》曰："少府寺与鸿胪对门。"[5]大鸿胪掌管外交和园林，[6]其寺肯定在宫外。《资治通鉴》卷八一晋武帝太康三年（282 年）十二月：齐王攸之国，侍中王济、甄德反对，武帝怒，"出济为国子祭酒，德为大鸿胪"。胡三省注曰："自侍中出为外朝官。"[7]其说是。少府寺

---

[1]《晋书》，第 737 页。
[2]《宋刊明州本六臣注文选》，北京，人民文学出版社，2008 年，第 106 页下栏。
[3]《三国志》，北京，中华书局，1959 年，第 416 页。
[4]《太平御览》，北京，中华书局，1960 年，第 1107 页上栏。
[5]《三国志》，第 659、660 页。
[6]《晋书》卷二四《职官志》："大鸿胪，统大行、典客、园池、华林园、钩盾等令，又有青宫列丞、邺玄武苑丞。"（第 737 页）
[7]《资治通鉴》，北京，中华书局，1956 年，第 2582 页。

与鸿胪寺对门，应亦在宫外。

《晋书·职官志》又载晋光禄勋职掌曰："统武贲中郎将、[1]羽林郎将、冗从仆射、羽林左监、五官左右中郎将、东园匠、太官、御府、守宫、黄门、掖庭、清商、华林园、暴室等令。"[2]这条材料提供了重要信息，但不准确。今略做考证如下。

首先，虎贲中郎将、羽林郎将、羽林左监、五官中郎将、左中郎将、右中郎将，都是东汉光禄勋原有部署。《续汉书·百官志二》光禄勋条："职属光禄者，自五官将至羽林右监，凡七署。"[3]"七署"包括五官中郎将、左中郎将、右中郎将、虎贲中郎将、羽林中郎将、羽林左监、羽林右监。两相对比，《晋志》无羽林右监，羽林中郎将作"羽林郎将"。《宋书》卷四〇《百官志下》"羽林监"条曰："汉……宣帝令中郎将、骑都尉监羽林，谓之羽林中郎将。汉东京又置羽林左监、羽林右监，至魏世不改。晋罢羽林中郎将，又省一监，置一监而已。"[4]今案《晋书》纪传，不见任"羽林中郎将"或"羽林郎将"者，《晋书·舆服志》所载"中朝大驾卤簿"亦无此职。疑《职官志》言晋有"羽林郎将"不确，而《宋志》所言"晋罢羽林中郎将"较可信。又魏晋"羽林左监"见诸史传。如《三国志》卷九《曹真传》注引《魏略》曰："桓范……延康中，为羽林左监……明帝时为中领军、尚书。"[5]曹丕即魏王位，改年号为延康，同年称帝，又改年号为黄初。从上文语气看，桓范在曹丕称帝后应仍为羽林左监。《晋书》卷四五《刘毅传》："太康六年……羽林左监北海王宫上疏。"[6]是西晋仍有左监。"羽林

---

[1]"武"原应作"虎"，唐人避李虎讳改。
[2]《晋书》，第736页。
[3]《后汉书》，北京，中华书局，1965年，第3578页。
[4]《宋书》，北京，中华书局，1974年，第1249页。
[5]《三国志》，第290页。
[6]《晋书》，第1279页。

右监"仅一见。《晋书》卷七五《荀崧传》:"父頠,羽林右监……泰始中,诏以崧代兄袭父爵。"[1]《三国志》卷一〇《荀彧传》注引《荀氏家传》曰:"頠字温伯,为羽林右监,早卒。"[2]此例似在魏末晋初。《晋书》卷四〇《贾充传》载:"武帝践阼"初,帝舅王虔为"羽林监",不言左右。[3]根据这些材料,晋初似仍有羽林左、右监,后废右监,仅置左监,或称羽林监。《晋志》无羽林右监和《宋志》"晋……省一监"之说大致可信。这样一来,"七署"变成了五官、左、右、虎贲、羽林五署。及至泰始九年(273年)七月,又"罢五官、左、右中郎将",[4]此后也的确不见有人任此三职。于是,五署只剩了虎贲、羽林二署。

其次,冗从仆射、东园匠、太官、御府、守宫、黄门、掖庭、清商、华林园、暴室等令,东汉时皆属少府。据《续汉书·百官志三》少府条中本注,中黄门冗从仆射、御府令、黄门令、掖庭令、暴室丞皆用"宦者",太官令、守宫令本注不言"宦者",应由士人担任。少府条末本注又曰:"章、和以下,中官稍广,加尝药、太官、御者、钩盾、尚方、考工、别作监,皆六百石,宦者为之,转为兼副,或省,故录本官。"[5]是少府下属机构除"本官"外,又逐渐增置了六百石的尝药、太官、御者、钩盾、尚方、考工、别作"监",也由"宦者"担任。《后汉书》卷七《桓帝纪》:永寿二年(156年)六月,"初以小黄门为守宫令"。[6]小黄门皆为宦者。这条记录意味着守宫令此后也改用宦者。同书卷八《灵帝纪》:熹平四年(175年)十月,"改平准为中准,使宦者为令,列于内署。

---

[1]《晋书》,第1975—1976页。
[2]《三国志》,第320页。
[3]《晋书》,第1171—1172页。
[4]同上书,卷三《武帝纪》,第63页。
[5]《后汉书》,第3592—3601页。
[6]同上书,第303页。

自是诸署悉以阉人为丞、令"。[1]平准令原属大司农,用士人,改为中准令后当属少府,也用宦者。所谓"诸署悉以阉人为丞、令",当指上述少府各机构原由士人担任的"本官"都改用宦者了。灵帝死后,何进、袁绍谋诛宦官,打算"选三署郎入守宦官庐",[2]并令虎贲中郎将袁术"选温厚虎贲二百人,当入禁中,代持兵黄门陛守门户"。[3]后来,宦官被诛,献帝即位,果然用郎官取代了宦官。《后汉书》卷九《献帝纪》:"赐公卿以下至黄门侍郎家一人为郎,以补宦官所领诸署。"[4]《续汉书·百官志三》黄门侍郎条注引《献帝起居注》载此事曰:"诛黄门后……诸奄人官,悉以议郎、郎中称,秩如故。"[5]汉末既以郎官接替"宦官所领诸署",且仍"以议郎、郎中称",这些机构由少府转属光禄勋便顺理成章。

魏晋继承了上述变化,负责宫中事务的各机构仍属光禄勋。但"三署郎入守宦官庐"的做法并未延续下来。《三国志》卷二《文帝纪》:延康元年(220年),曹丕下令:"其宦人为官者不得过诸署令。为金策著令,藏之石室。"[6]所谓"不得过诸署令",意味着宦者仍可在宫中任职,且最高可至诸署之令。其中最重要的职位是黄门令。东汉黄门令掌皇帝所居之"省",[7]魏晋当同。案《三国志》卷九《曹真传附曹爽传》:魏明帝临终召见司马懿时,有"黄门令董箕"在场;司马懿奏曹爽之罪,有"以黄门张当为都监,专共交关,看察至尊"一条;张当还曾"私以所择才人张、何等与爽"。[8]

---

[1]《后汉书》,第337页。
[2] 同上书,卷六九《何进传》,第2251页。
[3]《三国志》卷六《袁绍传》,第189页。
[4]《后汉书》,第367页。
[5] 同上书,第3594页。
[6]《三国志》,第58页。
[7] 参本书《东汉的"东宫"和"西宫"》。
[8]《三国志》,第286、288页。《晋书》卷一《宣帝纪》载此事作:"黄门张当私出掖庭才人石英等十一人,与曹爽为伎人。"(第16页)

《晋书》卷四《惠帝纪》：惠帝自邺城返洛阳，"仓卒上下无赍，侍中、黄门被囊中赍私钱三千，诏贷用"，又"御中黄门布被"。后张方"劫帝幸长安……左右中黄门鼓吹十二人步从。"同书卷五九《赵王伦传》：伦称帝不久兵败退位，"黄门将伦自华林东门出……还汶阳里第"。[1]是魏晋皇帝身边仍有"黄门"之官。《晋书》卷六〇《牵秀传》载：成都王颖身边有"黄门孟玖"，同书卷五四《陆机传》称之为"宦人孟玖"。[2]王国"黄门"用宦者，皇帝宫中当同。《三国志》卷九《夏侯尚传附夏侯玄传》：中书令李丰谋诛司马师，"密语黄门监苏铄、永宁署令乐敦……铄等皆许以从命"。黄门监是宦者，永宁署令掌太后宫，肯定也是宦者，[3]故事后朝廷给李丰定下的罪名有"交关阉竖，授以奸计"一条。[4]又《三国志》卷四《三少帝纪》注引《魏书》载司马师废齐王曹芳之事，称曹芳"耽淫内宠"，"日游后园"，"延小优郭怀、袁信等于建始、芙蓉殿前裸袒游戏，使与保林、女尚等为乱，亲将后宫瞻观"。清商令令狐景、清商丞庞熙谏之。曹芳怒，以弹弹之，"不避首目"。"景、熙等畏恐，不敢复止，更共谄媚"。清商署掌乐舞，多有女性，故曹芳"见九亲妇女有美色，或留以付清商"。[5]清商令、丞掌管这样的机构，皇帝在"后园"游戏时又随从在旁，应当也是宦者。魏晋华林园、掖庭、暴室等令，史传未见其例，但所掌既为后园、嫔妃、宫女之事，其令、丞等官当亦为宦者。

东汉有三署郎"宿卫诸殿门"，又有虎贲郎、羽林郎"侍

---

[1]《晋书》，第103、1604、1605页。
[2]同上书，第1635、1480页。
[3]《三国志》卷五《后妃传》："明元郭皇后……齐王即位，尊后为皇太后，称永宁宫。"（第168页）
[4]《三国志》，第299页。
[5]同上书，第129、130页。

魏晋洛阳宫禁军制度的变迁

从""陛戟",[1]构成"殿中"区域的宿卫力量。[2]及至魏晋,三署郎不再宿卫殿门,中郎、郎中近乎散官,主要用作士人起家之选。[3]故《宋书》卷三九《百官志上》曰:"魏晋以来……无复三署郎。"但光禄勋仍掌殿门,"(尚书、御史)二台奏劾,则符光禄加禁止,解禁止亦如之。禁止,身不得入殿省,光禄主殿门故也"。[4]殿门须案"籍"出入。[5]魏晋此事仍属光禄勋,可能由"门吏仆射"等具体掌管。[6]虎贲、羽林则仍在"殿中"侍从、陛戟。如魏文帝时,大将张辽"屯雍丘,得疾。帝遣……太医视疾,虎贲问消息,道路相属"。明帝时,中山王衮"得疾病,诏遣太医视疾,殿中虎贲赍手诏、赐珍膳相属"。[7]遣虎贲探问大臣病情,是因其在皇帝身边侍从。又如魏明帝时,太尉钟繇、司徒华歆年高有疾,"朝见皆使载舆车,虎贲舁上殿就坐"。[8]令虎贲舁老臣上殿,当是因其在殿前陛戟。西晋殿中仍有虎贲宿卫。如武帝崩,外戚杨骏辅政,"居太极殿……以武贲百人自卫"。[9]

东汉"中黄门冗从"宿卫"禁中",由"冗从仆射"统领,皆用宦者。[10]魏晋改用士人。《三国志》卷二五《辛毗传》有"冗从

---

[1]《续汉书·百官志二》光禄勋条,《后汉书》第3575、3576页;同书《百官志三》少府条,第3594页。
[2] 参本书《东汉的"殿中"和"禁中"》。
[3] 参阎步克:《察举制度变迁史稿》之附录二《魏晋的散郎》,沈阳,辽宁大学出版社,1991年,第145—151页。
[4]《宋书》,第1229页。
[5] 参本书《未央宫"殿中"考》。
[6]《续汉书·五行志五》:灵帝时,"何人白衣欲入德阳门……中黄门桓贤等呼门吏仆射,欲收缚何人。"(《后汉书》第3346页)《晋书》卷二五《舆服志》:"却非冠……宫殿门吏仆射冠之。"(第769页)
[7]《三国志》卷一七《张辽传》,第520页;卷二〇《武文世王公传》,第583页。
[8] 同上书,卷一三《钟繇传》,第395页。
[9]《晋书》卷四〇《杨骏传》,第1178页。
[10] 见《续汉书·百官志三》中黄门冗从仆射条,《后汉书》,第3594页。

仆射毕轨"。此人乃曹魏名士，曾任并州刺史、司隶校尉等职。[1]《晋书》卷四四《华表传附子廙传》："泰始初，迁冗从仆射。"此人乃西晋名士，历任黄门侍郎、散骑常侍、中书监、尚书令等职。[2]西晋宗室也常任此职。如《晋书》卷三七《彭城穆王权传》："初袭封，拜冗从仆射。"《新蔡武哀王腾传》："少拜冗从仆射，封东嬴公。"[3]《三国志》卷九《夏侯玄传》载：李丰为拉拢黄门监苏铄、永宁署令乐敦、冗从仆射刘贤等参与推翻司马师的政变，对他们说："卿诸人居内，多有不法，大将军严毅，累以为言，张当可以为诫。"铄等遂"许以从命"。[4]冗从仆射既同黄门监、永宁署令一样"居内"，说明冗从仍掌"禁中"宿卫。《晋书》卷二《文帝纪》载高贵乡公讨司马昭事曰："夜，使冗从仆射李昭等发甲于陵云台。"[5]陵云台在北宫，属"禁中"区域。冗从仆射能夜至陵云台，当是因其在"禁中"宿直。

《宋书》卷四〇《百官志下》：虎贲中郎将、冗从仆射、羽林监，"江右领营兵，江左无复营兵"。[6]这意味着曹魏、西晋之虎贲、羽林、冗从诸将皆有"营兵"，是殿中和禁中的宿卫力量。《晋书·职官志》："尉（殿）中武贲、[7]持鈒冗从、羽林司马、常从，人数各有差。"[8]殿中虎贲、羽林司马，应即虎贲中郎将、羽林监所领。持鈒冗从，《晋书》卷二六《食货志》作"持鈒冗从武贲"，又

---

[1]《三国志》，第698、283、99、284页。
[2]《晋书》，第1260页。
[3] 同上书，1092、1096页。又如同卷《南阳王模传》："惠帝末，拜冗从仆射。"（第1097页）卷三八《琅邪武王伷传附子觐》："拜冗从仆射，太熙元年薨。"《武陵庄王澹传》："初为冗从仆射，后封东武公。"（第1122页）
[4]《三国志》，第299页。
[5]《晋书》，第36页。
[6]《宋书》，第1249页。
[7] 校勘记曰："此'尉'字恐为'殿'字之形近误。"见《晋书》，第749页。
[8]《晋书》，第741页。

有"殿中冗从武贲",[1]应为冗从仆射所领。盖魏晋"冗从"划归光禄勋后也称"虎贲",是名目繁多的各种"虎贲"中的一部分。"常从"亦见于史传。《三国志》卷一八《许褚传》:"时常从士徐他等谋为逆,以褚常侍左右,惮之不敢发。"[2]是曹操身边宿卫军已有"常从士"。《晋书》卷五九《赵王伦传》:殿中诸将"谋废贾后",其中有"常从督许超"。同书卷九八《王敦传》有"常从督冉曾、公乘雄"。[3]知"常从督"亦为殿中宿卫官名,是统领常从士的将领。

二 曹魏新置的殿中宿卫军

除光禄勋所统虎贲、羽林、冗从、常从外,曹魏还增置了虎豹骑、武卫、领军、中坚、中垒、骁骑、游击等殿中宿卫军。

"虎豹骑"曾是曹操身边最亲近的宿卫兵。《三国志》卷九《曹仁传附曹纯传》:"初以议郎参司空军事,督虎豹骑从围南皮。袁谭出战……纯麾下骑斩谭首。及北征三郡,纯部骑获单于蹋顿。"注引《魏书》曰:"纯所督虎豹骑,皆天下骁锐,或从百人将补之,太祖难其帅。纯以选为督,抚循甚得人心。及卒,有司白选代,太祖曰:'纯之比,何可复得!吾独不中督邪?'遂不选。"[4]案:曹操攻袁谭于南皮,是建安十年(205年)正月事。[5]自此至建安十五年,曹纯督虎豹骑。纯死后,曹操自督。其后,又有曹真、曹休曾统领虎豹骑。《三国志》卷九《曹真传》:"太祖壮其鸷勇,使将虎豹骑。讨灵丘贼,拔之,封灵寿亭侯。以偏将军将兵击刘备别

---

[1]《晋书》,第741、791页。
[2]《三国志》,第542页。
[3]《晋书》,第1598、2561页。
[4]《三国志》,第276、277页。
[5] 见《三国志》卷一《武帝纪》,第27页。

将于下辩，破之，拜中坚将军。"[1]《曹休传》："常从征伐，使领虎豹骑宿卫。刘备遣将吴兰屯下辩，太祖遣曹洪征之，以休为骑都尉，参洪军事。"[2]案：曹洪征吴兰于下辩，在建安二十二年末。[3]曹真、曹休统领虎豹骑都在此前。此后虎豹骑便不见了踪影。如此亲近的宿卫力量不大可能被裁撤，改变名称并继续充当宿卫军的可能性较大。[4]

武卫营最初也是曹操身边的宿卫军。《三国志》卷一八《许褚传》载：许褚是谯国谯人，曹操的同乡，"汉末，聚少年及宗族数千家"，其中多有"侠客""剑客"。褚"以众归太祖……即日拜都尉，引入宿卫。诸从褚侠客，皆以为虎士"。褚后因战功累迁校尉、武卫中郎将，"武卫之号自此始也"。又迁中坚将军。文帝时，"迁武卫将军，都督中军宿卫禁兵"。武卫营在曹操时"常侍左右"，文帝即位后成为殿中宿卫军。营中将士得升迁者甚多。许褚迁至武卫将军，"褚所将为虎士者从征伐，太祖以为皆壮士也，同日拜为将，其后以功为将军封侯者数十人，都尉、校尉百余人"。[5]许褚从都尉到将军，长期担任武卫营统帅。"虎士"拜将军、都尉、校尉者可能也仍在武卫营中。曹丕称帝后，武卫营宿卫殿中，营中兵士似乎都成了"虎贲"。《三国志》卷一七《张郃传》：诸葛亮率蜀军攻陈仓，明帝命郃领兵拒之，并"分遣武卫虎贲使卫郃"。[6]所谓"武卫虎贲"当指武卫营虎贲。[7]《许褚传》又载："褚兄定，亦以军功

---

[1]《三国志》，第280页。
[2] 同上书，第279页。
[3] 同上书，卷一《武帝纪》，第50页。
[4] 虎豹骑既称"骑"，《曹纯传》又称之为"纯麾下骑""纯部骑"，无疑为骑兵。羽林军最初是汉武帝"以便马从猎"而设，东汉则分"羽林左骑""羽林右骑"，显然亦为骑兵。文帝以后的羽林军有可能是由虎豹骑改编而成的。惜无实据，无从考证。
[5]《三国志》，第542页。
[6] 同上书，第527页。
[7] 中华书局点校本作"武卫、虎贲"，似不妥。"武卫"是将军号，也可指称武卫营，未见称武卫营士兵为"武卫"的例子。

为振威将军,都督徼道虎贲。"[1]徼道就是"徼巡之道"。[2]许定肯定是和许褚一起归曹操的,应和其他"虎士"一样,也在武卫营中。所督"徼道虎贲"可能是武卫营中负责殿中徼巡的虎贲。许褚死于明帝时,曹爽兄弟继任其职。《三国志》卷九《曹真传附曹爽传》:"明帝在东宫,甚亲爱之。及即位……转武卫将军。"曹芳即位,爽辅政,弟"训武卫将军"。[3]曹训于正始十年(249年)高平陵事变中被诛。其后有"安寿亭侯演"、荀颉先后任武卫将军,[4]但武卫营的重要性显然有所下降。晋初仍有武卫营。《晋书》卷三《武帝纪》:泰始三年(267年)三月,"罢武卫将军官"。[5]武卫营建制当同时取消。此后,唯见赵王伦篡位时孙髦"为武卫将军,领太子詹事"。[6]故《宋书》卷四〇《百官志下》称:"武卫将军……晋氏不常置。"[7]

领军营,其将领初称"领军",后改"中领军"。《三国志》卷九《夏侯惇传附韩浩传》:"沛国史涣与浩俱以忠勇显,浩至中护军,涣至中领军,皆掌禁兵。"注引《魏书》曰:"韩浩……迁护军。太祖欲讨柳城,领军史涣以为道远深入,非完计也,欲与浩共

---

[1]《三国志》,第543页。
[2] 见《后汉书》卷七〇上《班彪传附班固》"徼道绮错"句李贤注。(第1345页)
[3]《三国志》,第282、283页。
[4]《三国志》卷四《三少帝纪》齐王芳嘉平六年注引《魏书》载群臣奏永宁宫,有"武卫将军安寿亭侯臣演"。(第129页)案《三国志》卷九《曹仁传附弟纯》:"以前后功封高陵亭侯……建安十五年薨……子演嗣,官至领军将军,正元中进封平乐乡侯。"(第277页)同书卷二二《陈矫传》载:"文帝……践阼,转署吏部,封高陵亭侯,迁尚书令。明帝即位,进爵东乡侯。"(第644页)盖曹演初嗣爵高陵亭侯,后改封安寿亭侯,《纯传》失载。钱大昕《廿二史考异》卷一五"齐王芳纪"条曰:"武卫将军安寿亭侯演,当是曹演也。"(《嘉定钱大昕全集》贰,江苏古籍出版社,1998年,第359页)其说可从。《三国志》卷一二《何夔传》注引干宝《晋纪》曰:"正元中……贯丘俭孙女适刘氏,以孕系廷尉。女母荀,为武卫将军荀颉所表活。"(第382页)
[5]《晋书》,第55页。
[6] 同上书,卷六〇《孙旂传》,第1633页。
[7]《宋书》,第1250页。

谏。浩曰：'……吾与君为中军主，不宜沮众。'遂从破柳城。改其官为中护军，置长史、司马……史涣……转拜中领军。"[1]曹操"讨柳城"在建安十二年（207年）。[2]时韩浩任护军，史涣任领军。此役之后，曹操改护军为中护军，改领军为中领军，仍由韩浩、史涣担任。其后，曹真、曹休又先后任中领军。据二人本传及《武帝纪》，建安二十三年九月，曹操率军"至长安"。曹真"从至长安，领中领军"。二十四年三月，曹操"自长安出斜谷……至阳平"击刘备，曹真"为征蜀护军"，率众"破刘备别将高详于阳平"。五月，曹操"引军还长安"后，曹休"拜……中领军"。"文帝即王位"，曹休又"为领军将军。"[3]其后，该职有时称"领军"，有时称"中领军"。《晋书》卷二四《职官志》解释二者区别曰："资重者为领军"，"资轻者为中领军"。[4]

《宋书》卷四〇《百官志下》："魏、晋江右，领、护各领营兵。江左以来，领军不复别置营。"[5]是曹魏、西晋之中领军或领军皆有"营兵"。《晋书》卷五九《楚王玮传》："武帝崩，入为卫将军，领北军中候"，奉惠帝诏废黜汝南王司马亮和太保卫瓘，"遂勒本军，复矫诏召三十六军"，"收亮、瓘，杀之"。[6]卫将军是将军号，"虽有名号，而无职司"[7]。故司马玮的"本军"应是北军中候之营兵。《宋书·百官志下》："魏始置领军……晋武帝初省，使中军将军羊祜统二卫、前、后、左、右、骁骑七军营兵。即领军之任也。祜

---

[1]《三国志》，第269、270页。
[2]见《三国志》卷一《武帝纪》，第29页。
[3]同上书，第51、52、279、281页。
[4]《晋书》，第740页。张金龙认为："曹魏之领军将军的确资重于中领军。"见氏著：《魏晋南北朝禁卫武官制度研究》，第100—101页。
[5]《宋书》，第1247页。
[6]《晋书》，第1596、1597页。
[7]钱大昕：《廿二史考异》，陈文和主编：《嘉定钱大昕全集》，南京：江苏古籍出版社，1998年，第二册，第457页。

迁罢,复置北军中候。"[1]《晋志》亦有此文,但"骁骑"误为"骁尉",且无"祜迁罢,复置北军中候"一句。[2]而《宋志》的记载也不准确。案《晋书》卷三四《羊祜传》:"迁中领军,悉统宿卫,入直殿中,执兵之要,事兼内外。武帝受禅,以佐命之勋,进号中军将军,加散骑常侍。"卷三七《宗室义阳王望传》:"征拜卫将军,领中领军,典禁兵。寻加骠骑将军、开府。顷之,代何曾为司徒。"卷二〇《礼志中》有"太宰司马孚、太傅郑冲、太保王祥、太尉何曾、司徒领中领军司马望……中军将军羊祜等奏"。[3]据同书卷三《武帝纪》,司马孚为太宰,郑冲为太傅,王祥为太保都在晋武帝即位后。由此可知,晋初并未"省"领军之职,而是并置中领军和中军将军,分统宿卫军。至泰始四年(268年)二月,"罢中军将军,置北军中候官";七年十二月,"罢中领军,并北军中候",[4]遂将二者合而为一。[5]故楚王玮所任北军中候已经取代了中领军,其"本军"当即领军之营兵。[6]事后,惠帝称"楚王矫诏","遣谒者诏玮还营,执之于武贲署"。[7]据此,领军营似在虎贲署。盖领军之营兵自进入皇宫后也被编入"虎贲"系列。《晋书》卷二七《五行志上》:"武帝太康八年三月乙丑,震灾西阁楚王所止坊……其后楚王承窃发之旨,戮害二公,身亦不免。震灾其坊,又天意乎。"[8]文中之"西阁"应指出入禁中的西上阁,[9]"楚王所止坊"应即领军宿值

---

[1]《宋书》,第1247页。
[2]《晋书》,第740页。
[3] 同上书,第1014、1086、613、614页。
[4] 同上书,第56、61页。
[5] 张金龙已经指出了这一点。见氏著《魏晋南北朝禁卫武官制度研究》,北京,中华书局,2004年,第204—205页。
[6]《资治通鉴》卷八二惠帝元康元年胡三省注:"本军,玮所掌北军也。"(第2610页)案:北军中候掌北军是汉代制度。胡说误。
[7]《晋书》,第1597页。
[8] 同上书,第804页。
[9] 关于"西上阁",参本书《魏晋洛阳宫的形制与格局》。

之所，在其附近。

中坚、中垒二营可能也是曹魏殿中宿卫军。[1]《三国志》卷四《三少帝纪》嘉平六年注引《魏书》载"群臣共为奏永宁宫"，其中有"中坚将军平原侯臣德、中垒将军昌武亭侯臣廙"，列于武卫将军和屯骑校尉之间。[2]《晋书》卷一《武帝纪》：正始六年（245年）八月，"曹爽毁中垒、中坚营，以兵属其弟中领军羲。帝（司马懿）以先帝旧制禁之，不可"。[3]是中坚、中垒二将军皆有营兵。《晋书·职官志》说："领军将军……主五校、中垒、武卫等三营。"[4]《宋书·百官志下》也说："魏始置领军，主五校、中垒、武卫三营。"[5]后世史家皆沿此说。然而"五校"即屯骑、步兵、越骑、长水、射声五校尉各有"营兵"，通称"五营校尉"，又简称"五营"。[6]在此语境下，将五校与中垒、武卫合称"三营"便不合情理。《宋书·百官志下》称：领军将军"掌内军"，[7]即宫中宿卫军。曹爽毁中垒、中坚营，将其并入领军营，表明中坚营此前和中垒营一样，也是领军所掌"内军"。笔者怀疑《晋》《宋》二《志》的这条记载可能脱了"中坚"二字，领军所主应是"五校"和中坚、中垒、武卫"三营"。司马氏消灭曹爽集团后，恢复了中坚、中垒二营，故嘉平六年（254年）上奏永宁宫大臣名单中有此二职，甘露五年（260年）司马炎也曾任中垒将军。[8]但西晋一朝，只见孙弼、

---

[1]《三国志》卷九《曹真传》："以偏将军将兵击刘备别将于下辩，破之，拜中坚将军。从至长安，领中领军。"（第281页）由此判断，曹操时的中坚将军似乎还是将军号。

[2] 同上书，第129页。

[3]《晋书》，第15页。

[4] 同上书，第740页。

[5]《宋书》，第1247页。

[6]《三国志》卷一四《孙资传》注引《资别传》载资答明帝诏曰："今五营所领见兵，常不过数百，选授校尉，如其辈类，为有畸匹。"（第460页）卷二八《贯丘俭传》注引俭罪状司马师表曰："多选精兵，以自营卫，五营领兵，阙而不补。"（第764页）

[7]《宋书》，第1247页。

[8]《三国志》卷四《三少帝纪》，第146页。

孙辅曾于赵王伦篡位时先后任中坚将军,[1]晋末裴廓曾任"中垒将军",[2]愍帝时南阳王保曾荐张茂为中垒将军。[3]由此看来,西晋的中坚、中垒二职,也和武卫将军一样,"不常置"。

《晋书·职官志》:"骁骑将军、游击将军……魏置为中军。"[4]《宋书·百官志下》:"骁骑将军……魏世置为内军,有营兵";"游击……魏、晋逮于江左初,犹领营兵……后省。"[5]曹魏骁骑、游击将军常在皇帝身边侍从,是亲近之职。《三国志》卷三《明帝纪》:青龙元年(233年)六月,鲜卑寇边,"遣骁骑将军秦朗将中军讨之"。注引《魏略》曰:"明帝即位,授以内官,为骁骑将军、给事中,每车驾出入,朗常随从。"同书卷五《武宣卞皇后传》:卞兰"为奉车都尉、游击将军,加散骑常侍。"注引《魏略》曰:"明帝时,兰见外有二难,而帝留意于宫室,常因侍从,数切谏。"[6]西晋的骁骑将军和游击将军仍为中军将领。《晋书·职官志》:"命中武贲,骁骑、游击各领之。"[7]既领虎贲,当宿卫殿中。案"命中"之意为善骑射。《晋书》卷四〇《杨骏传附杨济传》:"久典兵马,所从四百余人皆秦中壮士,射则命中。"卷七四《桓彝传》:"石秀……善骑射,发则命中。"[8]《晋书》卷二六《食货志》所载户调式有"命中武贲武骑"一职。[9]参考其上文之"持椎斧武骑武贲、持鈠冗从武贲",当作"命中武骑武贲"。同书卷二五《舆服志》所载"中朝大驾卤簿"有"骑队,五在左,五在右,队各五十四,命

---

[1]《晋书》卷六〇《孙旂传》,第1633页;卷五九《赵王伦传》,第1603页。
[2]《三国志》卷二三《裴潜传》注引《晋诸公赞》,第674页。
[3]《晋书》卷八六《张轨传》,第2231页。
[4]同上书,第740页。
[5]《宋书》,第1248页。
[6]《三国志》,第100、158、159页。
[7]《晋书》,第741页。
[8]同上书,第1181、1945页。
[9]同上书,第791页。

中督二人分领左右"。[1]是命中虎贲为骑兵，正合骁骑、游击之号。

三　西晋二卫所领殿中宿卫军

二卫是西晋新置且最重要的殿中宿卫军。关于其来源，中华书局校点本《晋书·职官志》曰："左、右卫将军，案文帝初置中卫及卫，武帝受命，分为左、右卫。"校勘记曰："各本'及'下无'卫'字，宋本有。《通典》二八云：'初有卫将军，魏末晋文王又置中卫将军。'《司马望传》于武帝即位前拜卫将军，《魏志·庞德传》，庞会为中卫将军，足证文帝时有中卫及卫两将军。故从宋本。"[2]然而"左、右卫"若来自"中卫及卫"，不可言"分"。将中卫及卫"分"为左右卫，于文法不通。今案《宋书·百官志下》："二卫将军掌宿卫营兵。二汉、魏不置。晋文帝为相国，相国府置中卫将军，武帝初，分中卫置左右卫将军。"[3]此文明言"分中卫"置二卫，与卫将军无关。《通典》卷二八《职官十》："初有卫将军。魏末晋文王又置中卫将军。武帝受禅，分中卫为左右卫将军。"[4]亦与《宋志》同。校勘者似未留意这些信息。又《晋书》卷二《文帝纪》：咸熙二年（265年）五月，"晋国置……卫将军官"。同书卷三七《司马孚传附司马望传》："征拜卫将军，领中领军，典禁兵。寻加骠骑将军、开府。顷之，代何曾为司徒。"[5]《三国志》卷四《三少帝纪》：甘露元年（256年）七月己卯，"卫将军胡遵薨"。咸熙元年八月癸卯，"以卫将军司马望为骠骑将军"。[6]根据

---

[1]《晋书》，第758页。
[2]同上书，第740、749页。
[3]《宋书》，第1248页。
[4]《通典》，北京，中华书局，1988年，第783页。
[5]《晋书》，第44、1086页。
[6]《三国志》，第139、151页。

这些记载，司马望"拜卫将军"在甘露元年七月胡遵薨后，至咸熙元年八月"加骠骑将军"止。此时，晋国尚无卫将军一职，故司马望所任卫将军是魏官而非晋官。据《晋书·文帝纪》，晋国卫将军置于咸熙二年五月，同年九月，"以魏司徒何曾为丞相，镇南将军王沉为御史大夫，中护军贾充为卫将军，议郎裴秀为尚书令"。[1]《三国志》卷四《三少帝纪》载此事作"司徒何曾为晋丞相"。[2] 何曾既由"魏司徒"改任"晋丞相"，王沉、贾充、裴秀当亦由魏官改任晋官。故贾充应是由魏中护军改任晋卫将军。《晋书》卷三《武帝纪》：泰始元年（265年）十二月，"卫将军贾充为车骑将军"。[3] 可见西晋的卫将军与车骑将军一样，也是将军号，与统领宿卫军的中卫将军不同。因此，宋本《晋志》"及"下"卫"字应为衍文，[4] 二卫的前身应是中卫。

关于二卫所领营兵，《晋志》有如下一段文字：

> 二卫始置前驱、由基、强弩为三部司马，各置督、史。左卫，熊渠武贲；右卫，佽飞武贲。二卫各五部督。其命中武贲、骁骑、游击各领之。又置武贲、羽林、上骑、异力四部，并命中为五督。其卫镇四军如五校，各置千人。更制殿中将军、中郎、校尉、司马比骁骑。持椎斧武贲，分属二卫。尉（殿）中武贲、持鈒冗从、羽林司马、常从，人数各有差。[5]

---

[1]《晋书》，第44、50页。

[2]《三国志》，第154页。

[3]《晋书》，第52页。

[4] 有版本"卫"作"魏"。《四库全书》本《晋书》卷二四考证曰："各本'武'字上衍'魏'字……今删去。"（《文渊阁四库全书》，台湾商务印书馆，1986年，第255册，第444页上栏）钱大昕《廿二史考异》卷二〇"晋书职官志"条亦曰："此晋武帝事，非魏武帝也，'魏'字衍。"（《嘉定钱大昕全集》贰，南京：江苏古籍出版社，1998年，第457页）

[5]《晋书》，第741页。

此文不见于《宋志》，保留了珍贵信息，但正如何兹全先生所说，"文句文理多不可解，恐系文字有脱误及错窜所至"。[1] 今案："其卫镇四军如五校，各置千人"一句，与二卫无关，可暂剔出。"殿中虎贲、持鈠冗从、羽林司马"，如前述，可能是光禄勋所属虎贲中郎将、羽林监、冗从仆射之营兵，"常从"列于其后，当亦属光禄勋，也可剔出。其余内容可分为四部分：一为"三部司马"，二为直属二卫之"虎贲"，三为"五部督"，四为"殿中将军、中郎、校尉、司马"。

"三部司马"是西晋殿中最重要的宿卫兵。《宋书》卷四〇《百官志下》："晋武帝时，殿内宿卫，号曰三部司马。"[2]《晋书》卷二六《食货志》载西晋"户调式"有"前驱、由基、强弩司马"。[3] 同书卷四〇《杨骏传》：武帝遗诏令骏辅政，"若止宿殿中，宜有翼卫，其差左右卫三部司马各二十人……给骏"。[4] 此证二卫属下确有三部司马。八王之乱时，宫中政变频发，三部司马常在其中发挥重要作用。如《晋书》卷五九《赵王伦传》载伦废贾后之事曰："矫诏敕三部司马……众皆从之"，"遣翊军校尉、齐王冏将三部司马百人，排阖而入"；又载伦称帝之事曰："左卫王舆与前军司马雅等率甲士入殿，譬喻三部司马，示以威赏，皆莫敢违"；又载王舆反叛赵王伦事曰："敕宫中兵各守卫诸门，三部司马为应于内……三部司马兵于宣化闼中斩孙弼以徇。"[5] 同卷《东海王越传》："成都王颖攻长沙王乂，又固守洛阳，殿中诸将及三部司马疲于战守，密与左卫将军朱默夜收乂别省。"[6]《晋志》云三部司马"各置督、史"，意指二

---

[1] 何兹全：《魏晋的中军》，《读史集》，第252页。《晋书》卷二四《职官志》序："始置二卫，有前驱养由之弩；及设三部，有熊渠佽飞之众。"（第724页）亦错乱不可解。
[2]《宋书》，第1249、1250页。
[3]《晋书》，第791页。
[4] 同上书，第1177—1178页。
[5] 同上书，第1599、1601、1604页。
[6] 同上书，第1623页。

卫属下有司马督和司马史分统三部司马。同书卷二五《舆服志》载"中朝大驾卤簿"有"司马督，在前，中道。左右各司马史三人引仗"，[1] 卷五九《赵王伦传》则有"左卫司马督司马雅"，"右卫司马督路始"，[2] 皆其证。《晋志》"二卫始置"云云，透露出三部司马乃二卫最初所领之兵，其前身可能是中卫将军之营兵。

熊渠虎贲、佽飞虎贲、持椎斧虎贲亦直属二卫。"中朝大驾卤簿"："次九尺楯，次弓矢，次弩，并熊渠、佽飞督领之"，"次耕根车，驾四，中道，赤旗十二，熊渠督左，佽飞督右"。[3] 和三部司马有"督、史"相似，熊渠、佽飞也有"督"。持椎斧虎贲，又见于《晋书》卷二六《食货志》，作"持椎斧武骑武贲"。[4] 史传中未见熊渠、佽飞、持椎斧虎贲的具体事例，宫廷政变中也不见它们的身影，可见其数量和重要性都不及三部司马，大概主要用于礼仪场合。

上引《晋志》关于"五部督"的记载最为费解，但细细推敲，也能从中发现一些历史信息。"五部"指虎贲、羽林、上骑、异力、命中，每部都有"督"统领其众，称"五部督"。"二卫各五部督"，意味着二卫皆有五部。"其命中武贲，骁骑、游击各领之。又置武贲、羽林、上骑、异力四部，并命中为五督"，则表明五部之中，命中部比较特殊，既属二卫，又由骁骑、游击二将军分领，其余四部皆直属二卫。这种有失平衡的组织架构，可能是魏晋殿中宿卫制度变迁的结果。《晋书·职官志》："江左以来，领军不复别领营，总统二卫、骁骑、材官诸营。"同书卷七六《王廙传附王彪之传》载彪之上议曰：东晋时，"宿卫之重，二卫任之，其次骁骑、左军各有所领"。[5] 是游击将军至东晋才失去营兵，而西晋一朝骁骑、游

────────

[1]《晋书》，第758页。
[2] 同上书，第1598页。
[3] 同上书，第758、759页。
[4] 同上书，第791页。
[5] 同上书，第740、2008页。

击二将军始终有营兵。故《晋志》曰："及晋，以领、护、左右卫、骁骑、游击为六军。"[1]虎贲、羽林、上骑、异力四部，既与命中合称"五部"，可能最初也和命中部一样有将军统领，后逐渐脱离将军而直属二卫。前述武卫、中坚、中垒等营或许与之有关。

"殿中将军、中郎、校尉、司马"，应理解为殿中将军、殿中中郎、殿中校尉、殿中司马。根据相关史料，此类官职还有殿中司马督和殿中都尉。

《宋书》卷四〇《百官志下》："殿中将军，殿中司马督。晋武帝时，殿内宿卫，号曰三部司马，置此二官，分隶左右二卫。江右初，员十人。"[2]其意似指殿中将军和殿中司马督也在二卫属下分统三部司马，但史传中未见其例。《晋志》也只说三部司马"各置督史"，没说由殿中将军和殿中司马督分领。《宋志》此条又载："朝会宴飨，则将军戎服，直侍左右，夜开城诸门，则执白虎幡监之。"[3]这方面的职掌确有实例。《晋书》卷五九《楚王玮传》：惠帝"遣殿中将军王宫赍驺虞幡麾众曰：'楚王矫诏。'众皆释杖而走。"卷六八《纪瞻传》：群臣劝元帝即位，"帝犹不许，使殿中将军韩绩彻去御坐。瞻叱绩曰：'帝坐上应星宿，敢有动者斩！'帝为之改容。"[4]卷七三《庾亮传》：东晋成帝欲"高选将军、司马督"，庾亮以为"当高选侍臣"，曰："主上自八九岁以及成人，入则在宫人之手，出则唯武官小人……侍臣虽非俊士，皆时之良也，知古今顾问，岂与殿中将军、司马督同年而语哉！"[5]从这些例子看，殿中将军和殿中司马督都是皇帝身边的侍从武官，因而可随时差遣。

殿中中郎屡见史传，似乎也在皇帝身边，且对宫中事务有一定

---

[1]《晋书》，第740页。
[2]《宋书》，第1249、1250页。
[3] 同上书，第1250页。
[4]《晋书》，第1597、1821页。
[5] 同上书，第1922页。

的影响力。如《晋书》卷四〇《杨骏传》："殿中中郎孟观、李肇，素不为骏所礼，阴搆骏将图社稷。"卷五九《赵王伦传》："左卫司马督司马雅及常从督许超……与殿中中郎士猗等谋废贾后。"《成都王颖传》："左卫将军陈眕，殿中中郎逯苞、成辅及长沙故将上官巳等，奉大驾讨颖。"[1]《通典》卷三六《职官一八》载《魏官品表》：第七品有"殿中中郎将、校尉"。[2]据此，所谓"殿中中郎"应是"殿中中郎将"之省称，故官居七品，且在殿中校尉之上。

殿中校尉、殿中都尉、殿中司马都见于"中朝大驾卤簿"。如：

> 殿中司马，中道。殿中都尉在左，殿中校尉在右。
> 又殿中司马一行，殿中都尉一行，殿中校尉一行。
> 连细楯，殿中司马、殿中都尉、殿中校尉为左右，各十二行。[3]

又见诸史传。如《晋书》卷一《宣帝纪》：嘉平元年（249年），司马懿发动政变，令曹爽兄弟"各以本官侯就第"，并"遣爽所信殿中校尉尹大目谕爽"。卷六一《荀晞传》：怀帝密诏荀晞讨司马越，晞上表曰："殿中校尉李初至，奉被手诏，肝心若裂。"卷五《愍帝纪》：诏琅邪王司马睿勤王，称"遣殿中都尉刘蜀、苏马等具宣朕意"。卷四〇《杨骏传》：晋武帝遗诏令骏辅政，"差左右卫三部司马各二十人，殿中都尉、司马十人给骏"。[4]从这些记载看，它们的职责也与殿中将军等相似。

据《宋书》卷四〇《百官志下》，二卫、骁骑、游击将军第四品，殿中将军、司马督第六品。《通典》卷三六《职官一八》载《魏

---

[1]《晋书》，第1179、1598、1618页。
[2]《通典》，第993页。
[3]《晋书》卷二五《舆服志》，第759页。
[4] 同上书，第18、1669、127、1178页。

官品表》：二卫、骁骑、游击亦第四品；第六品有"司马督""督守殿内将军"，应即殿中将军和殿中司马督；第七品有"殿中中郎将、校尉"，第八品有"殿中都尉、司马"，显然指殿中中郎将、殿中校尉、殿中都尉、殿中司马。[1]《晋书》卷二六《食货志》载荫客之制："品第六已上得衣食客三人，第七、第八品二人，第九品及……前驱、由基、强弩司马，羽林郎，殿中冗从武贲，殿中武贲，持椎斧武骑武贲，持鈒冗从武贲，命中武贲武骑一人。"[2] 由此可知，三部司马、羽林、虎贲都在九品之下。殿中将军至殿中司马等职在六至八品，地位低于二卫骁游，高于三部司马、羽林、虎贲。

四　魏晋的五校和四军

《续汉书·百官志二》载东汉卫尉属官，有公车司马令、南宫卫士令、北宫卫士令、左右都候、南宫南屯司马、苍龙司马、玄武司马、北屯司马、北宫朱爵司马、东明司马、朔平司马，主要负责守卫宫门和徼巡宫中。[3]《晋书·职官志》载晋卫尉职掌为"统武库、公车、卫士、诸冶等令，左右都候，南北东西督冶掾。及渡江，省卫尉"。[4]《宋书·百官志上》卫尉条："掌宫门屯兵……晋江右掌冶铸，领冶令三十九，户五千三百五十……卫尉，江左不置。"[5] 西晋的卫尉，既掌宫门屯兵、公车、卫士令及左右都候，当仍负责守卫宫门和徼巡宫中，其寺当仍在宫中。《晋书·职官志》所言"（太子）率更令，主宫殿门户及赏罚事，职如光禄勋、卫

---

[1]《通典》，第991—994页。
[2]《晋书》，第790、791页。
[3]《后汉书》，第3579—3580页。
[4]《晋书》，第736页。
[5]《宋书》，第1230页。

尉",[1]可作旁证。梁朝复置卫尉卿。《南史》卷五六《张弘策传》："东昏余党……作乱，帅数百人，因运荻炬束仗，得入南、北掖门，至夜烧神兽门、总章观，入卫尉府。"[2]是卫尉府在宫城南、北掖门内，殿门神虎门外。但从上引《晋》《宋》二《志》的记载看，曹魏、西晋时，卫尉逐渐失去宫中宿卫之职，转以"掌冶铸"为主。取代卫尉宿卫宫中的则是五校和四军。

关于五校，《晋书·职官志》载："屯骑、步兵、越骑、长水、射声等校尉，是为五校，并汉官也。魏晋逮于江左，犹领营兵，并置司马、功曹、主簿，后省。"[3]汉代五校属北军，所领营兵驻扎皇宫之外。[4]魏晋似不同。《晋志》《宋志》领军条都说领军"主五校"，《晋志》五校条也说"皆中领军统之"。[5]《宋志》又称领军"掌内军"。则魏晋"五校"也是"内军"，当宿卫宫中。[6]《三国志》卷二八《毌丘俭传》注引俭上表列举司马师十一条罪状，其中第八条是"征兵募士，毁坏宫内，列侯自卫"，第十条是"五营领兵，阙而不补，多载器杖，充聚本营"。[7]二者所指实为一事，"五营领兵，阙而不补"便是"毁坏宫内"。可见"五营"在"宫内"。西晋灭吴后，又"置翊军校尉官"。[8]《宋书》卷四〇《百官志下》太子翊军校尉条："翊军，晋武帝太康初置，始为台校尉……江左

---

[1]《晋书》，第743页。
[2]《南史》，北京，中华书局，1975年，第1383页。
[3]《晋书》，第741页。
[4] 参本书《东汉的南宫和北宫》。
[5]《晋书》，第741页。
[6] 魏晋"内军"也称"中军"，与"外军"相对。祝总斌先生认为："'中'指保卫宫城的禁兵，'外'指保卫宫城以外，整个洛阳都城的中央军。"见氏著：《都督中外诸军事及其性质、作用》，《材不材斋文集》下编《中国古代政治制度研究》，三秦出版社，2006年，第296页。张金龙亦持此说，见氏著：《魏晋南北朝禁卫武官制度研究》，第100、112、113页。
[7]《三国志》，第764页。
[8]《晋书》卷三《武帝纪》，第72页。

省。"[1]南朝称宫城为"台城"。"台校尉"当宿卫宫中。

关于四军，《晋书·职官志》曰："左、右、前、后军将军，案魏明帝时有左军，则左军魏官也，至晋不改。武帝初又置前军、右军，泰始八年又置后军，是为四军。"[2]《宋志》所载同。《晋书》卷二《武帝纪》无置前军、右军、后军将军事，却有如下记载：泰始二年（266年）八月，"省右将军官"。五年六月，"复置左、右将军官。"八年四月，"置后将军，以备四军。"[3]魏晋前、后、左、右将军与前、后、左、右军将军常常相混。[4]八年四月所置后将军既属"四军"，应是后军将军。《太平御览》卷二三八引《晋起居注》曰："太始八年，置后军将军，掌宿卫。"[5]是为强证。此时四军既"备"，则五年六月复置的左、右将军应是左军、右军将军。晋初只有左军将军而无右军将军，则二年八月所省"右将军"应为"左将军"，即左军将军之误。前军将军置于何时，不见记载，泰始八年四月四军既"备"，当然应在此前。《晋书》卷四〇《杨骏传》：武帝遗诏称"侍中、车骑将军、行太子太保，领前将军杨骏"。卷三一《武元杨皇后传》：泰始十年崩，诏曰："其使领前军将军骏等自克改葬之宜。"[6]是杨骏所领前将军即前军将军，泰始年间已有。同书卷四四《华表传附子廙传》："泰始初，迁冗从仆射。少为武帝所礼，历黄门侍郎、散骑常侍、前军将军、侍中、南中郎将、都督河北诸军事。父疾笃辄还，仍遭丧。"[7]廙父表卒于咸宁元年（275

---

[1]《宋书》，第1255页。
[2]《晋书》，第740、741页。
[3] 同上书，第54、59、62页。
[4] 参张金龙：《魏晋南北朝禁卫武官制度研究》，第205页。柴芃对此有更详尽的考证，见氏著《南北朝位阶制度的发展》附录《前后左右将军与镇卫四将之考辨》，北京大学博士论文，2018年。
[5]《太平御览》，第1128页上栏。
[6]《晋书》，第1177、953页。
[7] 同上书，第1260页。

年）八月，则廆任"前军将军"应在泰始中期。

《晋志》又曰："左军、右军、前军、后军为镇卫军，其左右营校尉自如旧。"[1]其意似指左军原有左、右营校尉分领其众，晋武帝增置前、右、后军，亦"如旧"设左、右营校尉。东晋初，前、右、后军失去营兵。《晋书》卷七六《王廙传附王彪之传》载穆帝时彪之上议曰："宿卫之重，二卫任之，其次骁骑、左军各有所领，无兵军校皆应罢废。四军皆罢，则左军之名不宜独立，宜改游击以对骁骑。"[2]同书卷八《哀帝纪》：兴宁二年（364年）二月，"改左军将军为游击将军，罢右军、前军、后军将军"。[3]西晋游击将军领命中虎贲，左军将军自有营兵。东晋游击不领兵，已成"无兵军校"。哀帝改左军为游击，恐怕只是改名而已，此游击所领应仍为左军之兵。《晋书》卷九《简文帝纪》："诏魏郡太守毛安之帅所领宿卫殿内。"同卷《孝武帝纪》："妖贼卢悚晨入殿廷，游击将军毛安之等讨擒之。"[4]其意似指游击将军宿卫殿中。但《晋书》卷八一《毛宝传附子安之传》载此事曰："简文……登阼，安之领兵从驾，使止宿宫中，寻拜游击将军……孝武即位，妖贼卢悚突入殿廷。安之闻难，率众直入云龙门，手自奋击。"[5]此文较前文为详，应以此文为是。然则哀帝以后的游击将军和其前身左军将军一样，仍领兵止宿"宫中"，在云龙门外。可见魏晋左军之营兵最早出现，也最稳定，应是四军中的主力。据《宋书·百官志下》：晋初，中军将军"统二卫、前、后、左、右、骁骑七军营兵，即领军之任也"。[6]

---

[1]《晋书》，第740、741页。中华书局校点本作"后省左军、右军、前军、后军为镇卫军"，不妥。"后省"二字应上属，指五校原有司马、功曹、主簿，后省。
[2]同上书，第2008页。
[3]同上书，第208页。
[4]同上书，第220、224页。
[5]同上书，第2128页。
[6]《宋书》，第1247页。

如前述，泰始四年二月，"罢中军将军，置北军中候官"，[1]而此前左军将军已"省"，前、后、右军将军未置，故中军将军不可能统四军。但若将取代中军将军的北军中候和后来并入北军中候的中领军考虑进去，这条记载便大致不错。它表明四军和五校一样，亦属北军中候或领军所掌"内军"，当驻宫中。[2]

五营及翊军校尉、四军将军皆宿卫宫中，故常由侍中、散骑常侍、左右卫等近侍官员兼领。如《晋书》卷三八《扶风王骏传》："为散骑常侍侍讲焉。寻迁步兵、屯骑校尉，常侍如故。"同卷《东安王繇传》："以功拜右卫将军，领射声校尉。"[3]同书卷五九《汝南王亮传》："为侍中、抚军大将军，领后军将军，统冠军、步兵、射声、长水等营。"[4]不过，五校、四军所领营兵又与二卫骁游等所领殿中兵不同。殿中兵称司马、羽林、虎贲，可同九品官员一样荫衣食客一人；五校、四军之兵则无此类称谓，亦不得荫衣食客，地位较低。《太平御览》卷二四二引王隐《晋书》："太康中，伐吴还，欲以王濬为五官校尉而无缺，始置翊军校尉，班同长水、步兵，以梁、益所省兵为营。"[5]文中"五官"显系"五营"之讹。《晋书》卷四二《王濬传》，濬灭吴时为平东将军、都督益梁诸军事，所统八万大军出自当地百姓"堪徭役供军"者。[6]所谓"梁、益所省兵"，应是他在梁、益二州征发的兵。晋武帝允许他将其中一部分

---

[1]《晋书》，第56、61页。
[2]《文选》卷一六潘岳《闲居赋》说洛阳城南有"元戎禁营"。李善注曰："禁营，谓五营也。陆机《洛阳记》曰：'五营校尉、前后左右将军府，皆在城中。'陆机既不言所处，难得而详也。"(《宋刊明州本六臣注文选》，第238页上栏)此处的"前后左右将军"无疑指"前后左右军将军"，"城中"当指洛阳城。陆机之意当是五校、四军皆驻洛阳城中，而与洛阳城外的"禁营"无关。
[3]《晋书》，第1124、1123页。
[4]同上书，第1592页。"冠军"是将军号，非宿卫将领，疑为"前军"之误。
[5]《太平御览》，第1147页上栏。《晋书》卷四二《王濬传》作"领步兵校尉"（第1215页），误。
[6]《晋书》，第1209页。

带进皇宫，组成翊军校尉营。翊军校尉是按五营校尉的规格建立的。翊军营兵既是普通士兵，五校、四军当同。《晋书》卷六七《温峤传》：东晋明帝时，峤曾建议屯田。其辞曰："先朝使五校出田，今四军五校有兵者，及护军所统外军，可分遣二军出，并屯要处。缘江上下，皆有良田，开荒须一年之后即易。"[1] 魏晋五校、四军可出外屯田，也证明其士兵皆来自普通百姓。

《晋书·职官志》："卫镇四军如五校，各置千人。"[2] 每营千人，加上翊军营，便有万人左右。这些普通士兵所取代的应是原来由普通百姓充任的"卫士"。《三国志》卷九《夏侯玄传》："嘉平六年（254年）二月，当拜贵人，（李）丰等欲因御临轩，诸门有陛兵，诛大将军，以玄代之。"注引《魏书》载李丰语曰："今拜贵人，诸营兵皆屯门，陛下临轩，因此便共迫胁，将群寮人兵，就诛大将军。"[3] 是每当宫中有大事，宫中营兵都要屯守诸门，以备非常。《晋书》卷三五《裴秀传附裴𬱟传》："杨骏将诛也，骏党左军将军刘豫陈兵在门，遇𬱟，问太傅所在。𬱟绐之曰：'向于西掖门遇公乘素车，从二人西出矣。'……寻而诏𬱟代豫领左军将军，屯万春门。"[4] 万春门是"禁中"区域东侧的门，在宫中。[5] 左军将军刘豫"陈兵"之门当即万春门。裴𬱟时为国子祭酒兼右军将军，当亦宿卫宫中，故能在万春门与刘豫相遇，又代豫领左军之兵屯万春门。《晋书》卷五九《齐王冏传》："元康中，拜散骑常侍，领左军将军、翊军校尉。"同卷《赵王伦传》：伦废黜贾后时，"遣翊军校尉齐王冏将三部司马百人，排阁而入……迎帝幸东堂。"[6] 齐王冏领

---

[1]《晋书》，第1789页。
[2] 同上书，第741页。
[3]《三国志》，第299、300页。
[4]《晋书》，第1041、1042页。
[5] 参本书《魏晋洛阳宫的形制与格局》。
[6]《晋书》，第1606、1599页。

左军将军、翊军校尉，手下当有左军和翊军营兵，却率三部司马迎惠帝至太极东堂。这应是由于左军和翊军营兵都是"宫中兵"，不得进入殿中。前引《晋书·赵王伦传》所载王舆入宫敕"宫中兵"各守卫诸门，所指当即五校、四军等营兵。

原载《中国史研究》2021年第3期

魏晋洛阳宫主要行政机构的分布

魏晋洛阳宫中的行政机构，主要有中书省、秘书省、门下省、散骑省和尚书省。对它们的职掌和相互关系前人已经做了深入研究，但由于对洛阳宫的形制缺乏具体了解，致使对这些机构在宫中的具体位置及空间关系的认识仍较模糊。近年来，笔者对魏晋洛阳宫的内部格局进行了研究，意识到魏晋洛阳宫基本沿用汉代制度，也分宫中、殿中、禁中等区域，其间有墙垣相隔，有宫门、殿门、上阁等门禁设施。这为进一步探讨上述机构在宫中的分布提供了条件。本文将以此为基础，对散见于史籍中的有关资料进行搜集和分析，尝试勾画出大致轮廓，供学界同人参考。

一 魏初的北宫和承明门

魏晋洛阳宫是在东汉北宫遗址上重建的。但曹魏初年仅在千秋门内大道以北兴建了建始、崇华、嘉福等殿，史称"北宫"。文、明二帝起居、理事都在其中，上述机构当然也在其中。出入这一区域的门，见于记载的只有"承明门"。

《文选》卷二四曹子建《赠白马王彪》："谒帝承明庐，逝将归旧疆。"李善注引陆机《洛阳记》曰："承明门，后宫出入之门。"同书卷二一应璩《百一诗》："问我何功德，三入承明庐。"李善注又引陆机《洛阳记》曰："吾常怪'谒帝承明庐'，问张公。张公云：'魏明帝在建始殿朝会，皆由承明门。'然直庐在承明门侧。"[1]今案：诗中所谓"承明庐"应是西汉典故。《汉书》卷六四上《严助传》载武帝赐助书曰："君厌承明之庐，劳侍从之事。"[2]承明殿是西汉皇帝日常处理政务之所，故左右近臣在承明殿侍从，其夜间住宿之处称"承明庐"。[3]上引《洛阳记》提到的"承明门"则是魏晋洛阳宫中的一道门。陆机将"承明庐"理解为"承明门侧"的"直庐"，在应璩例中倒也可通，但在曹植例中就不通了。曹植不可能在承明门侧的侍臣值庐中谒见魏明帝。所以，诗人所谓"承明庐"还是以理解为西汉典故为长。《三国志》卷二一《王粲传附应场传》注引《文章叙录》曰："璩……文、明帝世，历官散骑常侍。齐王即位，稍迁侍中，大将军长史……复为侍中，典著作。"[4]是应璩"三入承明庐"指一任散骑常侍，两任侍中。[5]散骑、侍中都是皇帝身边的侍从之职，与严助情形相似，故应璩引以自喻。曹植所谓"承明庐"则指其谒见明帝处。《三国志》卷一九《陈思王植传》：太和五年（231年）冬，"诏诸王朝六年正月……植每欲求别见，独谈论及时政，幸冀试用，终不能得。既还，怅然绝望。"[6]曹植此次到洛阳，除在建始殿参加元旦朝会外，可能还在崇华殿见过明帝，[7]只是未能获准单独召见。

陆机是西晋惠帝时人，不知曹植"谒帝承明庐"为何意，遂问

---

[1]《宋刊明州本六臣注文选》，第365页下栏、328页上栏。
[2]《汉书》，第2789页。
[3] 参本书《未央宫四殿考》。
[4]《三国志》，第604页。
[5] 李善注曰："璩初为侍郎，又为常侍，又为侍中，故云三入。"（《宋刊明州本六臣注文选》，第328页上栏）不知何据。
[6]《三国志》，第576页。同书卷二〇《楚王彪传》："黄初……七年，徙封白马，太和五年冬，朝京都。六年，改封楚。"（第587页）此证曹植《赠白马王彪》诗作于太和六年初。
[7]《史记》卷五八《梁孝王世家》褚先生曰："诸侯王朝见天子，汉法凡当四见耳。始到，入小见；到正月朔旦，奉皮荐璧玉贺正月，法见；后三日，为王置酒，赐金钱财物；后二日，复入小见，辞去。"又曰："小见者，燕见于禁门内，饮于省中，非士人所得入也。"（第2082、2090页）魏晋制度当与之近似。

张公。张公以"承明门"作答,不合典故原意,却提供了魏晋洛阳宫中有"承明门"这一信息。《晋书》卷三六《张华传》载:"华强记默识,四海之内,若指诸掌。武帝尝问汉宫室制度及建章千门万户,华应对如流。"又载:"陆机……初入洛,不推中国人士,见华一面如旧,钦华德范,如师资之礼焉。"[1]据此,陆机提到的"张公"应是张华。此人是著名博物学家,对汉宫室制度了如指掌,对魏晋宫室制度自然更加熟悉,故其说可信。陆机则进一步推测说,散骑、侍中之"值庐"都在"承明门侧"。根据这些说法,承明门在曹魏文、明二帝时是洛阳宫的重要门禁,建始、崇华、嘉福诸殿都在其内,散骑、门下等机构亦在其内。曹芳以后,太极、昭阳诸殿落成,皇帝移居"南宫",即千秋门内大道以南,上述机构也随之迁至这一区域。"北宫"成为后妃所居之"后宫",承明门便成了"后宫出入之门"。《魏书》卷三一《于栗䃅传附于忠传》:肃宗即位,灵太后临朝,御史中尉元匡称"秉朝政"者于忠,"出入承明,左右机近"。[2]是北魏沿用魏晋之制,后宫亦有承明门。

二 中书和秘书

《晋书》卷二四《职官志》中书条:"魏武帝为魏王,置秘书令,典尚书奏事。文帝黄初初改为中书,置监、令,以秘书左丞刘放为中书监,右丞孙资为中书令。"[3]《三国志》卷一四《刘放传》:"魏国既建,与太原孙资俱为秘书郎……文帝即位,放、资转为左、右丞。数月,放徙为令。黄初初,改秘书为中书,以放为监,资为令,各加给事中……遂掌机密。"[4]这两条材料都说,文帝将秘书改

---

[1]《晋书》,第1070、1077页。
[2]《魏书》,第743、744页。
[3]《晋书》,第734页。
[4]《三国志》,第457页。

为中书。但《晋志》秘书条又载："魏武为魏王，置秘书令、丞。及文帝黄初初，置中书令，典尚书奏事，而秘书改令为监……及晋受命，武帝以秘书并中书省，其秘书著作之局不废。惠帝永平中，复置秘书监，其属官有丞，有郎，并统著作省。"[1]《宋书》卷四〇《百官志》所载略同。[2]是文帝以后，秘书省仍在。《唐六典》卷一〇秘书省条注曰："魏武为魏王，置秘书令，典尚书奏事……兼掌图书秘记。文帝黄初中，分秘书立中书，因置监、令，乃以散骑常侍王象领秘书监，撰《皇览》。"[3]此文与上引《晋志》相近。王象事则见《三国志》卷二三《杨俊传》注引《魏略》。[4]多"兼掌图书秘记"一句，又曰"分秘书立中书"，当亦有所据。《太平御览》卷二三三引沈约《宋书·百官志》曰："黄初中，分秘书立中书，而秘书之局不废。"[5]今本《宋志》无此文，疑《御览》所引书名有误，当另有出处。《御览》同卷引王肃《论秘书不应属少府表》，也有"大魏分秘书而为中书"一语。[6]所谓"分秘书立中书"，是较为准确的说法。分立后，中书省承担了"典尚书奏事"的任务，秘书省只保留"掌图书秘记"的职责。晋武帝将秘书并入中书，只是不再设秘书监，由中书长官统领秘书事务，而秘书机构及其职掌依然如故。惠帝"复置秘书监"后，便恢复了原来的状态。所以，在魏晋洛阳宫中，中书、秘书"分立"是常态。

曹魏文、明二帝时，中书省权力很大。尤其明帝一朝，刘放、孙资被视为皇帝最信任的人。《三国志》卷二五《辛毗》传："明帝即位……时中书监刘放、令孙资见信于主，制断时政，大臣莫不交

---

[1]《晋书》，第735页。
[2]《宋书》，第1246页。
[3]《唐六典》，第296页。
[4]《三国志》，第664页。
[5]《太平御览》，第1106页下栏。
[6] 同上书，第1107页上栏。

好。"[1]同书卷一四《蒋济传》说得更明白：明帝时，"中书监、令号为专任"。济上疏曰：

> 大臣太重者国危，左右太亲者身蔽……陛下既已察之于大臣，愿无忘于左右。左右忠正远虑，未必贤于大臣，至于便辟取合，或能工之。今外所言，辄云中书，虽使恭慎不敢外交，但有此名，犹惑世俗。况实握事要，日在目前，傥因疲倦之间有所割制，众臣见其能推移于事，即亦因时而向之。[2]

蒋济称刘放、孙资为皇帝"左右"，认为明帝对他们"太亲"。又称二人"日在目前"，"实握事要"，甚至能趁明帝"疲倦"之时"有所割制"。蒋济曾任尚书、散骑常侍，上疏时为中护军，是当时朝中重要人物，故所言当是实情。《三国志》卷三《明帝纪》注引《魏略》曰：将军郝昭抵抗诸葛亮有功，明帝"引见慰劳之，顾谓中书令孙资曰：'卿乡里乃有尔曹快人！'"[3]明帝引见前线将领，孙资也在左右。可见"日在目前"之说不虚。

中书监、令日在皇帝目前，说明中书省离皇帝不远，可随时召见。《三国志》卷一四《刘放传》注引《魏氏春秋》曰：乌丸校尉田豫在马邑被围，"帝闻之，计未有所出，如中书省以问监、令。令孙资对曰……帝从之"。[4]明帝亲自到中书省问计于监、令，也可证明相距不远。不过，这一皇帝最亲信的机构似乎不在禁中。《三国志》卷三《明帝纪》注引《汉晋春秋》载明帝临终托孤事曰：

---

[1]《三国志》，第698页。
[2] 同上书，第452页。
[3] 同上书，第96页。
[4] 同上书，第458页。

帝以燕王宇为大将军，使与领军将军夏侯献、武卫将军曹爽、屯骑校尉曹肇、骁骑将军秦朗等对辅政。中书监刘放、令孙资久专权宠，为朗等素所不善，惧有后害，阴图间之，而宇常在帝侧，故未得有言。甲申，帝气微，宇下殿呼曹肇有所议，未还，而帝少间，惟曹爽独在。放知之，呼资与谋。资曰："不可动也。"放曰："俱入鼎镬，何不可之有？"乃突前见帝，垂泣曰："陛下气微，若有不讳，将以天下付谁？"帝曰："卿不闻用燕王耶？"放曰："陛下忘先帝诏敕藩王不得辅政？且陛下方病，而曹肇、秦朗等便与才人侍疾者言戏。燕王拥兵南面，不听臣等入，此即竖刁、赵高也。今……外内壅隔，社稷危殆，而已不知，此臣等所以痛心也。"帝得放言，大怒曰："谁可任者？"放、资乃举爽代宇，又白宜诏司马宣王使相参，帝从之。放、资出，曹肇入，泣涕固谏，帝使肇敕停。肇出户，放、资趋而往，复说止帝，帝又从其言。放曰："宜为手诏。"帝曰："我困笃，不能。"放即上床，执帝手强作之，遂赍出，大言曰："有诏免燕王宇等官，不得停省中。"于是，宇、肇、献、朗相与泣而归第。[1]

如此生动具体的描述，是否可信，令人生疑。[2]但其制度背景应是当时人们所熟悉的，不容史家虚构。据同书卷一四《刘放传》载：明帝当时"寝疾"，"引见放、资，入卧内"。卷三《明帝纪》载："太尉宣王还至河内，帝驿马召到，引入卧内……即日，帝崩于嘉福殿。"[3]可见，此事发生在嘉福殿。嘉福殿是明帝寝殿，在"省

---

[1]《三国志》，第113—114页。
[2] 同上书，卷二八《王凌传》注引《汉晋春秋》载王凌谋立楚王彪事亦甚详，"臣松之以为如此言之类，皆前史所不载，而犹出习氏。且制言法体不似于昔，疑悉凿齿所自造者也。"（第759页）
[3] 同上书，第114页。

中"。燕王宇等"辅政"时"得停省中",故能"常在帝侧",而"不听"刘放、孙资"入"。这意味着中书省不在"省中"。刘放趁燕王宇离开"未还"之机,"呼资与谋",又"突前见帝"。"与谋"之处应是中书省,"突前"应指突入"省中"。放、资"举爽代宇",明帝同意了。但"放、资出,曹肇入,泣涕以谏",明帝又"使肇敕停"。"放、资出"应是出"省中"至中书省草诏。"曹肇入"则是入"省中"谏阻明帝。明帝"使肇敕停",于是"肇出户"命放、资收回前诏。放、资立刻返回,"复说止帝",并帮明帝起草了"手诏",又命燕王宇等"不得停省中",这才控制了局面。

"省中"是皇帝日常理事和生活的区域,其门称"省门"或"省阁"。《三国志》卷六《董卓传》注引《献帝起居注》曰:李傕"于朝廷省门外,为董卓作神坐,数以牛羊祠之,讫,过省阁问起居,求入见"。又曰:"乘舆时居棘篱中,门户无关闭……诸将或遣婢诣省阁,或自赍酒唉,过天子饮。"[1]同书卷一〇《贾诩传》注引《献帝纪》曰:"(李)傕时召羌、胡数千人……许以宫人妇女,欲令攻郭汜。羌、胡数来窥省门,曰:'天子在中邪?李将军许我宫人美女,今皆安在?'"[2]魏晋之制也大致如此。《三国志》卷三《明帝纪》注引《魏略》曰:"帝常游宴在内,乃选女子知书可付信者六人,以为女尚书,使典省外奏事,处当画可。"[3]明帝游宴于"省中",故用女尚书典"省外"事。《晋书》卷二五《舆服志》:"法驾属车三十六乘。最后车悬豹尾,豹尾以前比之省中。"卷四四《李胤传》载胤奏曰:"自今以往,国有大政,可亲延群公,询纳谠言。其军国所疑,延诣省中,使侍中、尚书谘论所宜。"卷九九《桓玄传》:"玄移还上宫……召侍官皆入止省中。"[4]"省中"就是

---

[1]《三国志》,第184、187页。
[2] 同上书,第328页。
[3] 同上书,第104—105页。
[4]《晋书》,第756、1254、2597页。

"禁中"。《晋书》卷七〇《卞壶传》:"成帝即位……皇太后临朝,壶与庾亮对直省中,共参机要。"同书卷二七《五行志上》:"时嗣主幼冲,母后称制,庾亮以元舅决事禁中。"[1]前文之"省中"与后文之"禁中"显然同义,可以互换。有时则合称"禁省"或"省禁"。《三国志》卷九《曹爽传》:"转武卫将军。"注引《魏书》载爽《表》曰:"先帝以臣……典兵禁省。"[2]卷六《袁绍传》注引《魏氏春秋》载绍檄文,称曹操迎献帝都许为"胁迁省禁"。[3]曹魏文、明二帝时的中书省应在北宫"省门"外不远处。

西晋的中书省在"殿中",即殿门内、上阁外。较明显的证据见于《晋书》卷五九《赵王伦传》所载将军王舆杀孙秀事:

> 王舆反之,率营兵七百余人自南掖门入,敕宫中兵各守卫诸门,三部司马为应于内。舆自往攻秀,秀闭中书南门。舆放兵登墙烧屋,秀及超、猗遽走出,左卫将军赵泉斩秀等以徇。

赵王伦篡位后,孙秀以中书监辅政。齐王冏起兵后,"百官将士咸欲诛伦、秀以谢天下",致使孙秀整天躲在中书省中,"不敢出省"。王舆起兵,先从南掖门入宫,得到"宫中兵"的响应,遂命其守卫诸门。又攻殿中,得到"三部司马"的响应,遂在其配合下攻破中书省,杀了孙秀等人。事后,王舆"屯云龙门",召尚书八坐"皆入殿中",逼赵王伦退位,迎惠帝复位。云龙门是殿中区域的东门,而中书省在其内。东晋南朝的中书省也在相似的位置。《晋书》卷九《简文帝纪》:"及帝登阼,荧惑又入太微,帝甚恶焉。时中书郎郗超在直,帝乃引入,谓曰……"[4]"引入"应是从

---

[1]《晋书》,第1870、815页。
[2]《三国志》,第283、284页。
[3] 同上书,第748、198页。
[4]《晋书》,第223页。

中书省引入禁中。《宋书》卷四三《傅亮传》：为中书令，"入直中书省……听于省见客。神虎门外，每旦车常数百两。"[1] 神虎门是殿中区域的西门。据此判断，中书省可能在殿中西部。这一布局是太极、昭阳诸殿启用后形成的，故曹魏后期应该也是这样。

魏晋秘书省有"内阁""内台"之称。《三国志》卷一三《王朗传附王肃传》注引《魏略》：秘书丞薛夏，"太和中，尝以公事移兰台。兰台自以台也，而秘书署耳，谓夏为不得移也，推使当有坐者。夏报之曰：'兰台为外台，秘书为内阁，台、阁，一也，何不相移之有？'兰台屈无以折"。[2]《晋书》卷四四《华表传附华峤传》："转秘书监……寺为内台。"[3] 但其具体位置不见明文记载。今案南朝史料，秘书省在禁中。《梁书》卷一一《吕僧珍传》："为领军将军……直秘书省……性甚恭慎，当直禁中，盛暑不敢解衣。"[4] 大致方位则在皇帝寝殿西侧。《宋书》卷七二《始安王休仁传》：前废帝"忌惮诸父……休仁及太宗、山阳王休祐……年长，尤所畏惮，故常录以自近，不离左右"。同书卷九四《恩倖阮佃夫传》载此事曰："景和末，太宗被拘于殿内，住在秘书省，为帝所疑，大祸将至。"[5] 可见，秘书省在皇帝寝殿"左右"。《吕僧珍传》又载："转左卫将军，加散骑常侍。入直秘书省，总知宿卫。天监四年冬，大举北伐，自是军机多事，僧珍昼直中书省，夜还秘书。"僧珍总知宿卫，夜晚须在梁武帝寝殿附近宿直，故居秘书省。[6]《南齐书》卷一九《五行志》："永元二年八月，宫内火，烧西斋璿仪殿及昭阳、显阳等殿，北至华林墙，西及秘阁，凡屋三千余间。"[7]《南

---

[1]《宋书》，第1337页。
[2]《三国志》，第421—422页。
[3]《晋书》，第1264页。
[4]《梁书》，北京，中华书局，1973年，第213页。
[5]《宋书》，第1871—1872、2312页。
[6]《梁书》，第213页。
[7]《南齐书》，北京，中华书局，1972年，第375页。

史》卷五《齐本纪下》亦载此事："火又烧璿仪、曜灵等十余殿及柏寝，北至华林，西至秘阁，三千余间皆尽。"[1]秘书省有藏书阁，故称"秘阁"。[2]南齐的璿仪殿、曜灵殿都是皇帝寝殿，秘阁则在其西。由南朝制度反观魏晋，则所谓"西阁"应与此有关。《晋书》卷七五《荀崧传》载崧上疏曰："世祖武皇帝应运登禅，崇儒兴学，经始明堂，营建辟雍，告朔班政，乡饮大射，西阁东序，河图秘书禁籍。台省有宗庙太府金墉故事，太学有石经古文先儒典训。"[3]此文详述西晋文化设施。其中用于藏书的"西阁"应指"秘阁"。同书卷五九《齐王冏传》："凿千秋门墙，以通西阁。"[4]齐王冏辅政，居皇宫西，[5]为入宫方便而凿千秋门墙。千秋门内是禁中区域，墙内"西阁"当亦指"秘阁"。

三　门下和散骑

曹魏沿用汉末之制，仍设侍中寺，西晋改称门下省。[6]《续汉书·百官志三》侍中条注引蔡质《汉仪》曰：

> 侍中……员本八人，陪见旧在尚书令、仆射下，尚书上；今官出入禁中，更在尚书下……又侍中旧与中官俱止禁中，武帝时，侍中莽何罗挟刃谋逆，由是侍中出禁外，有事乃入，毕

---

[1]《南史》，北京，中华书局，1975年，第153页。
[2]《三国志》卷二七《王基传》："为秘书郎"，司徒王朗称其为"秘阁之吏"。（第750页）《太平御览》卷二三三引邓粲《晋纪》："华谭为秘书……从容谓上曰：'臣老于秘阁矣！'"（第1106页上栏）
[3]《晋书》，第1977页。
[4] 同上书，第1606页。
[5] 同上书，卷二八《五行志中》："齐王……辅政，居于宫西。"（第845页）
[6] 参祝总斌：《两汉魏晋南北朝宰相制度研究》，北京，中国社会科学出版社，1998年，第259、265、266页。

即出。王莽秉政，侍中复入，与中官共止。章帝元和中，侍中郭举与后宫通，拔佩刀惊上，举伏诛，侍中由是复出外。[1]

这段文字的后半段，追述两汉侍中或"止禁中"或"出禁外"的几次变化。"止禁中"意味着可像宦官那样宿值禁中。"出禁外"则不能宿值禁中，只能"有事乃入，毕即出"。前半段所说则是东汉末年发生的一次类似的变化。案《初学记》卷一二《职官下》侍中条：

> 西汉无常员，多至十人。东汉初无常员，至灵帝时，侍中舍有八区，论者因言员本八人。[2]

据此，《汉仪》所言侍中"员本八人，陪见旧在……尚书上"是灵帝朝的事。灵帝光和元年（178年），蔡质与其侄蔡邕一起遭宦官诬陷下狱，"有诏减死一等，与家属髡钳徙朔方"，其后的事不见记载。从光和元年到献帝即位还有十二年。蔡质下狱时已"衰老白首"，[3]但有可能活到献帝时。灵帝朝既曰"旧"，下文"今官出入禁中，更在尚书下"，便应是献帝朝的事。

《续汉书·百官志三》黄门侍郎条注引《献帝起居注》：

> 帝初即位，初置侍中、给事黄门侍郎，员各六人，出入禁中，近侍帷幄，省尚书事……旧侍中、黄门侍郎以在中官者，不与近密交政。诛黄门后，侍中、侍郎出入禁闼，机事颇露，由是王允乃奏比尚书，不得出入，不通宾客，自此始也。"[4]

---

[1]《后汉书》，第3593页。
[2]《初学记》，北京，中华书局，1962年，第280页。
[3]见《后汉书》卷六〇下《蔡邕传》，第2002页。
[4]《后汉书》，第3594页。

献帝即位后，对侍中寺进行了改革，不仅将侍中、黄门侍郎的员额减为六人，还让他们"出入禁中，近侍帷幄，省尚书事"。所谓"出入禁中"，语意不很明确，但以理解为"止禁中"并可自由出入为顺。这就意味着献帝在让郎官入禁中接替宦官职掌的同时，也让侍中、黄门侍郎入禁中取代了中常侍、小黄门的位置。"旧侍中、黄门侍郎"云云，说的是献帝以前的情形。其中"以在中宫"费解，从上下文看，"以"似为"不"之讹，"中宫"则指"禁中"。全文大意是："诛黄门"之前，侍中、侍郎不在禁中，不与皇帝身边的"近密"之人接触，故不致泄露机密；"诛黄门后，侍中、侍郎出入禁闼"，致使"机事颇露"；于是，司徒王允奏请献帝，令侍中、黄门侍郎"比尚书，不得出入，不通宾客"。"出入禁闼"就是出入禁中，"不得出入"当然是不得出入禁中。东汉尚书台位于"殿中"，其官员不能自由出入禁中。王允令侍中、黄门侍郎"比尚书"，应是比照尚书之制，使其居殿中理事并不得自由出入禁中。据《汉仪》所言"今官出入禁中"判断，蔡质看到了献帝初年的情形，但未见其后又"不得出入"的变故。《献帝起居注》记献帝一朝事。所谓"自此始也"，意味着侍中、侍郎"不得出入"禁中的状态一直维持到献帝末年。[1]

曹魏的侍中寺、西晋的门下省在禁中还是在殿中，《晋书·职官志》只字不提。《宋书》卷三九《百官志上》侍中条曰：

> 汉世，与中官俱止禁中。武帝时，侍中莽何罗挟刃谋逆，由是侍中出禁外，有事乃入，事毕即出。王莽秉政，侍中复

---

[1]《三国志》卷六《董卓传》注引《献帝起居注》曰：李傕"过省阖问起居，求入见……侍中、侍郎见傕带杖，皆惶恐，亦带剑持刀，先入在帝侧"。又引《魏书》曰：献帝至安邑，"居棘篱中……诸将或遣婢诣省阁，或自赍酒肴，过天子饮，侍中不通，喧呼骂詈。"（第184页）从这些记载看，侍中、黄门侍郎似皆侍从禁中。但这是非常时期，不能反映正常制度。

入，与中官共止。章帝元和中，侍中郭举与后宫通，拔佩刀惊御，举伏诛，侍中由是复出外。魏晋以来，置四人，别加官不主数。[1]

这段文字基本沿用蔡质之说，详述汉代侍中或"止禁中"或"出禁外"的变化，而对献帝朝及魏晋的情形皆未提及。这似乎是在暗示，魏晋的侍中、黄门侍郎仍像东汉章帝以后那样在"禁外"，而且未再发生变化。[2]

有材料可以印证《宋志》的暗示。《晋书》卷二四《职官志》："中书省……又置通事郎，次黄门郎。黄门郎已署事过，通事乃署名。已署，奏以入，为帝省读，画可。及晋，改曰中书侍郎。"[3]魏晋侍中、黄门侍郎的主要职掌，除"切问近对，拾遗补阙"之外，还有"评尚书奏事"。[4]根据这条史料，尚书奏事送交皇帝前，须先由门下省审核。侍中、黄门侍郎"署事过"，再交中书省，由通事郎或侍郎"奏以入"。中书省在殿中，已如前述。从文书流程看，尚书奏事经过门下、中书两省后才送入禁中，因而门下省应该也在殿中。《晋志》又曰："给事黄门侍郎……与侍中俱管门下众事。"《宋志》则曰："侍中……殿内门下众事皆掌之。"[5]多"殿内"两字。"众事"包括掌管"门钥"。《晋书》卷五九《赵王伦传》载伦与孙秀发动政变事曰："告右卫佽飞督闾和，和从之，期四月三日丙夜一筹，以鼓声为应。至期，乃矫诏敕三部司马……于是众皆从

---

[1]《宋书》，第1239页。
[2]《晋书》卷四〇《贾充传附贾谧》："迁侍中，专掌禁内，遂与后成谋，诬陷太子"。（第1174页）所谓"专掌禁内"只是门下省内部的一项分工。贾谧是贾皇后的外甥和死党，迁侍中后，分工掌管禁中事务，遂得协助贾后诬陷太子。
[3] 同上书，第734页。
[4] 同上书，卷二四《职官志》："自魏至晋……侍中、黄门侍郎共平尚书奏事。"（第733页）
[5]《宋书》，第1238页。

之。伦又矫诏开门夜入。"[1]而《太平御览》卷七六三引王隐《晋书》曰:"赵王伦欲废贾后,而门钥在侍中处。所部司马多木作,有利锯。至期,伦乃命三部司马以铜锯截关开门。"[2]文中"所部"疑为"三部"之讹。二卫所领三部司马是殿中兵,[3]他们从殿中锯开的门当然是殿门。由此可知,殿门的钥匙是由侍中掌管的。东晋仍然如此。《晋书》卷九三《外戚王蕴传》:王爽"历给事黄门侍郎、侍中。孝武帝崩,王国宝夜欲开门入为遗诏,爽距之,曰:'大行晏驾,皇太子未至,敢入者斩!'乃止"。[4]王国宝时任中书令,[5]"夜欲开门"至中书省草诏。中书省在殿中,故其欲开之门当为殿门。侍中王爽"距之",说明殿门归他掌管,也说明侍中值宿的门下省在殿中。

《三国志》卷二七《王昶传》注引《别传》曰:任嘏,"文帝时,为黄门侍郎……自在禁省,归书不封"。[6]如前述,禁中也称"禁省"。故这条材料字面上可理解为黄门侍郎在禁中办公。这是个反例,但不足以否定上述结论。因为黄门侍郎所在之"省"也可理解为门下省。《晋书》卷三〇《庾峻传附庾珉传》:怀帝时"为侍中,直于省内,谓同僚许遐曰:'世路如此,祸难将及,吾当死乎此屋耳!'"[7]文中的"省"亦指侍中宿直之门下省。自汉末"诛黄门"后,由于宦官制度发生重大变化,士人接管了禁中的许多事务,"禁中"的概念也不像以前那样严格,《宋书》卷三九《百官志上》曰:汉代"光禄勋居禁中如御史,有狱在殿门外,谓之光

---

[1]《晋书》,第1599页。
[2]《太平御览》,第3387页下栏。
[3] 参本书《魏晋洛阳宫禁军制度的变迁》。
[4]《晋书》,第2421页。
[5] 同上书,卷七五《王湛传附王国宝》:"迁中书令、中领军。"(第1971页)卷二七《五行志上》:孝武帝太元十五年"九月,王国宝为中书令,寻加领军将军。"(第801页)
[6]《三国志》,第748页。
[7]《晋书》,第1395页。

禄外部……魏晋以来，光禄勋不复居禁中"。[1]"禁中"一词在这段文字中两次出现，应非笔误。但光禄勋从来不曾"居禁中"，而是"居殿中"。《史记》卷一〇《孝文本纪》："以张武为郎中令（后改名光禄勋），行殿中。"[2]《汉书》卷六六《杨恽传》："为诸吏光禄勋……居殿中。"[3]都是显证。故《宋志》此处所谓"禁中"其实是严格意义上的"殿中"。所言"光禄外部"在"殿门外"，也透露出光禄本部在"殿门"内。《梁书》卷二五《徐勉传》："除尚书仆射……禁省中事，未尝漏泄。每有奏表，辄焚藁草。"[4]此处"禁省"似指尚书省，而尚书省既不在禁中，也不在殿中（说详下）。

散骑省的位置，也不见明确记载。《初学记》卷一二散骑常侍条："晋置四人，隶门下。"[5]《唐六典》卷八《门下省》左散骑常侍条注曰："晋置四人……虽隶门下，别为一省，潘岳云'寓直散骑之省'是也。"[6]祝总斌先生据此认为，曹魏时散骑之职是独立的，西晋时则隶属门下省。[7]不过，《初学记》并未提供相关证据，史籍中也未见其例。潘岳语见其《秋兴赋序》："晋十有四年……以太尉掾兼虎贲中郎将，寓直于散骑之省。"[8]又《晋书》卷五九《赵王伦传》载：王舆曾将司马馥"囚之于散骑省，以大戟守省阁"。[9]可见散骑确实"别为一省"，不在门下省中。

值得注意的是，魏文帝置散骑之职是为了替代中常侍和小黄门。《三国志》卷二《文帝纪》：延康元年（220年），曹丕即魏王

---

[1]《宋书》，第1229页。
[2]《史记》，第417页。
[3]《汉书》，第2890页。
[4]《梁书》，第379页。
[5]《初学记》，第285页。
[6]《唐六典》，第246页。
[7]祝总斌：《两汉魏晋南北朝宰相制度研究》，第265页。
[8]《宋刊明州本六臣注文选》卷一三潘岳《秋兴赋序》，第202页上栏。
[9]《晋书》，第1604页。

位后立刻下令:"置散骑常侍、侍郎各四人。其宦人为官不得过诸署令。为金策著令,藏之石室。"[1]此令专门针对宦官问题,在一定程度上否定了汉末用郎官取代宦官的做法,允许禁中署令以下职位用宦者,但未恢复中常侍和小黄门,而是置散骑常侍和散骑侍郎以取代之。文帝此举即解决了禁中无宦者带来的不便,也排除了中常侍、小黄门干政局面再现的可能。这是一项重大政治决定,故异常郑重其事,要"金策著令,藏之石室"。《晋书》卷二四《职官志》:"秦置散骑,又置中常侍,散骑骑从乘舆车后,中常侍得入禁中……汉东京初,省散骑,而中常侍用宦者。魏文帝黄初初,置散骑合之于中常侍……至晋不改。"[2]《宋书》卷四〇《百官志下》亦曰:"魏文帝黄初初,置散骑合于中常侍,谓之散骑常侍。"[3]《初学记》卷一二散骑常侍条:"魏文帝复置散骑之职,以中常侍合为一官,除中字,直曰散骑常侍。"[4]史家的这些说法,也将中常侍与散骑常侍联系起来,将后者看作前者的替代者。

东汉侍中"掌侍左右,赞导众事,顾问应对",中常侍"掌侍左右,从入内宫,赞导内众事,顾问应对",黄门侍郎"掌侍从左右,给事中,关通中外",小黄门"掌侍左右,受尚书事,上在内宫,关通中外"。[5]他们的职掌大致相同,主要区别在于能否"入内宫"。"内宫"就是"禁中"。侍中、黄门侍郎在"禁外","有事乃入,毕即出"。中常侍、小黄门"止禁中",可自由出入禁门。魏晋侍中、黄门侍郎和散骑常侍、散骑侍郎的职掌仍高度重叠。《晋书》卷二四《职官志》:"侍中……御登殿,与散骑常侍对扶,侍中居左,常侍居右……自魏至晋,散骑常侍、侍郎与侍中、黄门侍郎

---

[1]《三国志》,第58页。
[2]《晋书》,第733页。
[3]《宋书》,第1244页。
[4]《初学记》,第285页。
[5]《续汉书·百官志三》,《后汉书》,第3593、3594页。

共平尚书奏事。"[1]如前述，魏晋门下省仍在殿中。散骑常侍、侍郎既是用来替代中常侍、小黄门的，有可能也在禁中。

史传中有一些例子，隐约透露出散骑省在禁中。如《晋书》卷三七《安平王孚传》：魏文帝时，"转孚为中书郎、给事常侍，宿省内"。[2]魏晋无"给事常侍"之职，应为给事中、散骑常侍，中间或有脱文。散骑常侍须宿值于散骑省，不必特别说明。故此处"宿省内"应指宿于禁中。同书卷三九《荀勖传》："昔魏武帝使中军司荀攸典刑狱，明帝时犹以付内常侍。"[3]魏晋亦无"内常侍"一职，所指无疑也是散骑常侍。荀勖称散骑常侍为"内常侍"，或许是因其"宿省内"。《三国志》卷九《夏侯尚传附夏侯玄传》注引《魏书》曰：中书令李丰欲联合宦官苏铄等推翻司马师，许诺曰："事成，卿等皆当封侯常侍也。"[4]魏无中常侍，李丰所谓"常侍"应是散骑常侍。许宦官以散骑常侍，当是由于散骑常侍和宦官一样也宿值禁中。《晋书》卷五九《赵王伦传》：王舆率众攻入殿中后，"登墙烧屋"，将孙秀、许超、士猗等逼出中书省，斩之以徇；执其党谢惔、骆休、王潜"于殿中斩之"；又"于宣化闼中斩孙弼以徇"。而赵王伦的儿子"司马馥在秀坐"，王舆因其身份特殊，"使将士囚之于散骑省"。当时殿中一片混乱。散骑省相对安全，应是因其在禁中。[5]

散骑曾是亲近之职。《三国志》卷二四《崔林传》注引《魏名臣奏》载文帝诏曰："（王）雄有胆智技能文武之姿，吾宿知之。今便以参散骑之选，方使少在吾门下知指归，便大用之矣。天下之

---

[1]《晋书》，第732—733页。
[2] 同上书，第1082页。
[3] 同上书，第1156页。
[4]《三国志》，第300页。
[5]《晋书》，第1604页。

士，欲使皆先历散骑，然后出据州郡，是吾本意也。"[1]文帝此语颇有视散骑为门生之意。通过平尚书事，可熟悉朝廷政务，也能了解皇帝的思路。文帝所谓"知指归"盖谓此也。同书卷一六《杜畿传附杜恕传》注引《魏略》曰："孟康……黄初中，以于郭后有外属，并受九亲赐拜，遂转为散骑侍郎。是时，散骑皆以高才英儒充其选，而康独缘妃嫱杂在其间，故于时皆共轻之，号为阿九。"[2]可见散骑用人标准颇高。散骑参与平尚书事，也是事实。《三国志》卷一三《华歆传》注引华峤《谱叙》曰：华表"年二十余为散骑侍郎。时同僚诸郎共平尚书事，年少，并兼厉锋气，要召名誉。尚书事至，或有不便，故遗漏不视，及传书者去，即入深文论驳。惟表不然，事来有不便，辄与尚书共论尽其意，主者固执，不得已，然后共奏议。司空陈群等以此称之"。[3]案同书卷二二《陈群传》："明帝即位……为司空，故录尚书事……青龙四年薨。"[4]则华表为散骑侍郎在明帝时。看来，魏文、明二帝时，散骑确实很重要。这可能也与其在禁中、离皇帝较近有关。但这种局面未能维持下去。

曹魏侍中寺、西晋门下省始终是协助皇帝处理尚书事务的最重要的机构。《三国志》卷一六《杜畿传附杜恕传》：太和中为黄门侍郎，"每政有得失，常引纲维以正言"。[5]《晋书》卷三《山涛传附山简传》载简上疏曰："时黄门侍郎王恂、庾纯……评尚书奏事，多论刑狱，不论选举。"[6]这说明，文帝增设散骑后，侍中寺仍负责审核尚书奏事。《晋书》卷三九《荀勖传》："门下启通事令史

------

[1]《三国志》，第680页。
[2] 同上书，第506页。
[3] 同上书，第406页。
[4] 同上书，第635、638页。
[5] 同上书，第498页。
[6]《晋书》，第1229页。原文作"黄门侍郎王恂、庾纯始于太极东堂听政，评尚书奏事。"太极东堂是皇帝听政之所，黄门侍郎不可能在此评尚书奏事。通览上下文，"始于太极东堂听政"八字应在"泰始之初，躬亲万机"之下，系手民误抄于此。

伊羨、赵咸为舍人，对掌文法。诏以问勖，勖曰：'……增置文法之职，适恐更耗扰台阁，臣窃谓不可。'"[1]荀勖的意见不知是否被晋武帝采纳，但要求增置"文法之职"，说明门下省对尚书事的干预有加强的趋势。《三国志》卷一四《程昱传》："今外有公卿将校总统诸署，内有侍中尚书综理万机。"[2]卷二八《钟会传》注引何劭《王弼传》曰："正始中，黄门侍郎累缺。"何晏"议用弼"，丁谧"与晏争衡"，推荐王黎，曹爽"用黎，于是以弼补台郎"。黎病亡，"爽用王沈代黎，弼遂不得在门下，晏为之叹恨"。弼初与王黎善，"黎夺其黄门郎，于是恨黎"。[3]《晋书》卷四五《任恺传》：晋初为侍中，"有经国之干，万机大小多管综之"，"总门下枢要，得与上亲接"。贾充"执朝政"，恺恶其为人，"每裁抑焉。充病之，不知所为"。[4]可见，在时人眼中，侍中寺、门下省在中央权力系统中占有重要位置。

散骑则不同，除了"评尚书事"外，还承担其他任务。《三国志》卷二一《刘劭传》："黄初中，为尚书郎、散骑侍郎。受诏集五经群书，以类相从，作《皇览》。"明帝时，迁散骑常侍，"受诏作《都官考课》"。[5]作《皇览》和《都官考课》都要花费大量时间和精力，不大可能同时评尚书事。《晋书》卷四四《华表传附华峤传》："拜散骑常侍，典中书著作，领国子博士。"[6]即"典中书著作"，又"领国子博士"，恐亦无暇平尚书事。谏诤也是散骑的重要职责。《三国志》卷三《明帝纪》注引《魏略》曰：太子舍人张茂"上书谏……书通，上顾左右曰：'张茂恃乡里故也。'以事付散骑

---

[1]《晋书》，第1156—1157页。
[2]《三国志》，第430页。
[3] 同上书，第795、796页。
[4]《晋书》，第1285—1286页。
[5]《三国志》，第618—619页。
[6]《晋书》，第1264页。

而已"。张茂书中还提道:"臣昔上《要言》,散骑奏臣书,以《听谏篇》为善,诏曰'是也'。"[1]大概谏书是由散骑负责审查、上奏和收藏的。西晋又有进一步变化。《晋书》卷三《武帝纪》:晋武帝服丧,"虽从汉魏之制,既葬除服,而深衣素冠,降席撤膳,哀敬如丧者……散骑常侍黄甫陶、傅玄领谏官,上书谏诤"。[2]卷四七《傅玄传》:"玄及散骑常侍皇甫陶共掌谏职","皇甫陶上事,欲令赐拜散官皆课使亲耕",玄复上疏,称"陶之所上,义合古制"。书奏,晋武帝下诏曰:"二常侍所论,或举其大较而未备其条目,亦可便令作之,然后主者八坐广共研精。"[3]从"领谏官""掌谏职"等用语看,谏诤似乎已是散骑省的一项本职。故《晋书》卷二四《职官志》曰:"散骑常侍……掌规谏。"[4]西晋以后,散骑常侍特别是通直、员外散骑常侍,还常被用来安置年老有病的大臣。《初学记》卷一二散骑常侍条注引《晋起居注》载太康七年(286年)诏曰:"尚书冯翊忠亮在公,历职内外,勤恪匪懈而疾未差,屡求放退,其以卿为散骑常侍,赐钱二十万,床帐一具。"[5]《晋书》卷四七《傅玄传附傅祇传》:"迁卫尉,以风疾逊位,就拜常侍,食卿禄秩,赐钱及床帐等。"[6]《南齐书》卷一六《百官志》散骑常侍条:"其通直、员外,用衰老人士,故其官渐替。"[7]东晋以后,散骑省便逐渐脱离政务系统,发展成为"东省"散官了。

散骑取代了中常侍、小黄门的位置,一度也颇受皇帝重视,但并未获得很大权势,反而渐渐退出了权力系统。其原因主要是"禁中"制度发生了变化。魏晋的"禁门"不像汉代那样森严。士人特

----

[1]《三国志》,第105—106页。
[2]《晋书》第54页。
[3] 同上书,第1317—1320页。
[4] 同上书,第733页。
[5]《初学记》,第286页。
[6]《晋书》,第1331—1332页。
[7]《南齐书》,第323页。

别是中书、门下官员入禁中见皇帝没有明显的障碍。太极殿启用后，皇帝也常至禁外的太极东堂听政，直接与中书、门下、尚书等官员一起处理政务。在这种情况下，散骑虽然亲近，却没有机会对皇帝的决策施加更多影响。曹魏文、明二帝主要靠侍中、尚书处理政务，最信任的则是中书监、令。三少帝时，曹爽、司马懿等辅政大臣皆"直殿中"，录尚书事，[1]散骑更无优势可言。西晋以后，尚书、门下、中书三省共同掌管朝廷政务的机制渐趋成熟，散骑终于成为多余的机构而向散官方向发展。

四 尚书

东汉尚书台在殿中，尚书官员的宿舍在殿外。[2]《后汉书》卷四一《药崧传》："太官赐尚书以下朝夕餐，给帷被皂袍，及侍史二人。"注引《汉官仪》曰："尚书郎入直台中……伯使一人，女侍史二人，皆选端正者。伯使从至止车门还，女侍史……从入台中。"[3]止车门应即殿门。[4]尚书郎入值时，需从宿舍经殿门至尚书台。魏晋的尚书省和官员宿舍在哪儿，史无明文。祝总斌先生认为：魏晋和东汉一样，尚书省在殿中，官员宿舍在殿外；至南朝，称尚书省为"尚书上省"，官员宿舍为"尚书下舍"，其间有"阁道"相通，并将"尚书诸曹"迁至下舍办公，故又称"尚书下省"或径称"尚书省"。[5]笔者对此有不同看法，现尝试论证如下。

《晋书》卷二七《五行志上》："永兴二年七月甲午，尚书诸曹火起，延崇礼闼及阁道。"卷五五《潘岳传》："时尚书仆射山涛、

---

[1]《晋书》卷一《宣帝纪》，第13页。
[2] 参本书《东汉的"殿中"和"禁中"》。
[3]《后汉书》，第1411页。
[4] 说见本书《东汉的"殿中"和"禁中"》。
[5] 详见祝总斌：《两汉魏晋南北朝宰相制度研究》，第213—219页。

领吏部王济、裴楷等，并为帝所亲遇。岳内非之，乃题阁道为谣曰：'阁道东，有大牛。王济鞅，裴楷鞦，和峤刺促不得休。'"[1]这两条材料显示，西晋尚书省有崇礼门和阁道。这一信息十分重要，但不完整。好在还有东晋南北朝的材料可加以补充。

《文选》李善注引《十州记》曰："崇礼闱，即尚书上省门。崇礼东，建礼门，即尚书下舍门。"[2]是尚书省有两个院落，上省在西院崇礼门内，下舍在东院建礼门内。《初学记》卷一一引《十洲记》曰："崇礼门在东掖门内路西，即尚书上省。崇礼门东建礼门，即尚书令下舍之门。"[3]这条材料比李善所引多了"东掖门"的信息。《十州记》又作《十洲记》《海内十洲记》，《四库全书总目》曰："旧本题汉东方朔撰……盖六朝词人所依托。"[4]六朝人记六朝事，当大致可信。南朝的东掖门在建康宫城南面。[5]由此可知，尚书省在宫城东掖门内一条南北向道路的两侧，上省在路西，下舍在路东。【参图二〇】

《十洲记》说"崇礼门在东掖门内"，而未说在端门或云龙门内，意味着尚书上省在宫门之内、殿门之外。以下材料可印证这一点。《南史》卷五六《张弘策传》："东昏余党……作乱，帅数百人，因运荻炬束仗，得入南、北掖门，至夜烧神兽门、总章观……又进烧尚书省及阁道、云龙门，前军司马吕僧珍……命打五鼓。贼谓已晓，乃散。"[6]作乱者进了宫城南、北掖门，攻打神兽（虎）、

---

[1]《晋书》，第805、1502页。
[2] 见《宋刊明州本六臣注文选》卷四六任彦昇《王文宪集序》"出入礼闱"句，第721页上栏。
[3]《初学记》，第259页。《太平御览》卷二一〇引《世说》："崇礼闱在东掖门内路西，即尚书省，崇礼门东建礼门内，即是尚书令下舍之门。"（第1009页下栏）内容大致相同。
[4]《四库全书总目》，北京，中华书局，1965年，第1206页上栏。
[5] 参本书《东晋南朝建康宫第三重宫墙考》，第300页。
[6]《南史》，第1383页。

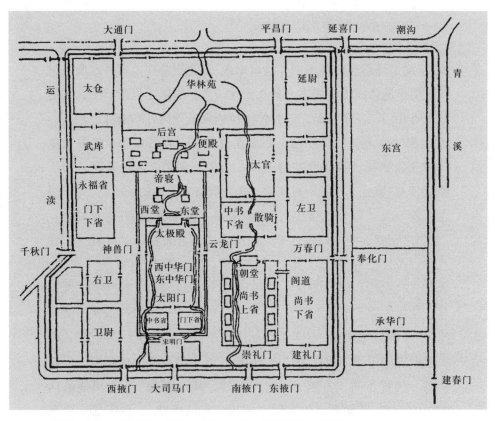

图二〇　南朝台城示意图　郭湖生《台城辩》,《文物》1999年第5期,第69页

云龙两座殿门,未成而退。被烧的"尚书省"应是作为行政中枢的上省,显然在殿门之外。《南齐书》卷四《郁林王纪》:萧鸾"为尚书令",发动政变废黜郁林王,"率兵自尚书入云龙门"。[1]尚书令发动和组织政变,当在上省,其位置则在云龙门外。《北齐书》卷三四《杨愔传》:为尚书令,长广、常山二王录尚书事,"于尚书省大会百僚",捉杨愔等,"唐突入云龙门……送愔等于御前"。同书卷四一《鲜于世荣传》:"除领军将军……以本官判尚书右仆射事……寻有敕令与吏部尚书袁聿修在尚书省检试举人。为乘马至云龙门外入省北门,为宪司举奏免官。"[2]录尚书事在尚书省"大会百

---

[1]《南齐书》,第74页。
[2]《北齐书》,北京,中华书局,1972年,第458—459、539页。

僚"，尚书仆射和吏部尚书"检试举人"，肯定都在上省。这两条材料更明显地透露出，尚书上省在云龙门外。据鲜于世荣"至云龙门外入省北门"一事判断，其具体方位应在云龙门外东南部。

《陈书》卷二六《徐陵传附弟孝克传》："自晋以来，尚书官僚皆携家属居省。省在台城内下舍，门中有阁道，东西跨路，通于朝堂。"[1]案：东汉殿中有朝堂，是公卿百官议事的场所。[2]《三国志》卷一九《陈思王植传》：曹植上疏"陈审举之义"，末尾称："乞出之朝堂，使夫博古之士，纠臣表之不合义者。"[3]《晋书》卷八《海西公纪》：桓温"集百官于朝堂，宣崇德太后令"。[4]可见，魏晋亦有功能相同的朝堂。《酉阳杂俎》前集卷一《礼异》："梁正旦，使北使乘车至阙下，入……应门，门下有一大画鼓。次曰太阳门……门右有朝堂。"[5]萧梁将殿中正南门端门改称为"应门"，将太极殿前的中华门改称为"太阳门"。[6]由此可知，南朝殿中仍有朝堂。魏晋当同。但尚书下舍在殿外，其"阁道"不大可能通向殿中的朝堂。《徐孝克传》明言阁道"东西跨路"，则所通应是东掖门内路西尚书上省的朝堂。《陈书》卷八《侯安都传》："世祖引安都醼于嘉德殿，又集其部下将帅会于尚书朝堂。"[7]此证尚书确有朝堂。《梁书》卷三《武帝纪》大同六年（540年）八月诏："自今尚书中有疑事，前于朝堂参议，然后启闻。"[8]此朝堂好像也是尚书之朝堂。尚书朝堂又称"都坐""都堂"。《宋书》卷三九《百官志

---

[1]《陈书》，北京，中华书局，1972年，第338页。
[2] 参本书《东汉的"殿中"和"禁中"》。
[3]《三国志》，第574页。
[4]《晋书》，第214页。
[5] 许逸民：《酉阳杂俎校笺》，北京，中华书局，2015年，第60页。本文标点与原书略有不同。
[6] 说见本书《东晋南朝建康宫"第三重宫墙"考》。
[7]《陈书》，第148页。
[8]《梁书》，第84页。

上》:"晋西朝八坐丞郎,朝、晡诣都坐朝,江左唯旦朝而已。八坐丞郎初拜,并集都坐交礼。"[1]《北齐书》卷四七《酷吏宋游道传》:"兖州刺史李子贞在州贪暴……文襄怒,于尚书都堂集百僚,扑杀子贞。"[2] 其位置显然在尚书上省中。

据上引《晋书·五行志》,"尚书诸曹"在崇礼门内。同书卷三〇《刑法志》载裴頠上表,称尚书为"崇礼大臣"。卷五九《赵王伦传》:"义阳王威劝(孙)秀至尚书省与八坐议征战之备,秀从之",当时"内外诸军悉欲劫杀秀,威惧,自崇礼闼走还下舍"。[3] 这些材料表明,西晋崇礼门内的上省,除尚书朝堂外,还有尚书"八坐"及"诸曹"办公的场所。南北朝仍然如此。《通典》卷三《食货三》载梁尚书令沈约上言:"尚书上省库籍,唯有宋元嘉中以来,以为宜检之日,即事所须故也。晋代旧籍,并在下省左人曹,谓之晋籍,有东西二库。既不系寻检,主者不复经怀,狗牵鼠啮,雨湿沾烂,解散于地。"[4] "下省"就是下舍。尚书诸曹在上省办公,故年代较近的户籍资料收藏在上省库中,以便随时查找利用。时代较远的"旧籍"与尚书日常事务关系不大,故存放下省库中,且因保管不善而损毁严重。《北齐书》卷四七《酷吏宋游道传》:为尚书左中兵郎中,遭尚书令临淮王彧谴责,遂上书曰:"彧乃召臣于尚书都堂……丑骂溢口,不顾朝章,右仆射臣世隆、吏部郎中臣薛琡已下百余人并皆闻见。"[5] 尚书官员都在上省办公,故尚书令在都堂训斥尚书郎,仆射以下百余人都能听见。

没有证据显示东晋以后尚书上省的位置发生过重大变化,故西晋崇礼门内的尚书机构应该也和东晋南北朝一样,位于宫门之

---

[1]《宋书》,第1237页
[2]《北齐书》,第655页。
[3]《晋书》,第935、1604页。
[4]《通典》,北京,中华书局,1988年,第59页。
[5]《北齐书》,第652页。

内、殿门之外。《晋书》卷二五《舆服志》：西晋太康八年（287年）诏："诸尚书、军、校加侍中、常侍者……得入殿、省中，与侍臣升降相随。"[1]其意指尚书、军、校加侍中、常侍者才能随时进入殿中、省中。军、校当即四军、五校。他们宿卫宫中，[2]不加侍中、常侍，便不得随时进入殿中、省中。尚书与军、校同，当亦在宫中。同书卷四五《任恺传》：为侍中，"总门下枢要，得与上亲接"。贾充排挤任恺，谋曰："宜启令典选，便得渐疏。"恺迁吏部尚书，于是"侍觐转希"，后遭弹劾"免官"。[3]门下省在殿中，故与皇帝较亲近。尚书相对疏远，应是在殿外办公，见皇帝的机会较少的缘故。

关于尚书下舍或下省，还有几条史料需加辨析。一是上引《陈书·徐孝克传》言"都官尚书"之省在"台城内下舍"。二是上引《通典》所载沈约上言，提到"晋代旧籍，并在下省左人曹"。[4]三是《梁书》卷二七《到洽传》：迁御史中丞，"旧制，中丞不得入尚书下舍，洽兄溉为左民尚书……左丞萧子云议许入溉省"[5]。这几条材料，从字面上看，似可理解为尚书左民、都官等曹都在下省。[6]然而尚书诸曹每日处理大量军政文书，保密等级很高，怎么可能和家属宿舍混在一起？细读上下文，方知不然。《徐孝克传》：

> 入为都官尚书。自晋以来，尚书官僚皆携家属居省。省在台城内下舍，门中有阁道，东西跨路，通于朝堂。其第一即

---

[1]《晋书》，第762页。
[2] 参本书《魏晋洛阳宫禁军制度的变迁》。
[3]《晋书》，第1286页。
[4] "人"当作"民"，唐人避李世民讳改。
[5]《梁书》，第404页。
[6] 祝总斌先生便由此提出，南朝"尚书省在台城内原尚书下舍处"，"尚书省（下舍）中办理具体政务，故尚书各曹包括都官曹（省）俱设在这里"。见氏著：《两汉魏晋南北朝宰相制度研究》，第218页。

都官之省，西抵阁道，年代久远，多有鬼怪，每昏夜之际，无故有声光，或见人着衣冠从井中出，须臾复没，或门阁自然开闭。居省者多死亡，尚书周确卒于此省，孝克代确，便即居之，经涉两载，妖变皆息，时人咸以为贞正所致。[1]

孝克拜都官尚书，入住尚书下舍。文中多次出现的"省"，都是下舍中尚书各曹官员及其家属的宿舍区，而非办公区。其中位列"第一"的"都官之省"是都官曹的宿舍区，此外还应有其他各曹的宿舍区。"都官之省"维护不佳，年久失修，以至半夜闹鬼。这种情况不会出现在政务繁忙、警卫森严的办公区。另外两条材料，也应这样理解。"下省左人曹"指左民曹在下省的宿舍区。其中除住宅外，还有两座仓库，用于收藏"晋代旧籍"，同样年久失修，破败不堪。到溉为左民尚书，居于"下舍"中的左民曹之"省"。尚书左丞议许到洽"入溉省"，不是允许他进入左民尚书的办公室，而是允许兄弟俩在左民曹的宿舍中相聚。

　　西晋尚书省未见"上省""下舍"之称，但类似的制度是存在的。《晋书》卷四三《山涛传》：除尚书仆射，领吏部，"固辞以老疾……辄还外舍"，晋武帝诏"以舆车舆还寺舍"。[2]"外舍"是山涛在宫外的住所，"寺舍"则是尚书官员在宫内的住所，也就是东晋南朝所谓"下舍"。"下舍"概念出现较早。《晋书》卷四四《华表传》："迁侍中。正元初……惧祸作，频称疾归下舍，故免于大难。"[3]文中"下舍"可能是侍中寺下舍。"频称疾归下舍"就是经常托病回下舍休息，不在侍中寺理事。同书卷五九《赵王伦传》："义阳王威……自崇礼闼走还下舍。"[4]威时任中书令，所还下舍应

───────────────
[1]《陈书》，第338页。
[2]《晋书》，第1225页。
[3] 同上书，第1260页。
[4] 同上书，第935、1604页。

293

是中书省下舍。若侍中寺、中书省都有"下舍",尚书省当亦有。晋武帝所谓"寺舍",或许是"尚书下舍"的简称。其院落之门可能也叫建礼门。《初学记》卷二四引《洛阳故宫名》曰:"洛阳……有建礼门。"[1]

根据以上考证,反观前引《晋书·五行志》和《潘岳传》之文,可知西晋尚书省也有东西两个院落,西院有崇礼门,朝堂和诸曹在其中,东院有建礼门,官员及家属宿舍在其中,两院之间有阁道相连。潘岳所谓"阁道东,有大牛",便指山涛、王济、裴楷等尚书省官员都在东院宿值。其位置在云龙门外,即洛阳宫内东南部。这意味着魏晋时期尚书机构的位置发生了变化,从殿中移到了殿外。其原因可能有二,一是尚书机构的扩大,二是殿中区域的缩小。

东汉尚书有令、仆射各一人,尚书六人,左右丞各一人,侍郎三十六人,令史二十一人,共六十七名官员。[2]曹魏、西晋有变化。《晋书》卷二四《职官志》:除八座二丞外,魏初设尚书郎二十三人,明帝青龙二年(234年)增二人,"合凡二十五郎"。西晋尚书设三十五曹,但仅"置郎二十三人,更相统摄"。[3]是曹魏、西晋尚书郎人数比东汉少。《宋书》卷三九《百官志上》:"郎以下则有都令史、令史、书令史、书吏干……晋初正令史百二十人,书令史百三十人。自晋至今,或减或益,难以定言。"[4]曹魏尚书也有令史,[5]但员额不明。西晋仅正令史和书令史就有二百五十人,加上都令史和书吏干当更多。

尚书机构扩大了,殿中区域却缩小了。东汉北宫的前殿是德阳

---

[1]《初学记》,第582页。
[2] 见《续汉书·百官志三》,《后汉书》,第3596—3597页。
[3]《晋书》,第732页。
[4] 同上书,第1237页。
[5] 同上书,卷三〇《刑法志》:魏末司马昭"令贾充定法律",参与者有"尚书郎柳轨及吏部令史荣邵"。(第927页)

殿，殿前有崇贤门。德阳殿西是崇德殿，殿前有金商门。崇贤门和金商门外是一个更大的庭院，南有端门，西有神虎门，东有云龙门。尚书台及侍中、御史、谒者等机构都在这个庭院中。[1]班固《东都赋》描述朝会场面，有"盛礼兴乐，供帐置乎云龙之庭"一句。[2]既曰"云龙之庭"，则云龙门内应是宽敞的庭院，云龙、神虎二门相对，其间有道路相通，崇贤、金商二门应在道北。【参图一六】魏晋洛阳宫是在东汉北宫旧址上兴建的。太极殿位于原崇德殿处，阊阖门位于原朱雀阙门处。据考古报告，在一号阊阖门遗址和四号太极殿遗址之间还有二号、三号两座遗址。笔者认为，二号遗址应是端门，三号遗址应是中华门。[3]三号遗址在二号遗址北，二者相距约80米。这个空间应是安置殿中各机构的重要区域。奇怪的是，神虎门遗址不在这一庭院的西侧，而在三号遗址西北，太极殿遗址西南【参图一八】，门内正对的应是西中华门，即太极殿前庭院的西门。笔者推测，东汉德阳殿和崇德殿皆无东、西堂，殿前庭院东西较窄，南北进深也较浅，故崇贤门和金商门可置于神虎门、云龙门内道路的北侧，二门之外的庭院因而较大。曹魏兴建太极殿时，因前殿两侧增加了东、西堂，殿前庭院东西宽度大增，南北进深必然相应扩大，遂将殿前之门移至神虎门、云龙门内道路之南，这条道路成了横贯太极殿前庭院的"马道"。[4]这样一来，太极殿前之中华门与端门之间的空间大大缩小了，只能容纳人员较少的机构。人员较多的尚书省，特别是人员大增后的西晋尚书省，便被移至云龙门外了。

原载《文史》2019年第3辑

---

〔1〕 参本书《东汉的"殿中"和"禁中"》。
〔2〕《宋刊明州本六臣注文选》卷一，第34页下栏。
〔3〕 参本书《魏晋洛阳宫的形制与格局》。
〔4〕 同上。

下篇小结

曹魏和西晋的皇宫位于洛阳城北部，是曹魏在东汉北宫的废墟上重建的。中间一条东西向大道，将其分为南、北两部分，时称"南宫""北宫"。重建工程从北宫开始，兴建了建始、崇华、嘉福等殿，供皇帝举行朝会、办公理政和生活起居之用。明帝时大兴土木，在南宫兴建了太极、昭阳等殿，阊阖、云龙等门。曹芳即位后，迁入南宫，北宫成为后妃宫。

和东汉北宫相似，魏晋洛阳宫整体呈"口"形，东、南两面外有宫墙，内有殿墙，西侧宫墙与殿墙也是一道墙。西墙自北而南有千秋门、神虎门、西掖门。南墙自西而东有阊阖门、司马门。东墙应有东掖门，可能位于与西掖门相对之处。东掖门北、万春门东还有一门，可能为薄室门。北面与华林园相接，可能由北上阁出入。殿中区域以太极殿为中心，西面有神虎门，东面有云龙门，南面有端门。殿墙之内还有一道墙，构成太极殿前的庭院。其东侧有东中华门，西侧有西中华门，南门名称失载，应是"中华门"。太极殿由一组建筑构成，正中是太极前殿，两侧有太极东堂和太极西堂，其后可能还有太极东柏堂和太极西柏堂。太极殿之后，是禁中的皇帝寝宫，除昭阳殿外，还有含章、徽音、式乾、光明等殿。连接殿中和禁中的门有东上阁和西上阁。东上阁应在云龙门内、东中华门外的南北通道北端。西上阁应在神虎门内、西中华门外的南北通道北端。皇帝寝宫之后有横贯禁中的大道，其西端是千秋门，东端有万春门。

曹魏和西晋的皇帝，自曹芳以后居于上阁内的昭阳、含章等殿，在上阁外的太极东堂听政。协助皇帝理政、照料皇帝生活的机构和殿中、禁中的宿卫力量，皆以此为中心加以安排，和东汉相比，有很多变化。特别是禁中事务，不再由少府负责，而转归光禄勋。黄门、掖庭、暴室、清商等职仍用宦官，但另设散骑常侍、散骑侍郎，取代中常侍、小黄门。负责禁中宿卫的冗从仆射也改用士人。这是为防止宦官干政历史重演而采取的重要举措。

殿中宿卫也有很大变化。光禄勋属下的三署郎成为散官，虎贲中郎将、羽林监等仍宿卫殿中。此外，曹魏新设领军、武卫、中坚、中垒、骁骑、游击等将军，各领营兵宿卫殿中。西晋保留领军、虎贲、羽林、骁骑、游击等营，另设左、右卫将军领三部司马等营，宿卫殿中。曹魏宫门守卫和宫中徼巡，仍由卫尉负责，原驻宫外的五营校尉移驻宫中，与左军将军营共同负责宫中宿卫。西晋又增右军、前军、后军将军和翊军校尉，各领营兵，宿卫宫中。和东汉相比，魏晋殿中和宫中宿卫力量进一步加强。

宫中行政机构主要有尚书、中书、门下、秘书、散骑五省。尚书省负责处理全国政务，有令、仆射、尚书、丞、郎、都令史、令史、书令史、书吏干等数百人。机构明显扩大，遂从殿中迁至殿外，位于云龙门外东南。中书省和门下省都在殿中。门下负责审核尚书奏事。中书掌起草诏令。二者介于皇帝和尚书省之间，协助皇帝基于尚书奏事制定决策。三省分工合作，大大提高了宰相机构处理政务的效率和专业化程度，是宰相制度的重大进步。秘书省掌管图书，在禁中皇帝寝宫西侧，十分亲近，但不直接参与政务。散骑省负责评尚书事和谏净，可能也在禁中。由于皇帝在太极东堂听政，经常与尚书、门下、中书官员共同处理政务，散骑省在决策过程中的重要性始终不如门下省，东晋以后逐渐演变为散官。

附 录

东晋南朝建康宫"第三重宫墙"考

秦汉以来，皇宫主要有两道墙。外面一道是宫墙，由宫门出入。里面一道是殿墙，由殿门出入。贾谊《新书·等齐篇》："天子宫门曰司马，阑入者为城旦；诸侯宫门曰司马，阑入者为城旦。殿门俱为殿门，阑入之罪亦俱弃市。"[1]《唐律疏议·禁卫律》："诸阑入宫门，徒二年；殿门，徒二年半。"又曰："诸向宫、殿内射，宫垣，徒二年；殿垣，加一等。"[2] 宫门、殿门皆有禁卫，阑入有罪，而殿门禁卫等级更高，阑入之罪更重。魏晋南北朝之制与此同。但唐宋人又有东晋南朝建康宫存在"第三重宫墙"的说法。

宋人周应合所撰《景定建康志》卷二〇《城阙志一》"门阙"条曰：

> 案《宫苑记》："晋成帝修新宫，南面开四门。最西曰西掖门……正中曰大司马门……次东曰南掖门，宋改阊阖门，陈改端门……最东曰东掖门……东面正中曰东华门……晋本名东掖门，宋改万春门，梁改东华门。北面最东曰承明门……本晋平昌门……最西曰大通门……西面正中曰西华门，晋本名西掖门，宋改千秋门，梁改西华门。"

---

[1] 阎振益、钟夏：《新书校注》，北京，中华书局，2000年，第47页。
[2]《唐律疏议》卷七《禁卫律》，北京，中华书局，1983年，第150、151、162页。

这是第一重宫墙。下文又曰：

> 案《宫苑记》："建康宫城内有两重宫墙。南面开二门，西曰衙门，隐不见南西掖门。东曰应门，晋改名止车门，南直对端门，即晋南掖门也。东面正中曰云龙门。北面正中曰凤妆门。近西曰鸾掖门。西面正中曰神武门。凡六门。第三重宫墙，东直对墙。南面正门曰太阳，晋本名端门，宋改为南中华门。东面正中曰万春门，直东对云龙门，西对千秋门。西南（《至正金陵新志》作面，是）正中曰千秋门，西对神武门，东对万春门。凡三门。"《建康实录》皆不载。以宫殿证之，云龙门是二重宫墙东面门，对第三重宫墙万春门，神武门是第二重宫墙西面门，对第三重宫墙千秋门，东面（《至正金陵新志》作西，是）相望。[1]

这是第二和第三重宫墙。元人张铉所撰《至正金陵新志》照抄此文，并绘制了《台城古迹图》，将建康宫城画作"回"形。

周氏所引《宫苑记》不见于《隋志》及两《唐志》。北宋官修《崇文总目》卷四《地理类》、南宋郑樵《通志》卷六六《艺文略四》，都有"《南朝宫苑记》二卷"，[2] 不载作者。南宋陈振孙《直斋书录解题》卷八《地理类》亦有此书，注曰："不知何人作。记六朝故都事迹颇详。"[3] 元朝所修《宋史》卷二〇四《艺文志三》有

---

[1] 周应合：《景定建康志》，南京出版社，2009年，第495—496页。参阅张铉纂修：《至正金陵新志》，《北京大学图书馆藏稀见方志丛刊》，北京，国家图书馆出版社，2013年，第96册，第137—138页。
[2] 王尧臣等撰，钱东垣等辑释：《崇文总目》，见《中国历代书目丛刊》第一辑上，北京，现代出版社，1987年，第62页。《通志二十略》，北京，中华书局，1995年，第1577页。
[3] 陈振孙：《直斋书录解题》，上海古籍出版社，1987年，第249页。

"许嵩《六朝宫苑记》二卷",[1]恐亦指此书,作者为许嵩不可信。从其文避唐讳改"虎"为"武"看,应是唐人所作。从内容看,应是据相关史料编撰而成。许嵩《建康实录》注曾引《宫苑记》或《修宫苑记》,不见著录。《南朝宫苑记》有冒充此书之嫌。元马端临所撰《文献通考》、清官修《四库全书总目》皆无《南朝宫苑记》。疑南宋后亡佚。据此,《景定建康志》所引《宫苑记》并非一手史料,可以参考,但不能尽信。

今人研究六朝建康宫,主要依据唐人许嵩所撰《建康实录》及正史中的记载。但正史中的相关信息很少,《建康实录》及许嵩注则多有讹脱之处。学人因此产生了一些误解,需加辨析。

《建康实录》卷一七《梁武帝》载:天监十年（511年）,"初作宫城门三重及开二道"。[2]朱偰《金陵古迹图考》据此认为:"可见台城初不过二重,梁改为三重。"[3]所绘台城示意图,在《东晋都建康图》《宋都建康图》和《齐都建康图》【图二一：a】中为"回"形,在《梁都建康图》【图二一：b】和《陈都建康图》中为"回"形。朱氏此说对今天的研究者影响甚大。研究东晋南朝史特别是制度史的学者,往往根据这一说法理解相关史料,解读相关史实。然而《建康实录》的这条材料是有问题的。《梁书》卷二《武帝纪中》：天监十年,"初作宫城门三重楼及开二道。"[4]《南史》卷六《梁武帝纪上》所载同。[5]所谓"三重楼"含义甚明,指宫城门上的门楼有三重。《建康实录》之文显然由此而来,但少一"楼"字。朱偰解释说："'楼'系衍字,否则当作三层楼。"[6]朱偰之父朱

---

[1]《宋史》,北京,中华书局,1977年,第5154页。
[2] 许嵩:《建康实录》,北京,中华书局,1986年,第676页。
[3] 朱偰:《金陵古迹图考》,北京,中华书局,2006年,第107页。
[4]《梁书》,北京,中华书局,1973年,第51页。
[5]《南史》,北京,中华书局,1975年,第193页。
[6] 朱偰:《金陵古迹图考》,第115页。

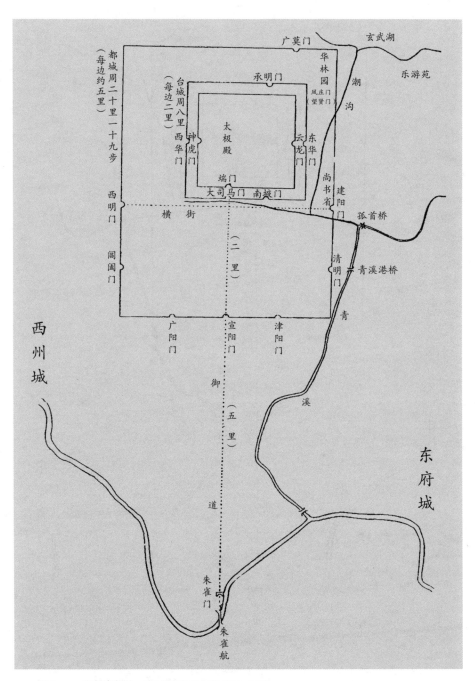

图二一 a. 齐都建康图　朱偰《金陵古迹图考》，第 96、97 页

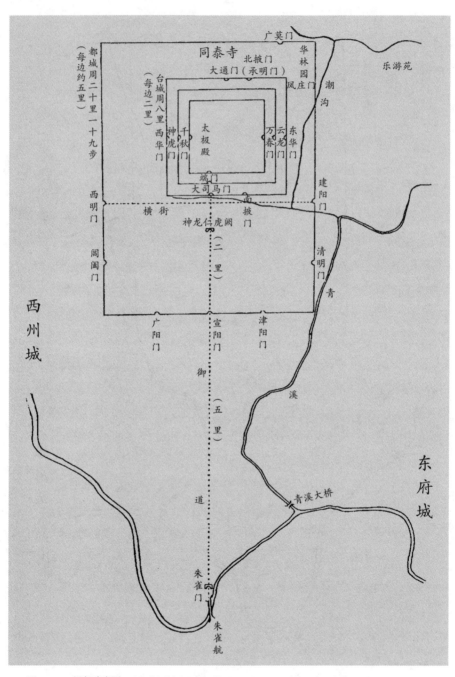

图二一 b. 梁都建康图　朱偰《金陵古迹图考》，第96、97页

希祖在为《金陵古迹图考》所作《序》中，已对"梁之宫城三重"说提出疑问，并在注中引《梁书》《南史》之文，指出："《建康实录》脱一'楼'字，遂有误为三重门以及三重宫墙者。或谓以高下言当称层，以前后言乃称重。以此言之，《梁书》《南史》乃各衍'楼'字。不悟古称九重天，正指高下言也。"[1]朱希祖所言甚是。今案《洛阳伽蓝记》卷一"永宁寺"条："四面各开一门，南门楼三重，通三道，去地二十丈。"[2]此处"三重"显然指门楼。朱偰的上述解释的确不能成立。

《建康实录》卷七《晋成帝》：咸和七年（332年）十一月，"新宫成，署曰建康宫，亦名显阳宫，开五门，南面二门，东、西、北各一门。"许嵩注：

> 案《图经》，即今之所谓台城也。今在县城东北五里，周八里，有两重墙。案《修宫苑记》，建康宫五门，南面正中大司马门……南面近东闾阖门，后改为南掖门……正东面东掖门，正南平昌门……第三重宫墙南面端门……其东、西门不见名。

这里出现的"第三重宫墙南面端门"一句，成为建康宫存在第三重宫墙的重要依据。上引《景定建康志》便是一例。清人史学海亦据此认为，东晋建康宫已有第三重宫墙。[3]然而此文亦有脱误之处。首先，所述第一重宫墙之五门，脱"正西面西掖门"一条。其次，"正南平昌门"一句，"南"显然应为"北"。[4]第三，"第三重宫墙南面端门"一句，"三"应为"二"之讹。因为前文既明言建康宫

---

[1] 见朱偰：《金陵古迹图考》，第1、2页。原文标点似不妥，本文有所改动。
[2] 范祥雍：《洛阳伽蓝记校注》，上海古籍出版社，1978年，第3页。
[3] 见史学海：《六朝故城图考》，《金陵全书》乙编，南京出版社，2011年，第517—535页。
[4] 参张忱石《校勘记》，《建康实录》，第203页。

"有两重墙"，下文便不应有"第三重宫墙"；前文既详述第一重宫墙之门，其下便应介绍第二重宫墙之门。而且，秦汉以来所谓"端门"都是宫内第二道围墙即殿墙的门。[1]此文提到的"端门"及"其东、西门"也应是殿墙的门。其中端门是南门，东门和西门分别是云龙门和神虎门。[2]"不见名"者，《修宫苑记》不载云龙、神虎之名也。

不过，在当时的皇宫中，殿墙之内确实还有一道墙。《晋书》卷二一《礼志下》载西晋元会仪曰："群臣……从云龙、东中华门入。"[3]元旦朝会在太极殿举行，群臣入云龙门后，再入"东中华门"，才能到太极殿前。与"东中华门"相对的是"西中华门"。《隋书》卷一三《音乐志上》载萧梁朝会用乐之制曰："皇太子发西中华门，奏《胤雅》。"[4]东、西中华门位于太极殿前东、西两侧，在云龙门和神虎门之内。这道墙既有东、西门，应当也有南门。《隋书》卷二六《百官志上》载萧梁之制曰：

> 廷尉……有正、监、平三人。元会，廷尉三官与建康三官，皆法冠玄衣朝服，以监东、西、中华门。[5]

"东西中华门"既由廷尉三官和建康三官分"监"，便可理解为三门，故中华书局校点本断为"东、西、中华门"。据此，中华门似有三座，即东中华门、西中华门、中华门，正南一座应是"中华门"。《南齐书》卷三七《刘悛传》："初，苍梧废，太祖集议中华门。"[6]此"中华门"不冠"东"、"西"，有可能是南门。

---

[1] 参本书《未央宫"殿中"考》《东汉的"殿中"和"禁中"》《魏晋洛阳宫的形制与格局》。
[2] 关于"第二重宫墙"的门，朱偰认为东门是云龙门，西门是神虎门，但未提及南门。
[3] 《晋书》，北京，中华书局，1974年，第649页。
[4] 《隋书》，北京，中华书局，1973年，第302页。
[5] 同上书，第725页。
[6] 《南齐书》，北京，中华书局，1972年，第650页。

《酉阳杂俎·礼异》还有一条可供分析的材料:

> 梁正旦,使北使乘车至阙下,入端门,其门上层题曰"朱明观"。次曰"应门",门下有一大画鼓。次曰"太阳门",左有高楼,悬一大钟,门右有朝堂。[1]

案:梁朝将宫城南掖门改称端门,故梁之端门是宫城南面的门。[2]《梁书》卷二《武帝纪中》:天监七年正月,"作神龙、仁虎阙于端门、大司马门外"。[3]是梁端门和大司马门外都有阙。故上引文中,使臣"乘车至阙下,入端门"当指由端门入宫城。"次曰应门"指端门之内为"应门"。儒家礼书有"天子五门"之说。汉晋以来的端门相当于五门中的"应门"。梁既将南掖门改称端门,原端门不能仍称端门,因而改称为"应门"。"次曰太阳门"则指应门之内、太极殿前有一座太阳门。这座"太阳门"应是由原"中华门"改名而来。上引《景定建康志》称:"第三重宫墙……南面正门曰太阳,晋本名端门,宋改为南中华门。"所谓"南面正门曰太阳"是梁朝制度。"晋本名端门"一说应是承许嵩注"第三重宫墙南面端门"之误而来。实则魏晋宋齐的端门都是"第二重宫墙"的门,"南中华门"才是所谓"第三重宫墙"的门。史学海《六朝故城图考》曰:"中华门亦有东、西、南之别。史有但称'中华门'者,盖南中华门,梁时所称太阳门者是也。"[4]其说可从。

三座中华门的存在,意味着太极殿前有个经此三门出入的庭院。但这个庭院仍是"殿中"的一部分,其门不是宫中第三道重

---

[1] 许逸民:《酉阳杂俎校笺》前集卷一《礼异》,北京,中华书局,2015年,第60页。
[2] 参史学海:《六朝故城图考》,第427—430页。
[3] 《梁书》,北京,中华书局,1973年,第46页。
[4] 史学海:《六朝故城图考》,第481—482页。但史氏又说:"内宫端门,梁天监中已改名太阳门。"(见同书第430页)自相矛盾。

要门禁。魏晋以来,宫内第三道重要门禁都称"上阁"。《唐律疏议·禁卫律》于"阑入宫门,徒二年;殿门,徒二年半"后曰:"入上阁内者,绞;若持杖及至御所在者,斩。"[1]上阁是出入"禁中"的门,故阑入上阁,处罚最重。但"禁中"区域在"殿中"区域的北部,不在"殿中"区域之中。二者的空间布局为"日"形,而非"回"形。建康宫内有东上阁、西上阁,其位置应在云龙门和东中华门、神虎门和西中华门之间的两条道路北端,即太极东堂之东和太极西堂之西。[2]中华门不是"禁中"之门,其围墙严格说来不能算作"第三重宫墙"。

《建康实录》卷二〇《陈宣帝》还有一条材料:太建七年(576年)六月乙酉,"改作云龙、神虎二门。"许嵩注:

> 案《宫殿簿》,云龙是二重宫墙东面门,晋本名东华门,东出东掖门,梁改之,西对第三重墙万春门。神虎门是第二重宫墙西面门,晋本名中华门,西出西华门,晋本西掖门,宋改名西华门,东入对第三重宫墙千秋门。[3]

《太平御览》卷一八二《居处部》引此文作:

> 案《宫殿簿》曰:云龙门,第二重宫墙东西(当作面)门,晋本名中东华门,本晋东掖门也,梁改之,西对第三重墙万春门。神虎门,第二重宫墙西门,晋本名中西华门(此处空五格),本晋西掖门,宋改名西华,东入对第三重墙千秋门。[4]

---

[1]《唐律疏议》,第150、151页。
[2] 参本书《魏晋洛阳宫的形制与格局》。
[3] 唐许嵩:《建康实录》,第788页。
[4]《太平御览》,北京,中华书局,1960年,第887页上栏。

两处文字略有出入，且皆错乱严重。所言"云龙门是第二重宫墙东面门……东出东掖门"，"神虎门是第二重宫墙西面门"，都是正确的。但说云龙门"晋本名东华门"或"中东华门"，神虎门"晋本名中华门"或"中西华门"，皆误。两晋宋齐有"东中华门"和"西中华门"，而无"中东华门"和"中西华门"。[1]云龙门和神虎门亦非由"东中华门"和"西中华门"改名而来。"晋本西掖门，宋改名西华门"一句有脱文，应是晋本名西掖门，宋改名千秋门，梁改名西华门。"东出东掖门，梁改之"一句亦有脱文，本意应指晋本名东掖门，宋改为万春门，梁改为东华门。朱偰据此错乱之文，将宋、齐"第一重宫墙"东、西两面的门分别定为"东华门"和"西华门"，亦误。

这条材料中和"第三重宫墙"直接相关的是万春门和千秋门，须做进一步说明。《宋书》卷五《文帝纪》："（元嘉）二十年春正月，于台城东西开万春、千秋二门。"[2]史学海认为，《建康实录》载此事作"开万春、千秋等门"，而无"于台城"三字，故"万春、千秋二门实在第三重宫墙东、西"，《宋书》系之于台城是因为"第三重宫城亦得统言台城也"。[3]此说用《建康实录》否定《宋书》，难以令人信服。朱偰认为，台城本无万春、千秋二门，至宋元嘉二十年（443年）"始于台城东西"开此二门。[4]《晋书》的确未见东晋有万春门和千秋门的记载，故朱偰的判断应是正确的。[5]但他

---

[1]《南齐书》卷九《礼志上》史臣曰："案晋中朝元会，设卧骑、倒骑、颠骑，自东华门驰往神虎门。"（第150页）"东华门"显系"东中华门"之误。
[2]《宋书》，北京，中华书局，1974年，第90页。
[3] 史学海：《六朝故城图考》，第518页。
[4] 朱偰：《金陵古迹图考》，第112页。
[5] 唯《魏书》卷九六《司马睿传》载：东晋孝武帝时，"徐州小吏卢悚与其妖众男女二百……诈言海西公还，由万春、云龙门入殿"。（北京：中华书局，1974年，第2103页）只此一条材料，不足以推翻《宋书》的记载。此"万春"应为"东掖"，可能是魏收搞错了。

未对二门的位置加以说明，所作表格则以刘宋的万春、千秋二门为"第二重宫墙门"，取代了原来的云龙、神虎二门。[1]这一判断是错误的。《宋书》卷九九《元凶劭传》载劭弑文帝之事曰："劭以朱服加戎服上，乘画轮车……卫从如常入朝之仪，守门开，从万春门入"，然后遣"张超之等数十人驰入云龙、东中华门。"[2]此证宋文帝"开"万春门后，云龙门还在，前者并未取代后者。云龙、神虎二门都是"第二重宫墙"的门，即殿门。宋文帝所开万春、千秋二门则是"第一重宫墙"的门，即宫门。千秋门在宫城西面，万春门在宫城东面。因此，刘劭从宫城东面进入殿中，要先进万春门，再进云龙门。

南齐之制与刘宋同。《南齐书》卷七《东昏侯纪》："帝……渐出游走，所经道路，屏逐居民，从万春门由东宫以东至于郊外，数十百里，皆空家尽室。"[3]《南史》卷五《废帝东昏侯纪》载此事曰："渐出游走，不欲令人见之，驱斥百姓，唯置空宅而已。"[4]东昏侯出宫游玩，不想被人看见，遂将万春门至东郊沿途民居中的百姓赶走。由此可见，南齐的万春门也不是宫中的殿门，而是台城东面的宫门。《南齐书》卷三八《萧赤斧传附颖胄传》："时军旅之际，人情未安，颖胄府长史张炽从绛衫左右三十余人，入千秋门，城内惊恐，疑有同异。"[5]此千秋门显然也是宫门。

那么，宋文帝新开的万春、千秋二门，是取代了原来的东、西掖门，还是在东、西掖门之外又增加了两座门？答案是前者。《宋书》卷四《少帝纪》：徐羡之等入宫弑帝，"因东掖门开，入自云龙

---

[1] 朱偰：《金陵古迹图考》，第108页。
[2] 《宋书》，第2426—2427页。
[3] 《南齐书》，第103页。
[4] 《南史》，第152页。
[5] 《南齐书》，第672页。

门。"[1]同书卷四三《徐羡之传》亦曰：徐羡之等"由东掖门、云龙门入"。[2]同书卷三《武帝纪下》："上……好出神虎门逍遥，左右从者不过十余人。时徐羡之住西州，尝幸羡之，便步出西掖门，羽仪络驿追随，已出西明门矣。"[3]这些记载表明，刘宋初年，东掖门、西掖门仍是建康宫城东、西两侧的门。元嘉二十年后，东、西掖门还在，但位置移到了建康宫城南面。《宋书》卷九九《元凶劭传》载："劭闻义师大起，悉聚诸王及大臣于城内，移江夏王义恭住尚书下舍……义恭单马南奔，自东掖门出。"[4]刘义恭"自东掖门出"，称"南奔"，可见东掖门在宫城南面。《元凶劭传》又载："东阳主第在西掖门外，故云'南第'。"[5]东阳公主的府第"在西掖门外"，却称"南第"，可见西掖门也在台城南面。[6]郭湖生认为：刘宋台城"南面增加至四门，自西向东为：西掖门、大司马门、南掖门、东掖门。原东面的东掖门改为万春门，原西掖门改为千秋门。"[7]【见图二〇】其说是。

郭湖生又说：宋万春门，"梁又改名东华门"，宋千秋门，"梁改西华门"。[8]其说亦是。《梁书》卷五六《侯景传》："景于是百道攻城，持火炬烧大司马、东西华诸门……景自岁首以来乞和，朝廷未之许，至是事急乃听焉……遂于西华门外设坛……左卫将军柳津出西华门，景出其栅门，与津遥相对，刑牲歃血。"[9]是梁朝宫城确有东、西华门。《隋书》卷一二《礼仪志七》："梁武受禅于齐，侍

---

[1]《宋书》，第66页。
[2] 同上书，第1331—1332页。
[3] 同上书，第60页。
[4] 同上书，第2428、2433页。
[5] 同上书，第2425页。
[6] 参史学海：《六朝故城图考》，第439—440、447页。
[7] 郭湖生：《台城辩》，《文物》1999年第5期，第62页。
[8] 同上注。
[9]《梁书》，第845页。

卫多循其制……东西掖、端、大司马、东西华、承明、大通等门，又各二队。"[1]此文详举梁朝宫城四面各门，有"东西华"而无万春和千秋。可见梁朝确实将万春、千秋门改称为东、西华门了。

上引许嵩注据《宫殿簿》说，云龙门"西对第三重墙万春门"，神虎门"东入对第三重宫墙千秋门"。这条材料在可靠史料中得不到印证。《隋志》及两《唐志》皆著录《洛阳宫殿簿》一书，[2]内容应是关于洛阳宫的，与建康宫无关。《太平预览》卷一七五引《建康宫殿簿》之文十条，[3]《玉海》卷一五九"吴神龙殿"条引《建康宫殿簿》之文一条，[4]《说郛》卷五九上引《建康宫殿簿》之文五条，注曰"张著"，不知所指何人。[5]其中皆无许嵩所引之文。故许嵩所引《宫殿簿》究竟是一部什么书，不得而知。此外，《梁书》不见关于万春门和千秋门的记载，亦不见关于中华门的记载。我们无法判定梁朝是否确实将东、西中华门改称万春、千秋门。即使确有其事，这也是梁朝将原有的东、西中华门改称万春、千秋门的结果，而不是在第二重宫墙内又增修第三重宫墙的结果。

朱偰认为，陈朝继承了梁朝的制度，仍称第三重宫墙东、西两侧的门为万春、千秋门。[6]此说亦无确证。《陈书》不见万春门和东、西中华门之例，只有卷五《宣帝纪》太建十年（579年）六月条载："震……千秋门内槐树。"[7]但无法判断此门是第几重宫墙的门。此外，值得注意的是，陈朝宫城有"南掖门"和"北掖门"。《陈书》卷六《后主纪》：祯明三年（589年）正月，"韩擒虎……经雀

---

[1]《隋书》，第280页。
[2] 见《隋书》卷三三《经籍志二》，第982页；《旧唐书》卷四六《经籍志上》，北京，中华书局，1975年，第2014页；《新唐书》卷五八《艺文志二》，第1502页。
[3]《太平御览》，第855页下栏。
[4] 王应麟撰：《玉海》，上海古籍出版社，1992年，第5册第162页下栏。
[5] 陶宗仪等编：《说郛》，上海古籍出版社，1988年，第2735页下栏—2736页上栏。
[6] 见朱偰：《金陵古迹图考》，第108页。
[7]《陈书》，第92页。

航趣宫城，自南掖门而入。"[1]卷二八《皇太子深传》："祯明……三年，隋师济江，六军败绩，隋将韩擒虎自南掖门入。"[2]卷三一《任忠传》："及隋兵济江，忠……引擒虎军共入南掖门。"[3]由此看来，陈朝似乎又将宫城南面的"端门"改回原来的名称"南掖门"了。《后主纪》又载："贺若弼……进攻宫城，烧北掖门。"案《宋书》卷五《文帝纪》：元嘉二十五年（448年）四月，"新作阊阖、广莫二门，改先广莫门曰承明"。[4]是宋文帝曾将广莫门改为承明门。《南齐书》卷九《礼志上》："其有人名地名犯……帝后讳者皆改。宣帝讳同。二名不偏讳，所以改承明门为北掖，以榜有'之'字与'承'并。"[5]"宣帝"指萧道成的父亲萧承之。南齐避其讳，改"承明之门"为北掖门。《梁书》卷二《武帝纪中》：天监元年（502年）"五月乙亥夜，盗入南、北掖"。[6]是梁初仍有北掖门。但前引《隋书·礼仪志》载梁宫城之门有"承明"而无"北掖"，这意味着梁朝又将北掖改称"承明"了。而陈朝的"北掖门"应该是由承明门改回来的。看来，就宫城各门的名称而言，陈朝并未继承梁朝的制度。由此推测，即使梁朝曾改东、西中华门为万春、千秋门，陈朝也未必沿用。不能排除陈朝的万春、千秋门仍是宫城东、西门的可能。

原载《祝总斌先生九十华诞颂寿论文集》，
中华书局，2020年

---

[1]《陈书》，第117页。
[2] 同上书，第376页。
[3] 同上书，第414页。
[4]《宋书》，第96页。
[5]《南齐书》，第148页。
[6]《梁书》，第38页。

北魏、北齐的门下省

《通典》卷二一《职官三》："后魏……尤重门下官，多以侍中辅政，则侍中为枢密之任。北齐……为宰相秉持朝政者，亦多为侍中。"[1]侍中是不是宰相，取决于如何定义宰相概念。杜佑认为"自魏晋以来，宰相但以他官参掌机密或委知政事者则是矣，无有常官"，而"侍中职任机务之司，不必他名，亦多为宰相"。[2]祝总斌先生则认为，宰相必须拥有"议政权"和"监督百官执行权"，而侍中虽可参与议政，却无"监督百官执行权"，所以不是宰相。[3]侍中算不算宰相，姑且不论。和魏晋南朝相比，北魏、北齐的门下官员和皇帝更为亲近，因而权力较大，确是事实。《魏书》卷一五《常山王遵传附晖传》：世宗时，"迁侍中，领右卫将军，虽无补益，深被亲宠。凡在禁中要密之事，晖别奉旨藏之于柜，唯晖入乃开，其余侍中、黄门莫有知者。侍中卢昶亦蒙恩眄，故时人号曰'饿虎将军，饥鹰侍中'"。[4]同书卷三八《王慧龙传附王遵业传》："时政归门下，世谓侍中、黄门为小宰相。"[5]同书卷三一《于栗磾传附于忠传》："迁侍中、领军将军……既居门下，又总禁卫，遂秉朝政，权倾一

---

[1]《通典》，第539、540页。
[2] 同上书，第538、539页。
[3] 参祝总斌：《两汉魏晋南北朝宰相制度研究》，1998年，第4、301—305页。
[4]《魏书》，第379页。
[5] 同上书，第879页。

时。"[1]同书卷八〇《斛斯椿传》："出帝拜椿侍中，仪同开府……军谋朝政，一决于椿。"[2]《北齐书》卷一八《刘腾传》："为侍中……入居门下，与斛斯椿同掌机密。"[3]类似记载，不一而足。

此事或可从门下省在宫中所处位置的变化加以解释。《续汉书·百官志三》侍中条注引蔡质《汉仪》曰："侍中旧与中官俱止禁中，武帝时，侍中莽何罗挟刃谋逆，由是侍中出禁外，有事乃入，毕即出。王莽秉政，侍中复入，与中官共止。章帝元和中，侍中郭举与后宫通，拔佩刀惊上，举伏诛，侍中由是复出外。"[4]同书黄门侍郎条注引《献帝起居注》："帝初即位，初置侍中、给事黄门侍郎，员各六人，出入禁中，近侍帷幄，省尚书事。"后因"机事颇露"，司徒王允"乃奏比尚书，不得出入，不通宾客，自此始也"。[5]根据这两条史料，汉代侍中最初"止禁中"，武帝时"出禁外"，王莽时"复入"，章帝时"复出"，献帝时一度"出入禁中"，不久又"不得出入"。

曹魏以后的情况如何呢？史籍未作明确记载。《晋书·职官志》对此只字不提，可能是因为未再发生重要变化。《宋书》卷三九《百官志上》侍中条则曰："汉世，与中官俱止禁中。武帝时，侍中莽何罗挟刃谋逆，由是侍中出禁外，有事乃入，事毕即出。王莽秉政，侍中复入，与中官共止。章帝元和中，侍中郭举与后宫通，拔佩刀惊御，举伏诛，侍中由是复出外。魏晋以来，置四人，别加官不主数。"[6]这段文字基本照抄蔡质之说，详述汉代侍中或"止禁中"或"出禁外"的变化，对献帝朝的变化则未提及，至于"魏晋以来"的情形，只及员额，未说在禁中还是禁外。这似乎是在暗示，魏晋及刘

---

[1]《魏书》，第742、743页。
[2] 同上书，第1774页。
[3]《北齐书》，第234页。
[4]《后汉书》，第3593页。
[5] 同上书，第3594页。
[6]《宋书》，第1239页。

宋的门下省都和汉章帝以后的情形一样，仍在"禁外"。南朝史籍不见门下省复入禁中的记载，则齐、梁、陈的门下省应该也在"禁外"。

北魏则不同。《魏书》卷一《序纪》：昭成帝建国二年春，"始置百官，分掌众职"。同书卷一一三《官氏志》载此事曰："建国二年，初置左右近侍之职，无常员，或至百数，侍直禁中，传宣诏命。……又置内侍长四人，主顾问，拾遗应对，若今之侍中、散骑常侍也。"[1]可见拓跋部很早就设置了类似侍中、散骑常侍的近侍之职，并"侍直禁中"。《官氏志》又载：道武帝登国元年（386年），置"外朝大人官"，"自侍中已下，中散已上，皆统之外朝大人，无常员。主受诏命，外使，出入禁中"。[2]所谓"出入禁中"，当与汉代一样，指侍中居止禁中，并可随时出入禁门。下文又载：道武帝天赐二年（405年），"置内官员二十人，比侍中、常侍，迭直左右"。明元帝永兴元年（409年），"置麒麟官四十人，宿直殿省，比常侍、侍郎"。[3]是北魏初道武帝、明元帝时，仍有侍中、常侍等官员在"禁中"宿直。北魏早期的侍中、常侍等职，显然是模仿魏晋南朝而设，但受其传统的内外官制度影响，皆宿直"禁中"，在皇帝左右。

太和十七年（493年），孝文帝决意迁都洛阳，遂"诏征司空穆亮与尚书李冲、将作大匠董爵经始洛京"。[4]中书侍郎韩显宗上书曰："今洛阳基址，魏明帝所营，取讥前代。伏愿陛下损之又损。"[5]劝孝文帝不要完全恢复魏晋洛阳宫的规模，以免奢侈之讥。可见孝文帝是打算按魏晋基址重建洛阳宫的。据考古勘探和发掘，北魏洛阳宫主要建筑的规模、位置都和魏晋洛阳宫一样。[6]从史籍

---

[1]《魏书》，第12、2971页。
[2] 同上书，第2972页。
[3] 同上书，第2974页。
[4] 同上书，卷七下《高祖纪下》，第173页。
[5] 同上书，卷六〇《韩麒麟传附弟显宗传》，第1338页。
[6] 参钱国祥：《由闾阖门谈汉魏洛阳城宫城形制》，《考古》2003年第7期，第54页；《汉魏洛阳故城居中宫城制度考》，《中国社会科学报》2018年7月3日。

记载看，宫中主要建筑的名称也和魏晋一样。但门下省的位置，仍沿北魏之旧，设于禁中。

北魏洛阳宫的"禁中"在"上阁"之内，以显阳殿为中心，又有含章、徽音等殿。《北史》卷一三《后妃传上》载领军元叉杀清河王怿之事曰："时太后逼幸清河王怿，淫乱肆情，为天下所恶。领军元叉、长秋卿刘腾等奉明帝于显阳殿，幽太后于北宫，于禁中杀怿。"[1]明言怿被杀于"禁中"。同书卷一九《清河王怿传》载此事曰："怿才长从政……孝明熙平初，迁太尉，侍中如故。诏怿裁门下之事。""灵太后……委以朝政，事拟周、霍……正光元年七月，叉与刘腾逼孝明于显阳殿，闭灵太后于后宫，囚怿于门下省，怿罪伏，遂害之。"[2]是怿当时以侍中辅政，"裁门下之事"，元叉发动政变，将其囚杀于门下省。此证门下省在禁中。《魏书》卷一六《京兆王黎传附元叉传》亦载此事："叉……与侍中刘腾密谋"，诬告怿欲"以毒药置御食中以害帝"，"肃宗闻而信之，乃御显阳殿。腾闭永巷门，灵太后不得出。怿入，遇叉于含章殿后，欲入徽章东阁，叉厉声不听……命宗士及直斋等三十人执怿衣袂，将入含章东省，使数十人防守之……夜中杀怿"。[3]文中"徽章"显系"徽音"之讹。"含章东省"应指含章殿。《太平御览》引山谦之《丹阳记》载东晋南朝之制曰："皇后正殿曰显阳，东曰含章，西曰徽音，又洛宫之旧也。"[4]此"洛宫之旧"指曹魏、西晋之制，北魏洛阳宫当同。禁中诸殿以显阳为中心，含章在其东，故称"东省"。由此可知，清河王怿被囚杀的门下省在含章殿中。

《隋书》卷二七《百官志中》："后齐制官，多循后魏。"[5]北齐

---

[1]《北史》，第504页。
[2] 同上书，第716、717页。
[3]《魏书》，第404页。
[4]《太平御览》卷一七五《居处部三》引，第855页上栏。
[5]《隋书》，第751页。

的门下省也大致沿用北魏之制。《隋书·百官志中》载北齐制曰："门下省，掌献纳谏正，及司进御之职。侍中、黄门侍郎各六人，录事四人，通事令史、主事令史八人。统局六：领左右局……尚食局……上药局……主衣局……斋帅局……殿中局。"其中，领左右局，"掌知朱华阁内诸事"；尚食局，"总知御膳事"；尚药局，"总知御药事"；主衣局，"掌御衣服玩弄事"；斋帅局，"掌铺设洒扫事"；殿中局，"掌驾前奏引行事，制请修补"。[1]这些职掌，汉代大多属少府，魏晋转归光禄勋，[2]北魏、北齐则归了门下省。特别值得注意的是，领左右局，"掌知朱华阁内诸事"一条。《资治通鉴》卷一六八《陈纪二》文帝天嘉元年："（长山王）演入，至昭阳殿，（长广王）湛及（平秦王）归彦在朱华门外。"胡三省注："后齐禁中有朱华阁。"[3]是《隋志》所谓"朱华阁"应作"朱华阁"，即"朱华门"，乃禁中昭阳殿前之门。顾炎武《历代宅京记·邺下》"朱华门"条引《邺中记》云："太极殿后三十步，至朱华门，门内即昭阳殿。"[4]北魏、北齐的皇帝或太后常在该殿处理政务，故"朱华阁内"是当时最高权力所在。"领左右局"掌"诸华阁内诸事"，大致相当于两汉魏晋的"黄门令"。领左右局属门下省，则意味着皇帝身边的日常事务都归门下掌管。侍中、黄门侍郎常在皇帝左右，不仅负责"献纳谏正"，还兼掌"进御之职"。其权力"尤重"，在皇帝年幼时甚至可以专权，便不难理解了。

原载《吴荣曾先生九十华诞颂寿论文集》，
中华书局，2022年

----

[1]《隋书》，第753页。
[2] 参本书《魏晋洛阳宫禁军制度的变迁》。
[3]《资治通鉴》，北京，中华书局，1956年，第5199页。
[4] 顾炎武：《历代宅京记》，北京，中华书局，1984年，第183页。

索 引

本索引所收仅限书中出现的重要建筑、机构、制度、官名等；同一词目的别称置于括号内；依汉语拼音排序。

B

北宫 3—5，47，67，86，108—123，127—138，141—153，155—162，165—171，175，180，181，184，185，188—190，202—206，213，215，260，267，269，274，295，296，317

北司马门（公车门、北阙、大司马门） 3，35，36，67，71，104，131，211

C

闾阖门 5，73，129，130，134，135，201，205，206，210—216，218，228，295，296，300，305

朝堂 4—6，62，94，95，98，104，105，162，171—173，183，192，196，221，289—292，294，307

承明殿 3，4，17，52，57—63，66，69，71，73，74，82，84，86，89，94，95，98，104，154，163，176，268

承明门 110，170，171，267—269，300，303，304，313

崇德殿 4，5，120，129，130，144—146，148，151，152，158—161，166，168，187，188，191，196，204，216，295

崇华殿（九龙殿） 203，206，268
崇礼门 288，291，294
崇贤门 144—147，168，169，175，196，295

D

德阳殿 4，5，67，115，117，119，130，133，135，144—146，150—152，160，166，168，175，182，187，188，190，196，294，295

殿门 4，5，30，32，34，61，64—67，72，74—78，80—82，94，104，108，135，137，149，163，167—171，174，181，183，184，196，200，216—220，223，225，229，244，245，261，267，274，280，281，287—289，292，300，308，310

殿中 1，3—6，53，62，64—66，69，73—84，89—92，94，95，98—100，104，105，135，137，167—177，181—185，189，192，193，196，216，217，219—221，224，232，245—249，251，252，254，256—260，264—267，274—275，278—281，283，287，290，292，294—297，308，310

殿中兵 5，239，264，280

319

殿中庐　81，82
东阁　155，208，223，224
东宫　3—4，142—144，146，147，151—153，157，158，160—165，168，169，197，249，310
东观　149，150，179—181
端门　5，49，51，52，67—69，74—76，104，135，137，144，146—149，168—172，175，180，183，184，191，196，216—223，225，228，288，290，295，296，301，305—307，313

F

符节台　5，172，175，196

G

高门殿　82，84，95
公车司马（王路四门）　3，30—35，38，68，127—131，170，196，260
宫中兵　5，212，239，256，266，274

H

含章殿　235—237，317
鸿都门　156，157
画室　154，155
黄门　77，78，80，83，153—157
徽音殿　235—237

J

嘉德殿　4，5，119，120，137，147—149，151，157—161，169—190，196
嘉福殿　203，205—207，237，272
建礼门　174，175，288，294

建始殿　136，137，203—206，237，268
阶　2，9—11，13—16，20—24，27，52，55，56，58，62，182，232，233
金马门　52，59，60，69，71，74—78，80，82—84，87，94，104
金商门　144—147，168，169，196，295
禁门　4，5，24，52，53，75，77，78，80，86—88，105，186，188，189，192，197，215，268，282，286，316
禁中（省中）　1，3—6，24，53，56，57，65，75，78，86—88，105，137，164，167，183，185，186，188—195，197，201，215，225，226，229，245，246，265—267，271，274—284，286，296，297，308，314—318
九龙门　142，147—149，169—172，190，196，200

L

兰台　4，5，91—95，104，172，175—180，183，192，196，275
路门　24，39，51，96—98，129，171，172，175，183，216，220
路寝　39，45，46，97，143，152，153，157，160，171，220，236

M

门下省　6，267，276，278，281，284，285，292，297，314—318
秘书省　5，201，240，267，270，275，276，297

明光殿 235，236

N

南宫 3—5，108—110，112—124，126，127，129—133，137，139，142，143，147—153，155—162，165，166，168，169，175，179—181，188—190，196，202—206，213，269，296

P

平城门 108，112—114，121—124，126，127，196

Q

千秋门 5，72，104，134—136，205，210，212—214，217，228，267，269，276，289，296，300，301，308—313

前殿（王路堂） 3，4，15—17，20，33—34，39，41—43，45—52，54，56，57，61—64，66—69，71，74—76，86，94，104，113，116—120，135，142—144，146，148—153，156，158—162，168，169，171，175，184，190，191，197，204，205，217，220，224—226，229—234，237，294，295

青琐门 190

S

三部司马 5，239，255—260，266，274，279，280，297

散骑省 6，201，267，281，283，286，297

上阁 5，200，201，214，220，224—229，251，267，274，296，297，308，317

尚书台（尚书省） 5，116，172—175，178，184，192，196，278，287—295

神虎门（白虎门） 4，5，67，68，72，113，133—135，137，145，146，168，196，210，213，215，217，222，225，228，229，261，275，295，296，306，308，309，311，312

石渠阁 59，76，77，81，82，92，94，104

式乾殿 236，237

饰室 18，20，25，27，56，57，105

侍中寺 5，172，181，183，184，192，196，276，278，284，285，293，294

塾 49—52

司马门 3，5，30—36，38，39，65，67，71，72，74，75，94，104，128—131，133，135，167，168，171，176，201，210—212，216，221，240，289，296，300，303—305，307，311

四军 256，260—266，292

T

太极殿 5，6，129，130，166，201，204—209，211，215—217，219，234，237，245，287，289，290，295，296，306—307，318

太极东堂 217，220，225，230—233，266，284，287，296，297，308

太极西堂 225，228—233，296，308

太阳门 221—223，232，233，289，

321

290，307
廷中　4，60—63，85，89—91，98，99，104，176

W

外朝　43，95—97，240，316
万春门（万岁门）　5，216，217，220，265，289，297，300，301，308—313
帷幄　17，83，94，195，277，278，315
未央宫　2，3，7，11，12，15，16，18，22，30—33，35，36，38，39，41—46，48—58，62—67，69—79，81，84，94，98，104，105，114，124，128，131，135，143，150，154，155，162，163，167，173，176，181，203，
温室殿　3，4，52—54，56，57，63，66，68，69，71，73，105
五校　5，132，252，255，256，260—266，292

X

西阁　154，155，224，228，276
西宫　1，3，4，142，146，147，149，151，153，157—166，168，169，197，200
宣室殿　3，43，45—47，49，54，56，57，63，66，69，104

Y

宜秋门　187，188，197
玉堂殿（宣德殿、安福殿）　4，60，77，82，84，95，118，137，148，151—155，157，159，160，188，196
御史台　176—178
云龙门（青龙门、苍龙门）　5，67，68，135，145，146，168—170，184，196，206，215—217，219，220，222，228，229，263，274，288—290，294—297，301，306，308—312
云台殿　4，5，117，137，147—153，157，169，191，196

Z

章德殿（宣平殿）　4，116，151，152，155—157，159，165，188，189，197
章台门　187，188，197
昭阳殿（显阳殿）　166，201，205—207，217，225，229，234，235，237，296，318
止车门　73，80，169—171，174，175，183，210，217—220，222，231，287，301
中朝　4，95—103，105，173，226
中宫　56，66，69，72—74，105，157，158，162，186，277，278
中华门　5，200，201，220，222—224，228，229，232，233，289，295，296，301，306—310，312，313
中书省　201，229，267，270，271，273—275，279，280，283，289，294，297
中庭　3，11，22—24，27，85
朱雀阙　127，128，130，175，211，295
朱雀掖门　128，130，211

"当代学术" 第一辑

美的历程
李泽厚著

中国古代思想史论
李泽厚著

古代宗教与伦理
儒家思想的根源
陈　来著

从爵本位到官本位（增补本）
秦汉官僚品位结构研究
阎步克著

天朝的崩溃（修订版）
鸦片战争再研究
茅海建著

晚清的士人与世相（增订本）
杨国强著

傅斯年
中国近代历史与政治中的个体生命
王汎森著

法律与文学
以中国传统戏剧为材料
苏　力著

刺桐城
滨海中国的地方与世界
王铭铭著

第一哲学的支点
赵汀阳著

生活・讀書・新知 三联书店 刊行

"当代学术"第二辑

七缀集
钱锺书 著

杜诗杂说全编
曹慕樊 著

商文明
张光直 著

西周史（增补二版）
许倬云 著

拓跋史探（修订本）
田余庆 著

近代中国社会的新陈代谢
陈旭麓 著

甲午战争前后之晚清政局
石 泉 著

民主四讲
王绍光 著

心灵秩序与世界历史（增订本）
奥古斯丁对西方古典文明的终结
吴 飞 著

海德格尔与伦理学问题（修订版）
韩 潮 著

生活·讀書·新知 三联书店 刊行

"当代学术" 第三辑

三松堂自序
冯友兰著

中国文明起源新探
苏秉琦著

美术、神话与祭祀
张光直著

杜甫评传
陈贻焮著

中国历史通论
王家范著

清代政治论稿
郭成康著

无法直面的人生：鲁迅传（增订版）
王晓明著

反抗绝望：鲁迅及其文学世界（修订版）
汪　晖著

竹内好的悖论（增订版）
孙　歌著

跨语际实践（修订版）
刘　禾著

生活・讀書・新知 三联书店 刊行